KB147518

스포츠마케팅 ^{플러스}+

이병기 · 김주호 저

대경북스

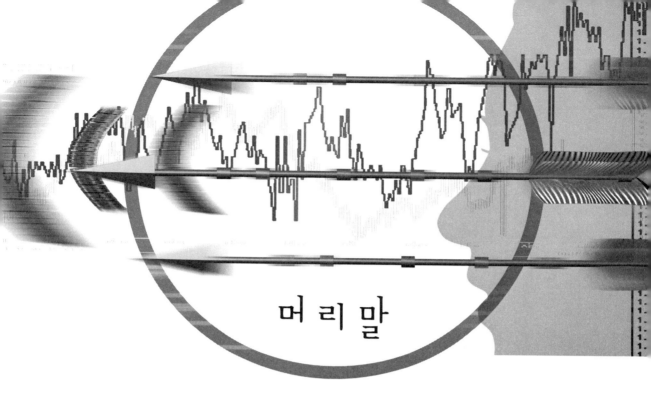

머리말

후기 산업사회의 특성을 한마디로 정의하기란 무척 어렵다. 하지만 사회를 구성하는 모든 요소들이 급속히 변화하고 있다는 사실은 누구나 쉽게 느낄 수 있을 것이다. 스포츠의 세계에 있어서도 마찬가지이다. 올림픽에서의 메달 색깔로 대표되는 경기력 측면에서만 조명되던 스포츠가 이제는 국가의 신성장 동력을 대표하는 산업으로 자리매김하였다.

20세기 들어 새롭게 부각된 신종 사업들이 그렇듯, 스포츠마케팅 분야도 학문적 연구가 선행되고 그 결과물로 탄생한 학문이라기보다는 시장원리에 의해서 생겨난 지식 후발형 학문이라고 할 수 있다. 최근에는 한국에서도 스포츠 관련 재화나 서비스를 통해 부가가치를 창출하는 스포츠 산업을 '황금알을 낳는 거위'라는 표현을 쓰면서 미래 유망산업으로 분류하고 있다.

스포츠 산업의 성장과 함께 스포츠마케팅 서적이 출간되어 스포츠마케팅의 기본적인 개념과 이론적 배경에 대하여 충실히 소개되고 있다. 그러나 이러한 서적들의 스포츠산업 현장에서 활용 정도는 미지수이다. 뿐만 아니라 미국의 그것과 크게 다를 바 없다는 많은 지적을 겸허히 받아들여 우리나라 현실에 맞는 스포츠마케팅 교재를 집필하기로 뜻을 모았다.

이에 저자들은 그동안 연구실과 스포츠 현장에서 축적된 지식들을 미래지향적 관점에서 후학들에게 제시할 수 있는 체계적인 개론서를 집필하기로 뜻을 모았으며, 기존의 전문서적들에서 제시된 지식은 물론 여러 해 동안의 강의록과 숱한 세미나의 산물들을 정리하여 준비하였다. 따라서 이 책은 스포츠마케팅을 전공하는 학부생이나 대학원생을 위한 교재로는 물론 사회 속에서의 스포츠의 역할과 기능에 관심을 가진 일반인들을 위한 정보 제공서로서도 손색이 없으리라 생각된다.

먼저 1장에서는 체육환경의 변화와 스포츠산업의 전망 및 발전방향에 대해 개괄적으로 소개하였으며, 2장에서는 스포츠마케팅에 대한 개론을 제시하였다. 그리고 3장과 4장에서는 스포츠소비자행동과 스포츠시장 세분화 전략을, 5장에서부터 8장에서는 스포츠제품, 가격, 장소와 유통, 촉진믹스 등의 요소들에 대한 자세한 설명을 덧붙였다. 또한 9장에서부터 11장은 마케팅 영역 중에서도 스포츠분야에서만 접할 수 있는 특성화된 학문영역으로 스포츠 스폰서십, 스포츠 에이전트, 스포츠이벤트 등을 소개하였다. 따라서 이 책에서 제시된 내용들을 순서대로 읽다보면 사회적 환경 변화에 따른 패러다임 전환 속에서의 스포츠마케팅 발전 내용을 자연스럽게 알 수 있을 것이다.

이 책을 집필하면서 모든 부분에 충실하려고 최선의 노력을 경주하였으나, 응용학문의 특성상 각각의 파트에서 다루고 있는 내용의 수준이 다소 상이하며 미흡하고 부족한 부분이 눈에 띈다. 여기에 대해서는 지속적으로 수정, 보완해 갈 것을 지면을 빌어 약속드리며, 잘못된 부분에 있어서는 애정 어린 조언을 부탁드린다.

끝으로 이 책이 출판될 수 있도록 많은 성원과 격려를 해 주신 대경북스 민유정 사장님, 편집과 교정 작업에 수고하신 장지훈, 이은석, 구봉진, 강지훈, 이준석 선생님께 감사의 말씀을 드리며, 귀한 자료를 제공하시고 정리해주신 여러 선생님들께 감사의 마음을 전하는 바입니다.

2014년 1월

저 자 일동

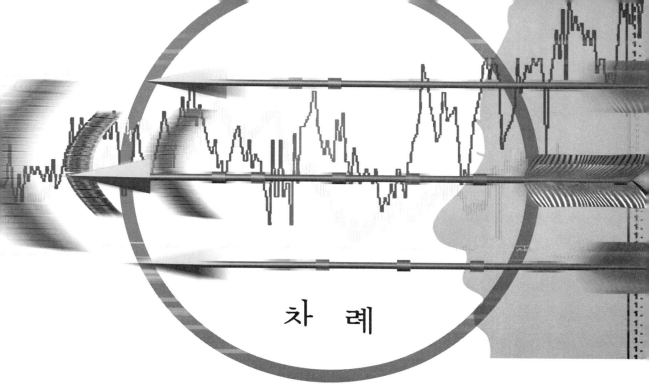

차 례

제1장 체육환경의 변화와 스포츠산업

제2장　스포츠마케팅의 이해

제3장　스포츠소비자 행동

제4장　스포츠시장 세분화(STP전략)

제5장　스포츠와 제품

제6장　스포츠와 가격

제9장 스포츠 스폰서십

제10장 스포츠 에이전트

제11장 스포츠이벤트 마케팅

1

체육환경의 변화와
스포츠산업

산업화, 도시화, 과학화로 특징지어지던 20세기를 넘어 정보화, 세계화, 다양화, 전문화, 지방화 추세의 21세기에 접어들면서 사회전반에 걸쳐 급속한 변화가 나타나고 있다. 이에 발맞추어 체육환경 역시 다양한 변화의 양상을 띠는 추세에 있다. 체육환경의 주된 변화는 여가시간 및 소득증가와 그에 따른 경제적 여유로 건강 및 삶의 질 향상에 대한 기대가 높아졌다는 점이다. 결국 건강과 삶의 질 즉, 행복추구에 대한 관심은 자연스럽게 스포츠에 영향을 미쳤고, 그에 따라 스포츠산업이 다양화, 활성화되는 계기가 마련된 것이다. 따라서 본 장에서는 급변하는 사회환경속에서 21세기 체육환경의 변화와 전망을 조명해보고, 나아가 스포츠산업의 현황 및 전망 그리고 최근 관심의 대상인 스포츠관광에 대해서 알아본다.

1 체육환경의 변화와 전망

후기 산업사회 또는 후기 현대사회로 일컬어지는 21세기는 이미 완성에 가까워진 인위적인 문명 속에서 자연인으로서 존재하기 위해 인간은 근원적인 인간으로의 회귀를 갈구하게 되며, 이것은 놀이하는 인간이라는 형태로 나타나게 된다.

즉 인간은 스포츠를 즐길 권리가 있다고 하는 '스포츠권'을 요구하게 될 것이다. 이러한 스포츠권의 배경에는 구체적으로 자아실현 욕구의 증대, 여가문화의 발전, 건강에 대한 욕구의 증대 등이 기저로서 작용하고 있다.

스포츠권은 인간의 기본적 권리로서 요구 될 것이며 이에 적극적으로 대처하는 것은 선진복지국가 실현에 시금석이 될 것이다. 이러한 스포츠권을 확보하기 위해서는 다양한 스포츠 활동이 선행되어져야 한다. 스포츠 활동은 자발성에 기초하여 시민이 만들어 가는 것이 되 자발성을 넘어서는 부분이나 자발적 참여를 저해하는 요인에 대해서는 복지 차원에서 정부가 적극적으로 지원하여야 할 것이다.

1) 스포츠에 대한 사회적 수요의 변화

(1) 노령화의 급진전

그동안 우리사회는 산업화, 도시화, 핵가족화 등 전반적인 사회구조의 변화를 겪어 왔다. 산업화는 도시로의 인구 이동을 촉진시켰고, 이러한 인구의 이동은 도시화를 형성하였으며, 결국 산업화에 의한 도시화는 핵가족화라는 사회 구조로의 변화를 가져왔다. 핵가족화는 자녀 출생률의 저하와 건강관련 지식과 정보의 폭증으로 인해 사회구성원들의 평균연령이 증가하게 되었으며, 또한 대부분의 선진국 역시 과학기술의 진보에 따른 수명연장과 출생률 저하로 노년층이 많아지는 노령화 현상에 직면하고 있다.

우리나라의 노령화지수는 1980년 11.2%에서 2000년 34.3%, 2010년 68.4%, 2015년

94.1% 그리고 2050년 376.1%(예상지수)로 점증할 추세이다. 노령화지수가 30%를 넘어서면 노령화사회로 진입한다고 할 때 우리나라는 2000년부터 이미 노령화사회로 접어들었음을 알 수 있다.

표 1-1. 노인 인구 추계 및 연령계층별 인구구성비(1960~2060)									(단위 : %)
	2000	2005	2010	2015	2020	2030	2040	2050	2060
65세 이상 인구	3,394,896	4,366,642	5,452,490	6,624,120	8,084,096	12,691,446	16,501,324	17,991,052	17,621,544
65세 이상 인구구성비	7.20	9.10	11.04	13.09	15.72	24.33	32.30	37.39	40.09
노년 부양비(a)	10.1	12.6	15.2	17.9	22.1	38.6	57.2	71.0	80.6
노령 화지수(b)	34.3	47.3	68.4	94.1	119.1	193.0	288.6	376.1	394.0

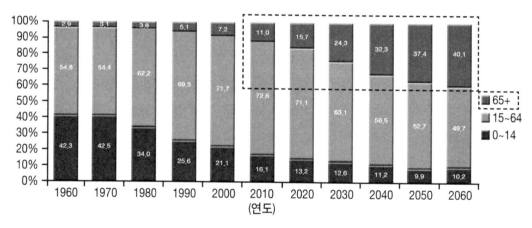

※ 자료 : 통계청(2011). 장래인구추계.
　(a) 노년부양비＝(65세 이상 인구)/(15~64세 인구)×100
　(b) 노령화지수＝(65세 이상 인구)/(0~14세 인구)×100
※ 고위(High), 중위(Medium), 저위(Low) : 인구변동요인(출산, 사망, 국제이동)의 장래 수준을 고위, 중위, 저위로 설정하여 인구성정(규모) 측면에서 가장 큰 시나리오인 경우 고위, 중위가정의 조합을 중위, 가장 작은 시나리오인 경우 저위로 설정함.

또한 통계청(2011)에서 발표한 한국인의 평균수명 변화 추이를 보면 1970~1975년 63.2세에서 1995~2000년 74.9세로 증가하였고, 2005~2010년에는 80.0세로 늘어났으며, 앞으로도 계속 늘어나 머지않아 100세시대가 도래할 것으로 전망된다.

특히 세계 주요 국가간의 평균수명을 비교해보면 1965년에서 1970년사이의 5년간 세계인의 평균수명은 56.5세, 한국은 58.8세, 미국 70.6세, 일본 71.3세, 영국 71.7세로서 미국, 일본, 영국에 비해 무려 13세 이상 평균수명이 짧았다. 그후 20년 후인 1985년에서 1990년 사이의 한국인의 평균수명은 세계인의 평균수명보다 약 7세 높았고 미국, 일본, 영국인의 평균수명보다는 약 6세 정도 낮았다. 그후 다시 30년 후인 2015년에서 2020년 사이의 한국인의 평균수명은 세계인의 평균수명보다 약 11세, 미국인의 평균수명보다 약 2세 높아지고, 일본, 영국인의 평균수명과는 비슷할 정도로 급상승할 것으로 예측하고 있다. 이러한 현상은 한국인의 평균수명이 세계적으로 가장 빠른 속도로 연장되어 결국은 머지 않아 초고령사회를 향해 진입하게 됨을 보여주고 있다고 할 수 있다.

표 1-2. 평균 수명 주요 국가 간 비교   (단위 : 세)

구분	1960~1965	1965~1970	1970~1975	1975~1980	1980~1985	1985~1990	1990~1995	1995~2000	2000~2005
세계	51.2	56.5	58.5	60.7	62.1	63.6	64.4	65.2	66.4
한국	54.8	58.8	63.2	64.9	67.4	70.4	72.9	74.9	77.4
중국	44.0	59.4	64.6	66.3	67.7	68.9	69.9	70.8	71.6
일본	69.0	71.3	73.1	75.3	76.9	78.5	79.5	80.5	81.8
영국	70.2	70.6	71.5	73.3	74.3	74.9	75.6	76.4	77.2
미국	71.0	71.7	72.1	72.9	74.1	75.0	76.2	77.1	78.4
구분	2005~2010	2010~2015	2015~2020	2020~2025	2025~2030	2030~2035	2035~2040	2040~2045	2045~2050
세계	67.9	69.3	70.4	71.4	72.4	73.3	85.0	74.9	75.6
한국	80.0	80.7	81.3	81.8	82.4	82.9	83.3	84.0	84.5
중국	72.7	73.8	74.7	75.6	76.4	77.2	78.2	78.5	79.1
일본	82.7	83.7	84.4	84.9	85.4	85.9	81.9	86.9	87.4
영국	78.0	78.8	79.4	80.1	80.7	81.3	86.4	82.5	83.0
미국	79.6	80.4	81.0	81.5	82.1	82.7	83.5	83.8	84.3

※ 자료 : 통계청(2011.6). 국제통계연감. 일부 발췌.
※ 출처 : UN 「http://esa.un.org/unpd/wpp/unpp, World Population Prospects, The 2010 Revision」 2011. 6
※ 자료는 중위(Medium)자료임

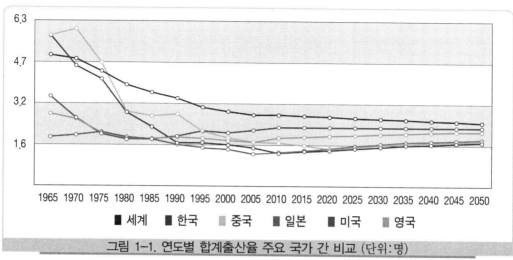

그림 1-1. 연도별 합계출산율 주요 국가 간 비교 (단위:명)

※자료 : 통계청(2011.6). 연도별 합계출산율.

표 1-3. 연도별 합계출산율 주요 국가 간 비교 (단위 : 명)

구분	1960~ 1965	1965~ 1970	1970~ 1975	1975~ 1980	1980~ 1985	1985~ 1990	1990~ 1995	1995~ 2000	2000~ 2005
세계	49.1	48.5	44.5	38.4	35.9	33.9	30.4	27.9	26.2
한국	56.3	47.1	42.8	29.2	22.3	16.0	17.0	15.1	12.2
중국	56.1	59.4	47.7	29.3	26.1	26.3	20.1	18.0	17.0
일본	19.9	20.2	21.3	18.3	17.5	16.6	14.8	13.7	13.0
영국	33.1	25.5	20.2	17.9	18.0	18.9	19.9	19.6	20.4
미국	28.1	25.7	20.1	17.3	17.8	18.4	17.8	17.4	16.6
구분	2005~ 2010	2010~ 2015	2015~ 2020	2020~ 2025	2025~ 2030	2030~ 2035	2035~ 2040	2040~ 2045	2045~ 2050
세계	25.2	24.5	23.9	23.3	22.9	22.5	22.2	21.9	21.7
한국	12.9	13.9	14.8	15.6	16.3	16.9	17.4	17.9	18.3
중국	16.4	15.6	15.1	15.3	15.8	16.3	16.8	17.3	17.7
일본	13.2	14.2	15.1	15.8	16.5	17.1	17.6	18.0	18.4
영국	20.7	20.8	20.8	20.8	20.8	20.9	20.9	20.9	20.9
미국	18.3	18.7	19.0	19.3	19.5	19.7	19.9	20.0	20.2

※ 자료 : 통계청(2011.6). 국제통계연감. 일부 발췌.

※ 출처 : UN 「http://esa.un.org/unpd/wpp/unpp, World Population Prospects, The 2010 Revision」 2011. 6, 대만 「Statistical Yearbook」 2010

※ 자료는 중위(Medium)자료임

한편 합계출산율(여자 1명이 평생동안 낳을 것으로 예상되는 평균 자녀 수)은 1960년 6.0명에서 2000년 1.7명, 2008년 1.19명으로 감소하고, 2015년 13.9명이 될 것으로 예상한다.

이와 함께 65세 이상 노인인구는 1960년 72만명으로써 전체인구의 2.9%에 불과했으나 2000년에는 340만 명으로 전체인구의 7.2%를 차지하게 되었다. 이로써 우리나라는 2000년 UN이 분류한 고령화 사회(aging society)로 진입하였다. 이러한 추세로 간다면, 2020년에는 노인인구가 전체인구의 14%를 넘게 되어 고령 사회(aged society)로, 2030년이 되면 노인인구가 전체인구의 21%를 넘게 되어 초고령 사회(ultra-aged society)로 진입할 것으로 전망하고 있다.

표 1-4. 65세 이상 노인인구 비율에 따른 사회의 명칭 분류

전체 인구 중 65세 이상 노인인구 비율	사회의 명칭
4% 미만	청년기 사회(young socitey)
4% 이상 ~ 7% 미만	장년기 사회(matured society)
7% 이상 ~ 14% 미만	고령화 사회(aging society)
14% 이상 ~ 21% 미만	고령 사회(aged society)
21% 이상	초고령 사회(ultra-aged society)

※ 자료 : 최성재, 장인협(2006). 노인복지학

이러한 고령화 사회로의 변화는 생명 연장의 꿈의 실현이나 의학 기술의 발달로 인한 치료 기술의 향상, 또는 생활 보건 의식의 향상 등으로 출연하게 된 것이지만, 이러한 변화가 무조건적인 장밋빛 환상만을 제시해주지는 않는다(고영준, 2008). 따라서 오래 사는 것만이 목적 실현이 아니고 얼마만큼 풍요롭고 여유 있게 그리고 건강하게 살아가느냐가 최고의 삶의 가치가 된다.

체육과학연구원, 서울대학교 스포츠산업연구센터, 건강보험연구원(2012)에서는 공동으로 지난 10년간의 자료를 분석한 결과 규칙적으로 체육활동에 참여한 경우 비참여자에 비해 1년 동안 의료서비스 이용빈도가 1인당 약 1.5회 적게 나타났다. 또한 규칙적인 체육활동 참여의 경제적 효과에 대해 체육활동참여는 1인당 연간 80,000원 이상의 의료비 절감 효과가 있으며, 의료비 감소, 경제활동 증가, 생산성 향상의 요소를 경제학 기업이론의 이윤결정모델에 적용하여 체육활동 참여의 경제 효과를 추정한 결과 1인당 연간 약 459,225원의 경제적 효과를 나타내는 것으로 추정되고 있다. 그리고 이 결과를 20세 이상 전체 인구에 적용하였을 경우 연간 약 16조원의 경제적 효과가 있는 것으로 나타났다.

이와 같이 최근에는 국민들의 체육활동의 형태와 규모가 확대되면서 체육활동 그 자체가 경제적 현상이 되고 있다.

결국 체육활동의 적극적인 참여를 통한 삶의 질 향상을 도모할 필요성이 있으며, 결론적으로 이러한 인구구조의 변화로 인한 우리사회의 노령화는 장기적으로 노인용 체육시설의 확충과 프로그램의 개발 및 보급의 중요성을 제기하는 것이라 하겠다.

(2) 주5일 근무제에 따른 여가시간의 증가

오늘날 과학기술의 발달에 따른 산업화 및 경제성장, 소득의 증대, 주5일 근무제 등으로 인해 여가시간이 증가함에 따라 여가에 대한 관심이 급속히 증가하고 있다. 현대사회에서 일과 여가는 인간생활을 구성하는 중심축으로서 인간의 삶의 질 향상에 필수요소가 되었다(문화체육관광부 체육백서, 2009).

그러나 그동안 우리나라는 OECD국가 중에서 노동시간이 가장 긴 국가 중 하나였다. 표 1-5에서와 같이 네덜란드, 노르웨이, 프랑스, 독일 등의 주당 평균 노동시간은 28~30시간으로 가장 짧은 국가군에 속하고, 미국, 영국, 뉴질랜드, 스페인, 아일랜드 등은 34~36시간 정도였다.

반면 우리나라는 주당 평균 노동시간이 43시간(년 2,193시간÷52주) 정도로 주당 노동시간이 가장 긴 국가군에 속하였다. 그러나 주5일 근무제가 본격적으로 시행됨에 따라 우리나라의 경우, 향후 급속한 노동시간의 단축과 여가시간의 증가가 있을 것으로 판단된다.

일본의 경우도 1991년과 1993년 사이에 100시간이상의 연간 노동시간이 감소한 것을 알 수 있는데 이 또한 1990년에 도입된 주5일 근무제의 결과로 분석된다. 즉 노동시간은 국민의 체육활동 참여에 가장 큰 영향을 미치는 선행변수 중 하나이다.

결국 노동시간의 감소는 동시에 여가시간의 증가를 의미한다. 특히 주말이 2일로 늘어남에 따라 생활양식이 다양하게 변화할 것이다. 따라서 이에 적극적으로 대응하여 여가서비스를 제공할 수 있는 여건을 마련해야 할 것이다.

표 1-5. OECD 회원국가의 연간 총 근로시간 (단위 : 시간)

구분	2000	2002	2004	2006	2008	2010	2011
한국	1,512	2,464	2,392	2,346	2,246	2,193	-
이스라엘	-	-	1,905	1,887	1,898	1,888	1,890
일본	1,821	1,798	1,787	1,784	1,771	1,733	1,728
터키	1,937	1,943	1,918	1,944	1,900	1,877	1,877
캐나다	1,775	1,747	1,754	1,738	1,728	1,702	1,702
멕시코	2,311	2,271	2,271	2,281	2,260	2,242	2,250
미국	1,836	1,810	1,802	1,800	1,792	1,778	1,787
칠레	2,263	2,250	2,232	2,165	2,095	2,068	2,047
오스트리아	1,727	1,710	1,714	1,673	1,,648	1,599	1,600
벨기에	1,545	1,580	1,549	1,566	1,568	1,551	1,577
체코	1,904	1,825	1,827	1,808	1,800	1,795	1,774
덴마크	1,581	1,579	1,579	1,586	1,570	1,560	1,522
에스토니아	1,987	1,983	1,996	2,001	1,969	1,879	1,924
핀란드	1,751	1,726	1,723	1,709	1,688	1,684	1,684
프랑스	1,532	1,476	1,501	1,473	1,492	1,478	1,476
독일	1,471	1,441	1,436	1,424	1,422	1,408	1,413
그리스	2,130	2,118	2,092	2,066	2,051	2,017	2,032
헝가리	2,033	2,009	1,992	1,988	1,988	1,962	1,980
아이슬란드	1,885	1,812	1,827	1,807	1,787	1,691	1,732
아일랜드	1,719	1,698	1,668	1,645	1,601	1,545	1,543
이탈리아	1,861	1,831	1,826	1,815	1,803	1,775	1,774
룩셈부르크	1,683	1,656	1,607	1,601	1,577	1,636	1,601
네덜란드	1,435	1,408	1,399	1,392	1,392	1,381	1,379
노르웨이	1,455	1,414	1,417	1,414	1,423	1,414	1,426
폴란드	1,988	1,979	1,983	1,985	1,969	1,939	1,937
포르투갈	1,791	1,793	1,790	1,784	1,772	1,742	1,711
슬로바키아	1,816	1,754	1,742	1,774	1,793	1,807	1,793
스페인	1,731	1,734	1,704	1,673	1,663	1,674	1,690
스웨덴	1,642	1,959	1,605	1,599	1,617	1,643	1,644
스위스	1,688	1,63	1,673	1,643	1,623	1,632	-
영국	1,700	1,684	1,674	1,669	1,659	1,652	1,625
호주	1,776	1,731	1,733	1,715	1,716	1,687	1,693
뉴질랜드	1,828	1,817	1,828	1,788	1,750	1,758	1,762

※ 자료 : 통계청(2012. 7). 국제통계연감. 일부 발췌
※ 출처 : OECD 「http://stats.oecd.org/Labour Force Statistics」 2012. 7
※ 연간 총 근로시간/ 연간 평균 취업자 수, 전일제 및 시간제 근로자도 포함
※ 자료출처가 다양하여 한 시점에서의 횡단적 비교는 적당하지 않음

(3) 청소년 비만 및 체력저하

과체중과 비만은 만성질병과 장애를 일으키는 주요한 위험요인으로 성인은 물론 청소년의 건강을 위협하고 있다. 특히 지난 30년 동안 비만 청소년의 수는 두 배로 증가하여 성인의 비만 증가율보다 훨씬 높은 편이다. 2006년 대한비만학회의 청소년 대상 비만 유병율 조사에 의하면 1990년 이후 급격히 증가하는 추세로 1997년 8.4%(남 10.1%, 여 6.4%)에서 2000년대에는 26~42.3%까지 보고되고 있다(정은옥, 2008).

청소년 비만의 원인은 내분비 및 대사 장애, 유전적 요인, 사회·환경적 요인, 즉 TV 시청시간, 가족 내에서의 위치, 고령부모들과 편부모 가족, 가족의 식생활 유형과 신체활동의 저하 등과 밀접한 관계가 있다. 그중에서도 신체활동의 저하는 소비 칼로리를 적게 함으로써 비만의 중요한 원인이 된다. 최근에는 운동을 할 만한 놀이터의 부재, 교통수단의 발달, 시간부족 및 컴퓨터 게임 등 때문에 청소년들이 실내에 머무는 시간이 많아지면서 운동량의 절대부족을 가져와 청소년 비만이 증가하게 된 것이다(장지연, 2006). 청소년기의 비만은 정상체중으로의 전환이 어려울 뿐만 아니라 성인비만으로 이어지기 쉽고 중등도 이상의 비만아동의 경우 그동안 성인에서나 발생하는 것으로 알았던 고지혈증, 지방간, 고혈압, 당뇨병과 같은 합병증이 청소년기에 시작되어 성인기까지 지속되기 때문에 특별한 관심을 가져야 한다(민용식, 2001).

표 1-6. 아동·청소년들 비만도 (단위 : %, 명)

구분			저체중	정상	과체중	비만	전체
2011년	성별	남	3.9	79.6	6.6	10.5	100 (4397)
		여	5.4	81.9	7.6	5.2	100 (4130)
	교급	초	5.0	78.6	11.2	5.1	100 (3273)
		중	3.5	81.9	6.6	7.9	100 (3021)
		일반계고	4.8	81.8	1.3	12.1	100 (2123)
		전문계고	6.7	80.6	2.1	10.5	100 (650)
	경제수준	상	5.0	78.7	10.0	6.4	100 (1900)
		중	4.5	81.4	5.9	8.2	100 (6661)
		하	5.7	77.7	5.0	11.5	100 (438)

※ 자료 : 통계청(2012). 아동청소년인권실태조사.
※ 출처 : 한국청소년정책연구원 통계기초연구실.

통계청(2012) 아동청소년인권실태조사의 2011년도 전국 초·중·고교 학생들의 신체발달 상황과 건강검진 결과에 따르면 학생들의 비만율은 10.10%로 매년 증가하는 추세를 보였고, 고학년으로 갈수록 남학생이 여학생보다 비만율이 높은 것으로 나타났다. 또한 표준체중에 초과하는 정도를 백분율로 산정했을 때 초등학생의 경우 과체중 6.6%, 비만 7.9%였고, 특히 고도비만은 2004년 0.77%에서 2007년 0.83%로 계속 늘고 있는 상황이다.

이와 함께 우리나라 청소년들의 체력상태는 심각한 상황에 직면해 있다. 즉, 1970년도를 기준으로 하여 신장은 10%정도 성장한 반면, 체중은 30% 정도 증가되었으며, 체력 중 지구력은 지속적으로 약화되고 있다.

표 1-7. 청소년들의 신체발달 상황

구분		1998		2004		2007		2010	
		남	여	남	여	남	여	남	여
신장	초2	136.8	136.7	138.1	138.1	139.1	139.4	143.8	144.4
	중2	162.8	157.3	163.9	157.2	164.2	158.2	168.7	159.6
	고2	172.3	160.0	172.2	160.9	173.0	161.7	173.8	160.8
체중	초2	31.8	30.5	35.4	34.8	36.0	35.9	41.0	39.2
	중2	50.6	48.9	55.7	49.7	56.6	51.2	61.3	53.4
	고2	63.5	52.8	64.2	52.7	66.5	54.8	67.9	55.6

체격 변화 ('98년→'10년)	신장	중2(남): 162.8cm→168.7cm
		중2(여): 157.3cm→159.6cm
	체중	중2(남): 50.6kg→61.3kg
		중2(여): 48.9kg→53.4kg

체력 현황 (2010년)	학년	성별	1등급(%) (80~100)	2등급(%) (60~79)	3등급(%) (40~59)	4등급(%) (20~39)	5등급(%) (0~19)
	초	남	1.9	30.2	52.5	14.6	0.9
		여	1.4	31.1	54.6	12.3	0.7
	중	남	2.8	39.4	48.4	17.9	1.5
		여	1.9	29.9	52.6	14.6	1.0
	고	남	17.5	21.8	24.0	17.1	19.6
		여	14.7	20.2	25.7	20.5	18.9

※ 자료 : 한국교육개발원(2012). 교육통계연보, 체육과학연구원(2012). 한국의 체육지표. 일부 발췌.

체육과학연구원(2011) 한국의 체육지표 '청소년 체격 및 체력검사' 결과에 의하면 1998년부터 2010년까지 약10년간 신장과 체중 모두 꾸준히 증가하는 경향을 보였다. 특히 남자의 경우 체중이 너무 급격한 증가 추세를 보이고 있다. 반면에 체력요인 중 근지구력, 심폐지구력, 순발력은 전반적으로 감소하는 것으로 나타나 체격은 커진 반면에 체력은 약화되는 양상을 띠고 있다.

결국 청소년기는 신체적, 사회적, 정신적 발달이 현저한 시기로 이 시기의 비만 및 체력저하는 개인의 인격형성 및 국가경쟁력에 큰 영향을 줄 수 있으므로 청소년의 건강한 성장을 위하여 비만예방을 위한 교육과 함께 비만치료 프로그램의 개발과 보급 그리고 학교체육과 건전한 여가활동을 위한 지속적이고 체계적인 정부정책이 요구되고 있다.

(4) 경제성장과 소득격차, 체육활동 참여기회의 불평등 심화

IMF경제위기 직전까지 우리나라는 과거 약 40여 년 동안 세계에서 가장 높은 경제성장률과 가장 오랜기간 동안 지속적인 경제성장을 이룬 나라이다. 세계은행의 '한국: 지식 기반 경제로의 이행'이라는 보고서에서 한국은 1966~96년 사이, 달러 기준으로 연평균 약 6.8%나 성장했고, 그 결과 1996년에는 OECD 회원국이 되었다. 우리나라는 GNP, 1인당 GNP, 어느 기준으로 보나 1962년 제1차 경제개발 5개년 계획(1962~66)이후부터 소위 한강의 기적으로 불리는 세계에서 유례없이 빠른 경제성장을 이룩했다.

1999년 이후 2002년까지 우리나라는 년 5% 전후의 지속적 경제성장을 이루었으나, 2003년 3.1%를 기록한 뒤 2004~2005년 4%대에 머물다 2006년과 2007년에는 각각 5.1%와 5.0%로 2년 연속 5% 성장을 달성했다. 그러나 글로벌 금융위기가 시작된 2008년에는 2.2%, 2009년에는 -2.3%를 기록했다.

향후 세계 경제의 회복세가 완만할 것으로 예상되는 가운데 우리나라 경제성장율은 3%대 후반으로 점쳐지고 있다. 한편 1인당 국민총소득(GNI)은 1996년 12,197달러, 1997년 11,176달러에서 IMF경제위기로 인해 1998년 급감한 7,355달러였으나 1999년 9,438달러, 2000년 10,159달러로 다시 상승 하였으며, 2007, 2010, 2011, 2012년에는 2만 달러를 넘어섰다. 반면 소득의 격차는 1998년 이후 더욱 심화되고 있다.

통계청(2008) 가계동향조사연보에 의하면 소득1분위의 평균소득은 월평균 542,600원이

표 1-8. 한국의 1인당 국민소득의 변화 추이　　　　　　　　　　　(단위 : 달러)

연도	1인당 GNI (국민총소득)	연도	1인당 GNI (국민총소득)
1970	254	2000	11,292
1980	1,645	2001	10,631
1990	6,303	2002	12,100
1991	7,276	2003	13,460
1992	7,714	2004	15,082
1993	8,402	2005	17,531
1994	9,727	2006	19,691
1995	11,735	2007	21,632
1996	12,518	2008	19,161
1997	11,505	2009	17,041
1998	7,607	2010	20,562
1999	9,778	2011	22,451
		2012	22,708

※ 자료 : 통계청(2013). 국제통계연감. 일부 발췌.
※ 출처 : 한국은행 「http://ecos.bok.or.kr」 2013. 4
※ GNI를 추계인구로 나누어 계산

며, 상위집단인 10분위의 평균소득은 1분위의 16.12배인 8,749,400원이다. 또한 소득 불평등을 나타내는 지니계수도 2007년 0.344에서 2008년 0.348로 더욱 악화되었다.

　소득격차의 심화는 저소득층의 체육활동을 둔화시키는 원인으로 작용할 수 있다. 즉, 저소득층은 교양오락비 지출에 큰 압박을 받고 있기 때문에 상업적 스포츠서비스 구입기회는 근본적으로 제약될 수밖에 없다.

　궁극적으로 소득증가에 따라 체육활동수요는 증가될 것으로 전망되지만, 소득격차가 심화됨에 따라 체육활동 기회를 불평등하게 유도할 가능성이 높으므로 정부는 특히 저소득층의 체육활동을 위한 균형적인 정책을 수립하여야 한다. 이는 선진체육 복지국가 진입의 시금석이되며 스포츠활동의 불평등 해소 방안은 소외계층에게 다양한 기회를 제공함으로서 가능하다.

표 1-9. 소득, 소비지출 항목별 구성비

구분		1분위	2분위	3분위	4분위	5분위
소득(천원)		542.6	1.279.2	1.805.7	2.241.0	2.696.9
소비(천원)		1.000.3	1.322.2	1.619.8	1.846.2	2.054.3
1분위 기준배율	소득	1.0	2.36	3.33	4.13	4.97
	소비	1.0	1.32	1.62	1.85	2.05
소비지출 구성비		100	100	100	100	100
교양 오락비		3.5	4.6	6.3	7.2	8.7
구분		6분위	7분위	8분위	9분위	10분위
소득(천원)		3.145.2	3.652.6	4.299.3	5.280.8	8.749.4
소비(천원)		2.306.9	2.487.6	2.806.5	3.133.3	4.325.4
1분위 기준배율	소득	5.80	6.73	7.92	9.73	16.12
	소비	2.31	2.49	2.81	3.13	4.32
소비지출 구성비		100	100	100	100	100
교양 오락비		10.1	11.7	13.6	15.5	23.7

※ 자료 : 통계청(2008). 가계동향조사연보.

2) 스포츠에 대한 정책적 패러다임의 전환

(1) 건강 및 스포츠에 대한 관심과 참여 증가

현재 우리사회는 산업의 고도화로 물질적 풍요를 얻고, 또한 주5일 근무제 본격 시행과 과학기술의 발전으로 노동시간을 단축시켜 여가시간이 증가됨에 따라 건강과 행복 추구를 위한 신체활동의 일상화에 관심이 높아지고 있다.

이에 현대인들은 삶의 질 향상과 풍요로운 생활을 영위하기 위해 여러 형태로 스포츠 활동에 참여하고 있으며, 그중 가장 보편화된 것이 생활체육활동이라 할 수 있다. 생활체육활동은 지속적인 신체활동을 통하여 각종 스트레스를 말끔히 해소 할 수 있는 기회를 제공할 뿐만 아니라, 심신의 건강을 도모하고 삶에 대한 의욕을 북돋아 삶의 질을 제고시키는 역할을 한다는 점에서 매우 가치 있는 스포츠 형태로 인정받고 있다(김유식, 2009).

문화체육관광부 2011 체육백서에 따르면 전체국민의 41.5%가 주 2회 이상 규칙적으로 체육활동에 참여하고 있다. 이러한 참여율은 2008년 불어 닥친 글로벌 금융위기로 인한 경제위기감 고조로 고용불안 심리와 실업율 증가 등이 복합적으로 작용하여 낮은 참여율을 보인 이후 지속적으로 증가한 결과라고 할 수 있다. 이와 같은 경제위기가 국민들의 체육활동 참여율을 저하시킨다는 사실은 지속적으로 증가하던 규칙적 체육활동 참여율이 IMF 직후인 2000년의 조사에서 감소세로 돌아섰던 선례에서도 알 수 있다.

한편 월 2회 이상 규칙적인 체육활동 참여자의 참여빈도에 대한 연도별 비교 결과, 2000년 이후 월 2-3회와 주 1회 이하의 참여율은 감소추세를 보인반면, 주 4-5회, 주 6회 참여율은 증가추세이다. 이러한 결과는 최소 주 2~3회 이상 체육활동에 지속적으로 참여해야 건강증진 효과가 있다는 인식확대와 체육활동 일상화의 결과로 볼 수 있다.

체육활동 가치에 대한 인식은 국민의 70% 이상이 건강과 체력유지 및 증진을 위하여 규칙적인 신체활동이 필요한 것으로 인식하고 있다. 또한 규칙적인 신체활동은 생활스트레스를 해소시켜 생활만족도와 직무만족도를 제고시키고 체형관리에 효과적이라는 인식을 하고 있다. 이는 국민 대다수가 체육활동을 건강과 체력유지의 주요 수단으로 인식하고 있음을 의미

표 1-10. 주 2회 이상 체육활동 참여율 연도별 변화 (단위 : %)

연도별	1991	1994	1997	2000	2003	2006	2008	2010
참여율	34.7	37.6	38.8	33.4	39.8	44.1	34.2	41.5

※ 자료 : 문화체육관광부(2012), 2011 체육백서.

표 1-11. 규칙적 체육활동 참여율 연도별 변화 (단위 : %)

구 분	전혀 하지 않는다	월 2~3회	주 1회	주 2~3회	주 4~5회	주 6회	매일
1994	43.3	8.0	11.2	15.8	4.5	-	17.3
1997	37.8	10.0	13.4	17.3	9.4	-	12.1
2000	34.1	16.7	15.8	16.7	7.1	-	9.6
2003	22.5	18.2	19.5	19.9	8.5	-	11.4
2006	28.6	13.3	13.9	24.0	12.0	-	8.1
2008	53.2	4.4	8.2	15.9	9.3	2.1	6.9
2010	45.3	4.4	8.8	21.2	11.8	2.9	5.6

※ 자료 : 문화체육관광부(2012), 2011 체육백서.

한다(문화체육관광부 국민생활체육활동 참여 실태조사, 2013).

이러한 현상은 건강유지 및 스트레스 해소 그리고 체중조절 및 체형관리를 위한 운동수요의 증가를 예견하는 것으로 볼 수 있다.

체육활동의 지속적인 참여는 개개인에게는 더욱 건강하고 행복한 삶을 영위할 수 있는 기회를 제공하고 동시에 국가적으로는 생산성 향상 및 의료비 절감 등의 경제적 효과가 매우 크다.

또한 여권신장과 평균수명 연장에 따른 노령인구 증가, 주5일 근무제 확대실시에 따라 여성, 노인, 아동 및 청소년의 스포츠 활동 참여가 확대될 전망이다.

종합해보면, 삶의 질 향상과 행복추구라는 사회적 흐름에 따라 심신을 재충전하고 삶의 의미를 찾기 위해 개인에게 적합한 스포츠활동에 보다 적극적으로 참여할 것이고, 결국 앞으로전 연령층에 걸친 체육활동참여율의 증가와 함께 신체활동의 다양화가 예상된다.

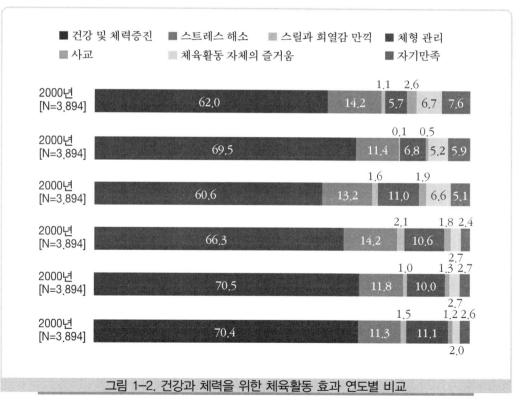

그림 1-2. 건강과 체력을 위한 체육활동 효과 연도별 비교

※ 자료 : 문화체육관광부(2013). 2012 국민생활체육활동 참여실태조사.

(2) 생활체육 참여의 양 이상으로 참여의 질에 대한 관심 증대

생활체육은 개인 생활영역 안에서 각자의 취미와 환경에 따라 여가시간을 이용하고 자발적인 참여를 통하여 개인의 일상생활을 풍요롭게 하는 신체활동이다. 그리고 지금까지 생활체육은 정부뿐만 아니라 민간체육단체에서도 모든 국민에게 참여기회를 균등하게 제공하고자 하는 노력이 지속적으로 이루어져 왔다.

한편 생활체육은 참여 인구가 해가 거듭될수록 증가하고 있는 등 양적 성장을 이룬 반면 내부적인 문제와 편중된 지원, 관습에 얽매인 시설운영 등의 문제로 질적 성장을 이루지 못하고 있는 실정으로 생활체육 진흥을 위한 새로운 활로 모색이 시급한 실정이다.

후기산업사회에서는 국민의 삶의 질을 높이는데 효과성이 높은 분야는 당연히 국가가 보호해야 할 국민기본권 분야로 수용되는 경향이 높다. 따라서 국가는 국민들의 관심이 매우 높고 국민의 삶의 질을 높이는데 가장 효과적인 방법 중의 하나로 이미 세계적으로 인정되고 있는 생활체육 환경을 국민기본권으로 보장하고 이에 좀 더 적극적인 투자를 할 필요가 있다(전호문, 2009). 이제는 모든 국민들이 누구나 차별 없이 균등하게 생활체육에 참여할 수 있도록 참여의 양 만큼이나 참여의 질에 대한 관심과 지원을 확대해야 할 것이다. 또한 앞으로 생활체육이 더 이상 국민들이 단순히 즐기는 운동으로서만 인식되기 보다는 국민 모두가 누려야 할 기본권으로 보장될 수 있도록 지역스포츠클럽의 정착 및 활성화와 각종 프로그램 개발과 시설확충 그리고 춤형 체육복지구현 등을 통한 전반적인 생활체육 참여여건을 개선하기 위한 노력이 요구되고 있다.

3) 엘리트체육에 대한 기능 재조명

세계 각국은 엘리트체육에 대한 관심과 지원을 확대하는 추세에 있다. 선진국들은 동구권 붕괴 이후부터 국위선양, 국가위상 제고, 국민통합 등 엘리트 체육의 가치를 재확인하면서 수용하여 과학적인 선수 발굴과 육성, 스포츠과학에 대한 획기적 지원, 메달 획득 선수에 대한 지원 강화 등 다각적인 엘리트체육 진흥책을 추진해 왔다.

호주는 시드니올림픽을 앞두고 엘리트체육에 지원을 확대했으며 일본도 1990년대부터 지원을 강화하여 선수들을 위한 체육과학연구소를 대대적으로 확장, 스포츠의 과학화를 위하여 집중적으로 투자해 왔다. 2001년 개원한 일본의 체육과학연구소는 최첨단 기자재와 훈련 시설(고지대 적응실과 카누 훈련실 등)을 갖추고 21세기 세계 스포츠강국을 꿈꾸고 있다. 또한 이러한 현상은 영국, 프랑스, 캐나다에서도 마찬가지로 적극적인 지원을 펼치고 있다. 이처럼 엘리트체육의 중흥을 위한 계기가 된 것은 올림픽에서의 메달 획득 저조였다는 점에서 우리나라에 주는 시사점이 크다.

구체적으로는 선수 발굴 및 육성시스템의 체계화와 과학화가 확대되는 추세이다. 즉, 대부분의 선진국은 스포츠과학연구소를 개설하여 우수선수의 체계적인 발굴과 훈련, 체육지도자 양성, 과학적 트레이닝에 대한 지침 제공 등의 업무를 수행하고 있다.

결국 우리나라 엘리트 스포츠의 진흥을 위해서는, 스포츠정책의 뚜렷한 목표와 비전 설정, 스포츠관련조직들의 효율적인 상호협력 관계 구축, 이를 위한 체육단체 구조조정, 학원스포츠의 정상화를 전제로 한 활성화, 이를 위한 스포츠클럽 활성화, 현장 지향적 스포츠과학의 연구, 과학적인 꿈나무 선발과 육성제도 시행, 경쟁스포츠의 피라미드형 구조를 통한 선수의 안정적 공급, 우세 및 전략 종목에 대한 예산 등의 집중 투자와 같은 노력이 필요하다.

4) 스포츠의 산업적 가치 부상과 부가가치 증가

21세기 디지털시대의 스포츠는 오락적 기능이 더욱 크게 부각되면서 스포츠서비스업의 발전과 파생상품에 대한 소비가 급속히 증가할 것이다. 또한 생산과 소비가 결합된 스포츠 활동이 발달할 것으로 예상되는 바, 이는 스포츠의 생산이 공급자 중심에서 소비자 중심으로 전환되면서 동시에 스포츠소비자와 함께 미래의 스포츠산업을 준비하게 된다는 것이다. 즉, 스포츠산업발전을 위한 연구개발(R&D)이나 디자인 같은 활동에 스포츠소비자를 적극 참여시키게 된다는 의미이다.

21세기 유망산업으로서 스포츠산업은 무한한 잠재력을 보여주고 있다. 스포츠는 표준화된 기술과 규칙을 공유하고 있는 전 세계적인 공통문화로서 광범위한 시장 기반을 가지고 있으며 정보기술(IT)분야의 급속한 성장에 따라 스포츠가 산업적 콘텐츠로 부상하고 있다.

특히 올림픽, 월드컵, 세계선수권대회 등 세계적인 대규모 스포츠이벤트는 대회 자체로서 국가위상을 제고시키게 되고 이는 곧 국가브랜드의 가치를 상승시키며 나아가 경제적 고

표 1-12. 교양오락비와 스포츠소비자지출 항목별 구성비

년 도	가구교양오락비(A)(연) (원)	교양오락비비율(%)	가구스포츠소비(B)(연) (원)	스포츠소비/교양오락비비율(B/A) (%)
1996	860,400	5.3	207,600	24.1
1997	908,400	5.2	243,000	26.8
1998	703,200	4.5	207,600	29.5
1999	865,100	4.9	238,800	27.5
2000	1,023,600	5.2	286,800	28.0
2001	1,028,400	4.9	302,400	29.4
2002	1,059,600	4.8	325,200	30.7
2003	1,072,800	4.8	480,000	45.0
2004	1,126,800	4.8	208,800	19.0
2005	1,179,600	4.8	318,000	27.0
2006	1,303,200	4.9	314.400	24.1
2007	1,293,600	4.7	331.200	25.6
2008	1,265,268	3.8	※	※

※ 자료 : 문화체육관광부(2012). 2011 체육백서.
 A : 각년도 도시가계연보 중 교양오락비 지출×12
 B : 각년도 도시가계연보 중 스포츠소비 품목 합산 총액×12
※ 주 : 2008년부터 품목별 스포츠소비는 조사항목에 포함되지 않음.

부가가치를 창출하는 하나의 산업이 된다. 앞으로 스포츠산업의 성장가능성은 우리나라 전체 성장률을 상회 할 것으로 전망된다. 따라서 세계 각국은 다양한 국제대회 유치와 스포츠용품 개발 및 스포츠마케팅 확장 등을 위해서 세계 스포츠시장에서의 경쟁은 갈수록 치열해질 것이다.

스포츠산업은 제조업, 서비스업 등 기존사업과 정보기술, 멀티미디어 등 지식산업이 연계된 복합산업으로써 신기술의 시험과 고용창출의 경연장이 될 것이다. 미국의 스포츠산업 규모는 자동차산업을 앞서며(11위), 일본의 경우에도 스포츠산업을 21세기 유망산업으로 선정한 바 있다.

문화체육관광부(2008)는 '2009~2013 스포츠산업 중장기 계획'을 수립하였는 바 '체육강국에 걸맞는 스포츠산업 선진국 도약'을 비전으로 '스포츠산업의 글로벌 경쟁력 강화', '대표적 융·복합 산업으로서 신성장 동력화', '선순환구조 형성을 통한 지역경제 활성화'의

3대 목표 아래 5대 추진전략을 수립·발표하였다. 그 내용은 10대 스포츠용품 글로벌브랜드 육성 및 수출 촉진, 스포츠 융합 신서비스 창출, 프로구단 마케팅 및 경영지원을 통한 프로스포츠 경쟁력 제고, 지역 스포츠산업 수요창출 및 인프라 구축 그리고 스포츠산업 진흥기반 구축이 핵심과제이다.

이와 같이 우리나라의 경우에도 스포츠산업 진흥을 위한 정부의 의지와 함께 최근 국민들의 삶의 질 제고를 위한 다양한 생활체육 종목에의 참여, 프로스포츠를 통한 관람스포츠 활성화, 2002년 한일 월드컵과 2018년 평창동계올림픽 등과 같은 대형 이벤트 개최 등으로 경제성장과 고용창출, 지역경제 발전 등 순기능적인 역할을 수행할 것으로 예상된다.

2 스포츠산업의 정의 및 분류

디지털 혁명으로 불리는 21세기의 변화의 물결은 자본과 노동을 중시하는 산업사회의 패러다임을 급속히 퇴행시키고 지식과 정보를 사회변화의 동인으로 여기는 지식기반사회로의 이행을 촉진시키고 있다. 이러한 변화는 스포츠 환경에도 영향을 미쳐 국위선양, 전인교육, 국민건강 등의 전통적인 스포츠 패러다임에서 선진체육복지, 미디어가치개발, 고부가가치 창출이라는 스포츠의 비지니스적 가치를 창조하는 새로운 스포츠 패러다임으로 전환되기에 이르렀다. 이러한 상황에서 스포츠산업에 대한 정의와 유형 역시 큰 변화의 모습을 보이고 있다. 따라서 여기에서는 스포츠산업에 대한 명확한 정의와 최근 스포츠산업의 분류에 대해 알아본다.

1) 스포츠산업의 정의

1984년 LA올림픽을 기점으로 주목받기 시작한 스포츠산업은 기존 스포츠산업의 핵심제품이라 할 수 있는 스포츠의류, 스포츠용기구, 스포츠신발류 등 제조업 중심에서 다양한 스포츠시설의 건설과 운영 그리고 스포츠마케팅이라는 새로운 스포츠 시장 수요에 눈을 돌리게 되었다. 즉, 21세기의 도래와 함께 많은 선진국가에서는 경제성장에 따른 소득수준의 향상 및 여가중시의 시대적 흐름에 따라 스포츠관련 소비가 증가하고 다양화되면서 고급화되는 지식정보사회로의 변화를 보이고 있는 것이다.

자신이 좋아하는 스포츠를 선택해서 적극적으로 즐기고 그 자체에서 건강을 추구하면서 동시에 행복감을 느끼는 그러한 스포츠 소비행태로 전환되기 시작한 것이다. 이에 따라 스포츠의 자아실현 및 경제적인 가치인식이 높아지면서 스포츠산업의 전통적 제품인 스포츠용품과 함께 스포츠시설 및 스포츠서비스에 대한 사회적 수요가 급증하기 시작했다. 스포츠산업에 대한 소비규모가 선진국을 중심으로 확대되기 시작하였고 전체 산업 중에서 스포츠산업이 차지하는 비중 역시 전 세계적으로 높아지는 추세이다. 실제로 2006년도 미국의 스포츠산업은 23,555억 달러로써 미국총생산(GDP) 대비 2.23%이며, 2008년도 일본은 1,185억 달러로써 일본총생산(GDP) 대비 2.54% 수준이다. 2011년도 한국의 스포츠산업은 36조 5,130억원 규모로써 국내총생산(GDP) 대비 2.95%이며, 90년대 초반부터 지속적인 증가추세를 보이고 있다.

이러한 상황하에서 스포츠산업에 대한 학자들의 정의는 다양하게 이루어지고 있다. Mullin(1983)은 스포츠산업이란 "스포츠조직의 기본적 기능인 스포츠시설 및 용구에 초점을 두고 스포츠서비스를 제공하는 것"이라고 정의하였으며, Brooks(1994)는 "새로운 것을 체험하고 거기에서 느낀 감정을 전달하는 스포츠의 모든 활동과정"이라고 하여 스포츠산업을 광의적 측면에서 정의하였다. 박영옥(2002)은 "스포츠와 관련된 재화 및 서비스를 생산 및 유통하는 산업활동"이라고 정의하였다. 한편 강기두(2005)는 "국민들의 스포츠 활동 욕구에 기반한 스포츠 관련 산업으로서 신체를 단련하는 스포츠에만 머무는 것이 아니라 정신적 풍요와 삶의 질 향상을 위해 물질·공간·서비스를 제공하는 산업"이라고 하였다. 또한 전호문 외(2005)는 스포츠산업의 정의를 "스포츠와 관계된 모든 경제활동으로서 스포츠 관련 활동에 참가한 스포츠소비자의 욕구를 충족시키기 위해 공간, 시설, 프로그램, 지도자, 용품, 스폰서, 광고 그리고 정보 서비스를 제공하는 산업"이라고 하였다.

산업은 원론적으로 재화와 서비스의 상업적 생산 또는 시장을 위한 생산 및 유통활동을 의미한다. 이를 토대로 한다면, 스포츠산업은 스포츠와 관련된 재화와 서비스의 생산단계에서부터 유통단계에 이르기까지 고부가가치를 창출하는 개인 또는 조직의 일체의 활동을 의미한다고 할 수 있다.

2) 스포츠산업의 분류

스포츠산업은 새로운 문화 소비양식으로서의 스포츠가 대두되고 스포츠의 비즈니스적 가치가 부상하면서 정부의 관심 영역으로 자리 잡아가고 있다. 이에 따라 정부에서도 정보통신산업, 물류산업, 문화산업, 환경산업, 관광산업 등과 함께 스포츠산업의 중요성을 인정하여 통계청에서 제공하고 있는 산업분류에 포함하고 있다. 여기에서 스포츠산업은 운동 및 경기용품제조업과 경기 및 오락스포츠업 그리고 운동 및 경기용품 유통 · 임대업, 스포츠 및 레크리에이션 교육기관 등 크게 네 분야로 분류하고 있다.

이와 함께 최근에 일반적으로 널리 사용되고 있는 스포츠산업 분류로서 스포츠시설운영업, 스포츠용품업 그리고 스포츠서비스업으로 구분하고 있는 국내 스포츠산업 분류이다.

여기에서 스포츠시설업은 국내대회는 물론 대규모 국제 스포츠 대회를 치르기 위한 각종 경기장의 건설은 물론 시설운영업과 다양한 리조트형 스포츠시설업 및 스포츠시설임대업 등을 포함한다. 스포츠용품업은 각종 운동용구, 신발, 의류 등을 생산하는 스포츠용품 제조업과 스포츠용품 도소매, 대여, 수리 등을 업으로 하는 스포츠용품 유통업으로 구분하고 있다.

한편 최근 급성장하고 있는 스포츠서비스업은 아마추어 및 프로스포츠업, 경정, 경륜, 경마업 그리고 스포츠이벤트업을 포함하는 스포츠경기업과 스포츠마케팅 대행업, 스포츠에이전트업, 선수양성업의 스포츠마케팅업이 있다. 또한 스포츠신문과 방송, 스포츠인터넷 및 스포츠복권등을 포함하는 스포츠정보업과 비시설교습업, 모험형 자연스포츠업 등의 기타 스포츠서비스업으로 분류하고 있다.

문화체육관광부(2011)에서 분류한 국내스포츠 산업의 분류는 과거 올림픽이나 각종 아마추어 경기 등 제도화 수준이 높은 기성스포츠 외에 레저스포츠 용구 제조업과 같은 변종되거나 새롭게 나타나는 신종 스포츠활동을 생산하는 경제활동과 비시설교습업, 모험형 자연 스포츠 교습업 등을 스포츠산업에 포함시켰다.

표 1-12. 스포츠산업 분류항목

대분류	중분류	중분류명	세분류	KSIC	산업분류명	품목명
1. 운동 및 경기용품 제조업	1-1	기타 비알콜음료 제조업	1-1-1	11209	기타 비알콜음료 제조업	스포츠음료(알카리성 이온음료)
	1-2	섬유제품 및 의복 제조업	1-2-1	13224	천막 및 캔버스 제품 제조업	캠핑용 직물제품
			1-2-2	13229	기타 직물제품 제조업	구명자켓, 구명벨트
			1-2-3	14191	셔츠 및 체육복 제조업	스포츠의류 제조
			1-2-4	14199	그 외 기타 봉제의복 제조업	스포츠위류 부분품
	1-3	가방 및 신발제조업	1-3-1	15129	가방 및 기타 보호용 케이스 제조업	등산용 배낭
			1-3-2	15219	기타 신발 제조업	경기용 및 특수용 신발 제조
			1-3-3	15220	신발부분품 제조업	경기용 운동화 부분품
	1-4	운동 및 경기용구 제조업	1-4-1	25200	무기 및 총포탄 제조업	수렵용 공기총, 경기용 총포탄
			1-4-2	31120	오락 및 스포츠용 보트 건조업	범선, 요트, 카누, 카약
			1-4-3	31991	자전거 및 환자용 차량 제조업	스포츠용 자전거, 자전거 부품
			1-4-4	33301	체조, 육상 및 체력단련용 장비 제조업	
			1-4-5	33302	놀이터용 장비 제조업	
			1-4-6	33303	낚시 및 수렵용구 제조업	
			1-4-7	33309	기타 운동 및 경기용구 제조업	
			1-4-8	33409	기타 오락용품 제조업	볼링용구, 당구용구
			1-4-9	33999	그 외 기타 달리 분류되지 않은 제품 제조업	회전목마, 기타 흥행장 용품
2. 경기 및 오락 스포츠업	2-1	경기장 운용업	2-1-1	91111	실내경기장 운영업	
			2-1-2	91112	실외경기장 운영업	
			2-1-3	91113	경주장 운영업	
	2-2	기타 스포츠 서비스업	2-2-1	91191	스포츠 클럽 운영업	
			2-2-2	91199	그 외 기타 스포츠서비스업	※ 스포츠미디어(방송, 신문)

대분류	중분류	중분류명	세분류	KSIC	산업분류명	품목명
2. 경기 및 오락 스포츠업	2-3	골프장 및 스키장 운영업	2-3-1	91121	골프장 운영업	
			2-3-2	91122	스키장 운영업	
	2-4	기타 스포츠시설 운영업	2-4-1	91131	종합 스포츠시설 운영업	
			2-4-2	91132	체력단련시설 운영업	
			2-4-3	91133	수영장 운영업	
			2-4-4	91134	볼링장 운영업	
			2-4-5	91135	당구장 운영업	
			2-4-6	91136	골프연습장 운영업	
			2-4-7	91139	그 외 기타 스포츠시설 운영업	
			2-4-8	91291	무도장 운영업	무도장
			2-4-9	91292	체육공원 및 유사 공원 운영업	체육공원 운영
	2-5	수상스포츠시설 운영업	2-5-1	91231	낚시장 운영업	
			2-5-2	91239	기타 수상오락 서비스업	수상스포츠 시설 운영
	2-6	겜블링 및 베팅업	2-6-1	91241	복권발햄 및 판매업	스포츠토토
			2-6-2	91249	기타 겜블링 및 베팅업	경마, 경륜, 경정 관련 베팅시설
	2-9	기타경기 및 오락 스포츠업	2-9-1	73901	매니저업	스포츠인 매니저
			2-9-2	-	그 외 기타 경기 및 오락 스포츠업	
3. 운동 및 경기용품 유통·임대업	3-1	운동 및 경기용품 도매업	3-1-1	46464	운동 및 경기용품 도매업	
			3-1-2	46465	자전거 및 기타 운송장비 도매업	스포츠용 자전거 및 부품도매
	3-2	운동, 경기용품 및 자전거 소매업	3-2-1	47631	운동 및 경기용품 소매업	
			3-2-2	47632	자전거 및 기타 운송장비 소매업	스포츠용 자전서 소매
	3-3	스포츠 및 레크리에이션 용품 임대업	3-3-1	69210	스포츠 및 레크리에이션 용품 임대업	
4. 스포츠 및 레크리에이션 교육기관	4-1	스포츠 및 레크리에이션 교육기관	4-1-1	85611	스포츠 교육기관	
			4-1-2	85612	레크리에이션 교육기관	댄스교습

※ 자료 : 문화체육관광부(2011), 2011년도 스포츠산업 경영정보
※ 주 : 스포츠미디어(방송, 신문)는 특수분류에 미포함부분으로 문화체육관광부의 판단에 따라 포함시킴)

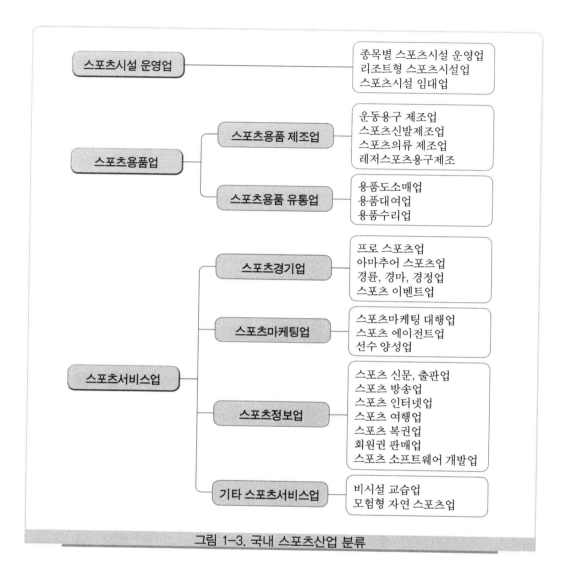

그림 1-3. 국내 스포츠산업 분류

3 스포츠산업의 특성 및 시장규모

21세기는 소비자들의 고급 소비패션 문화추구시대이다. 스포츠제품 역시 고급화, 패션화 추세로 달리고 있다. 따라서 스포츠제품 및 서비스를 통하여 수요자의 요구에 효율적으로 응답하고 스포츠의 고부가가치 브랜드 생산을 이룰 때 국민의 삶의 질 제고는 물론 국가 경제발전에 기여할 수 있다.

여기에서는 스포츠산업의 역할 및 특성 그리고 규모 등에 대하여 살펴본다.

1) 스포츠산업의 특성

스포츠산업은 건강 및 삶의 질적 향상에 기여하는 공공성과 공익성을 띠고 있으며, 이와 같은 다양한 욕구충족을 위해 새로운 스포츠문화가 계속 탄생하는 문화의 창조성을 지니고 있다. 또한 스포츠의 산업화로 경제성장과 고용을 창출하는 순기능적인 역할을 수행하는 고부가가치 산업이다. 이러한 스포츠산업은 스포츠용품제조업, 스포츠용품유통업, 스포츠서비스업 등 기존 스포츠산업과 정보기술, 멀티미디어 등 지식산업이 연계된 성장잠재력이 무한한 21세기 유망산업 중 하나이다. 최근 문화체육관광부에서 발표한 체육백서에서는 스포츠산업의 특성에 대해 다음과 같이 기술하고 있다.

첫째, 스포츠산업은 복합적인 산업분류 구조를 가진 산업이다. 한국표준산업분류의 관점에서 보면 스포츠산업은 각기 다른 산업분류를 복합적으로 통합한 형태를 갖는데, 예를 들어 스포츠용품업에서 용품제조업은 스포츠산업이기보다는 각각 상품에 해당하는 제조업에 해당되기도 하고 도소매업은 다른 산업으로 분류할 수 있으며, 스포츠서비스업에서도 마찬가지로 각기 다른 산업분류가 통합된 복합적인 구조를 갖고 있다. 스포츠산업은 이러한 특성으로 종래의 산업분류에서 그 내용을 규정할 수 없는 복합적인 산업분류 구조를 가진 산업이라 할 수 있다.

둘째, 공간·입지 중시형 산업이다. 스포츠참여 활동에는 적절한 장소와 입지 조건이 선행되어야 한다. 스포츠산업 분야의 서비스는 입지조건이나 시설에 대한 의존도가 높다. 예를 들어, 헬스클럽, 스키장 그리고 골프장은 얼마나 쉽게 접근할 수 있는 위치에 있으며, 어느 정도의 규모나 시설을 갖추고 있느냐가 소비자들에게 있어 관심의 대상이 된다. 특히 해양스포츠나 스키 등은 제한된 장소에서만 활동이 가능하기 때문에 공간의 입지조건이 중요하다.

셋째, 시간 소비형 산업이다. 스포츠산업은 산업의 발달에 따른 노동시간의 감소와 함께 발전해 왔으며, 삶의 질 제고를 위한 여가활동의 증대로(예: 주 40시간 근무제) 발전한 산업이다. 관람스포츠와 참여스포츠가 활성화되는 것은 체육 및 스포츠 활동에 소비하는 시간이 크게 늘어난 것에 기인한다.

넷째, 오락성이 중심 개념인 산업이다. 스포츠가 하나의 산업으로 자리할 수 있었던 것은 '필요'보다는 '재미'와 관련이 있는 '오락'이 존재하고 있기 때문이다. 직접 행하는 스포츠 활동도 재미있고, 관전하는 것도 흥미롭기 때문에 많은 사람이 스포츠 활동에 참여한다.

다섯째, 감동과 건강을 동시에 제공하는 산업이다. 스포츠는 영화나 연극과는 달리 사전에 각본이 없는 예측불허의 감동을 스포츠소비자에게 제공한다. 뿐만 아니라 자신이 직접 행함으로써 건강과 행복감을 동시에 선물하는 웰빙 산업이라 할 수 있다(문화체육관광부 체육백서, 2009; 내용 일부 재구성).

끝으로 참여재이자 선택재 산업이다. 스포츠산업에서의 제품은 스포츠소비자가 직접 접촉해서 소비하고 능동적이고 선택해서 참여하는 특성을 지니고 있다.

2) 스포츠산업의 시장규모 및 현황

문화체육관광부가 발표한 「2011 체육백서」에 따르면 2011년도 우리나라의 스포츠산업 규모는 36조 5,130억 원으로서 2006년 22조 3,640억 원, 2008년 26조 3,610억 원, 2010년 34조 4,820억 원에 비해 급격하게 증가하는 추세를 보이고 있다.

2011년도 국내총생산(GDP) 1,237조 원에서 스포츠산업이 차지하는 비중은 2.95%로 건설업(5.6%)보다는 작지만 농림어업(1.4%), 광공업(1.7%)보다 크다.

스포츠산업 하위시장별 규모를 살펴보면 2011년 현재 경기 및 오락스포츠업은 22조

표 1-13. 스포츠산업의 규모

구분	2006년	2007년	2008년	2009년	2010년	2011년
GDP(원)	915조 9천억	901조 2천억	1,023조 9천억	1,050조	1,172조	1,237조
스포츠산업규모(원)	22조 364십억	23조 270십억	26조 361십억	33조 456십억	34조 482십억	36조 513십억
GDP대비 스포츠 산업비율	2.44%	2.58%	2.57%	3.18%	2.94%	2.95%
증가율(%)	13.8%	4.1%	13.3%	26.9%	2.4%	6.5%

※ 자료 : 문화체육관광부(2011).

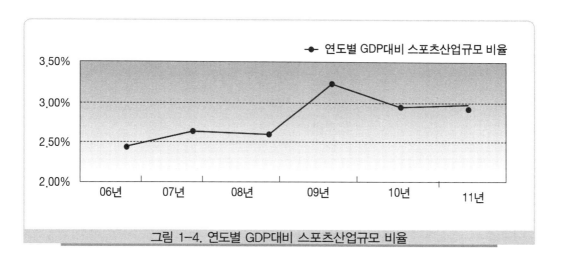

그림 1-4. 연도별 GDP대비 스포츠산업규모 비율

표 1-14. 연도별 스포츠산업 규모 (단위 : 십억원, %)

분류	2009		2010		증감률
	매출액	비중	매출액	비중	
운동 및 경기용품 제조업	4,929	14.9	5,593	16.5	13.5
경기 및 오락스포츠업	22,570	67.5	21,531	63.5	△4.6
운동 및 경기용품 유통임대업	5,124	15.5	5,888	17.3	14.8
스포츠 및 레크리에이션 교육기관	833	2.5	926	2.7	11.2
합계	33,456	100	33,934	100	1.4

※ 자료 : 문화체육관광부(2011). 2011년도 스포츠산업 경영정보

5,700억 원 규모로서 총 스포츠산업의 63.5%를 차지해 가장 큰 비중을 보이고 있고, 스포츠 및 레크리에이션 교육기관업은 270억 원 규모로 전체 스포츠산업 중 27%를 차지해 가장 작은 비중을 보였다.

4 스포츠산업의 전망 및 발전방향

최근 우리사회는 주5일 근무제 시행에 따른 노동시간의 단축과 지식정보사회의 진전 등에 따라 스포츠의 새로운 패러다임이 대두되고 있다. 즉, 소득의 증대, 여가시간의 증가에 따라 삶의 질 향상의 기대와 건강에 대한 관심 고조, 그리고 삶의 가치 개발을 위해 끊임없이 노력하고 있고 이러한 사회적 변화에 발맞추어 스포츠 패러다임 역시 변화하고 확대되어 가고 있다. 대표적으로 스포츠산업이 대두되고 있으며, 스포츠산업은 스포츠를 고부가가치를 창출하는 생산지향적 산업으로 발전되어 가고 있다. 여기에서는 스포츠산업의 전망과 발전방향에 대해 살펴본다.

1) 스포츠산업의 전략산업화

미국의 경우 스포츠산업의 규모는 2005년 2,130억 달러에 이른다. 더욱 놀라운 것은 성장속도가 기하급수적이라는 점이다. 우리나라의 스포츠산업시장 규모를 보면, 2011년도 36조 5,130억 원 규모로서 90년대 중반 이후 지속적인 성장을 보이고 있다. 또한 주 2회 이상 체육활동 참여율이 2011년도 현재 약40%로 나타나고 있으며, 주5일근무제에 따라 늘어나는 여가시간에 가장 하고 싶은 활동이 무엇이냐는 질문에 대한 조사결과 운동이라고 답한 응답자다 가장 많았다.

따라서 우리나라의 스포츠산업 시장은 잠재적으로나 현실적으로 무한하다고 할 수 있다. 더욱이 체육활동 참여자의 상업적 스포츠 시설 사용률(25%)을 고려한다면 스포츠산업시장의 성장가능성은 매우 높다.

표 1-15. 한국·미국·일본의 스포츠산업 규모 비교

구분 \ 국가	한국(2011년)	미국(2005년)	일본(2008년)
GDP	1,237조 원	12조 4,872억 달러	4조 4,530억 달러
스포츠산업	36조 5,130억 원	2,130억 달러	1,135억 달러
GDP대비 스포츠산업비율	2.95%	1.71%	2.54%
비고		레저스포츠 부분 제외	

※자료 : 문화체육관광부(2012). 2011 체육백서.

스포츠산업에는 스포츠서비스업, 스포츠 용품업, 스포츠 시설업 등이 포함되는데 이들의 발전을 위해서는 다음과 같은 정책적 방향이 정립되어야 한다.

첫째, 스포츠서비스업이 발전하기 위하여 이를 제약하는 각종 제도적 규제 장치가 심도 있게 거론되어 전향적으로 완화되어야 한다. 특별히 스포츠서비스업은 새로운 형태의 다양한 업종이 신규로 개발되는 단계이기 때문에 이들에 대한 개발 가능성을 제도적으로 유인·촉진시킬 수 있도록 제도를 완화하여야 한다.

둘째, 올림픽을 성공적으로 치르고, 월드컵축구에서 세계 4강에까지 진출한 경기력을 보유한 국가로서 선수, 팀, 대회 등 스포츠자산을 스포츠상품으로 개발하기 위한 제도적 기반을 구축하여야 한다.

셋째, 국민의 스포츠에 대한 관심을 스포츠소비로 확대시킬 전문 인력 및 정보를 개발하고 양질의 다양하고 질 높은 스포츠서비스를 위한 민간업체 성장 장려 및 공공체육시설의 스포츠경영시스템을 지원하여야 한다.

2) 스포츠의 산업화로 신산업 창출 및 체육복지 실현

스포츠산업에는 여러 분야가 있으며 각기 막대한 시장을 가지고 있고, 특히 시장 잠재력이 큰 특징을 지니고 있다. 그러나 개발이 미진한 우리나라의 경우는 특정 분야를 전략 산업화하여 단계적으로 추진할 필요성이 있다.

(1) 스포츠산업의 핵심인 스포츠서비스업 중점 지원

스포츠산업의 미래 핵심 분야는 스포츠서비스업이다. 따라서 1단계로 스포츠서비스업을 집중하여 지원하는 것이 바람직하다. 특히 스포츠서비스업은 경제성장과 체육진흥의 이중적 효과가 있으므로 중점 지원하는 의미가 크다고 하겠다.

구체적으로 살펴보면 먼저 스포츠마케팅업체, 선수에이전트 등 민간기업의 창업 및 성장을 위한 보다 적극적인 지원이다. 우수선수나 지도자의 세계시장 진출 장려 등 인력개발을 적극 지원하고 정보기술, 멀티미디어 등 타산업과의 연관효과 제고를 위해 스포츠콘텐츠를 개발 유통 시스템을 갖춰나가야 한다.

창조적이고 모험적인 스포츠경영 인재를 발굴·육성하여야 하며, 스포츠용품업은 국제경쟁력이 있는 품목을 우선 선정하고 기술개발 및 시장개척 지원으로 유망 스포츠용품업체의 활로를 모색해야 한다. 또한 스포츠 시설업은 고객 지향적 경영 및 마케팅 역량을 강화하는데 적극적인 지원이 요구된다.

(2) 스포츠산업 발전을 위한 기업 활동 여건 마련

스포츠마케팅 벤처기업 활성화를 위하여 체계적으로 지원하여야 한다. 현행 "벤처기업 육성에 관한 특별조치법령"에 벤처기업으로 스포츠산업체가 포함될 수 있는 근거를 신설하여 지원하도록 한다.

또한 현행 국민체육진흥법에 스포츠산업에 대한 기금 융자 등 지원 근거를 구체적으로 신설하게 스포츠산업 육성을 위한 재원 확보와 효과적인 정책지원이 가능하도록 법적근거를 더욱 강화해야 한다.

2007년 4월 6일 제정된 스포츠산업진흥법은 스포츠산업의 기반조성 및 경쟁력 강화를 도모하는 내용이 있으나 유망한 스포츠산업체를 체계적으로 육성·지원하기 위해서는 현실에 맞게 개정해야 한다. 특히, 기금융자운용규정을 개정하여 체육용품업체 및 체육시설업체에 대한 융자를 확대하고, 스포츠서비스업체 창업지원 및 육성자금 융자 부분 등을 삽입하여야 한다.

각종 체육단체 마케팅 강화를 통한 수입원을 다면화할 필요가 있다. 현재 체육단체는 우수선수, 각종 국내외대회 경험 등 유무형 자산을 보유하고 있다. 이를테면 대회개최에 따른 중계권, 스폰서십, 에이전트, 각종 이벤트사업, 상품공동구매 추진, 종목별 컨텐츠 및 데이터베이스 활용 등 다양한 사업 추진을 통하여 점차적으로 자생력을 확보하여야 할 것이다.

(3) 스포츠산업 육성사업을 추진할 거점 조직 설치 운영

스포츠산업을 집중적으로 육성할 수 있는 거점조직을 설치하여 스포츠산업을 총괄적으로 관리하는 것이 효과적이며, 구체적으로는 스포츠산업진흥재단(가칭) 설립과 같은 방안이 일례가 될 수 있을 것이다.

이와 같은 재단 설립을 통해 자본 및 정보를 효율적으로 수집하고 민간과 정부의 협력을 조율할 수 있을 것이며, 인력 및 정보 개발, 창업지원 및 마케팅 사업 추진, 시설 관리 등의 기능을 선택적이고 효과적으로 수행할 수 있을 것이다.

(4) 스포츠산업 활성화를 위한 다양한 사업 추진

스포츠산업 발전을 위해서는 기업육성과 조직 구성 등은 물론 지속적인 활성화 기반 구축을 위한 각종 소프트웨어 개발이 뒷받침되어야 한다.

이를 위해 우선 스포츠전문 인력양성, 스포츠산업 연구 및 정보 기술 개발 활성화를 통해 경영마케팅 능력을 제고하고 스포츠산업체, 학교, 연구기관 등 유관단체 간의 유기적인 협동체제 구축으로 실용적 연구 결과를 도출하여야 할 것이다.

또한 입지조건 및 사업 타당성을 고려한 특정 종목을 위한 특화된 스포츠시설이나 스포츠메카도시 조성사업이 이루어져야 하며, 해외 스포츠시장 정보 수집 및 보급, 해외 시장에서의 현물/화폐 거래 기능을 담당할 현지 유통 기지를 설치해야 한다.

그리고 이와 더불어 관광 및 국제대회와 연계한 스포츠관광 상품이 체험관광 형태 위주로 개발되어야 할 것이다.

3) 스포츠산업과 관광산업의 연계

21세기에는 정보통신산업, 환경산업과 더불어 관광산업이 세계의 3대 산업으로서 자리매김할 것이 확실시되고 있다. 그리고 스포츠관광은 관광산업을 활성화시켜주는 새로운 목적지향적 관광이 될 것이다. 스포츠관광이란 '여가에 바탕을 둔 여행으로서 개인이 일시적으로 거주지를 더나 육체적 활동, 운동에 참여하거나 관람하면서 운동하는 것에 매력을 느끼고 빠져드는 것을 의미한다(Green & Chalip, 1998).

스포츠와 관광의 상호 연관성에 대해서는 매우 많은 사례가 있으며, 관광산업의 발전에 대한 스포츠의 공헌 요소는 아주 크다. 스포츠는 세계에서 가장 큰 사회적 현상이며, 관광이 세계 최대의 산업으로 간주되고 있으므로 이러한 밀접한 관계가 존재하고 있다는 것은 새로운 사실이 아니다(Veal, 1997). 앞으로 스포츠관광은 프로스포츠의 발달과 참여의 증가에 따라 스포츠와 관련된 여행이 증가될 것으로 예상된다. 스포츠관광이 보다 일반화되고, 관광지의 매력적인 유인 요인으로 작용하여 국제 관광 수지에 기여하기 위해서는 스포츠와 관광을 겸할 수 있는 관광자원적 가치성이 확보되어야 할 것이다. 따라서 스포츠와 관련된 관광을 통하여 스포츠산업은 새로운 영역으로 발전되며, 이에 따라 산업발전에 이바지할 것으로 예상되고 있다.

전남 스포츠 마케팅 924억 파급효과

전남도는 지난해 전남도는 도내에서 열린 493개 스포츠행사로 924억 원의 경제적 파급 효과를 거둔 것으로 집계됐다고 7일 밝혔다.

종목별로 축구가 61회로 가장 많이 열렸으며 게이트볼 38회, 배드민턴 34회, 골프 29회 테니스 28회 순으로 개최됐다. 대회 기간은 3일 이하가 전체의 86%를 차지했으며 참가 인원 규모는 1천명 이하가 80%였다.

개최 시기별로는 11월 76회, 10월 69회, 5월 56회 순으로 가을과 봄을 선호했다.

스포츠 행사에는 총 130만명이 참여했으며 이로 인한 경제적 파급 효과는 직접 효과 646억 원, 간접효과 278억 원으로 집계됐다.

전남도는 2008년 전국체전 개최를 계기로 시군마다 현대식 스포츠시설을 확충하면서 지자체들이 적극적인 스포츠 마케팅 활동을 벌인 때문으로 분석했다.

올해도 전지훈련팀 유치와 섬·갯벌·바다를 활용한 바다수영, 카누, 요트, 비치발리볼대회 등 새로운 스포츠 마케팅 아이템 발굴에도 나설 예정이다.

방옥길 전남도 스포츠산업과장은 "스포츠대회는 굴뚝 없는 새로운 고부가가치산업"이라며 "전남민이 가진 특색있는 대회를 다양하게 개최해 지역경제 활성화에도 도움이 되도록 하겠다"고 말했다.

※ 출처 : 연합뉴스, 2012. 1. 7

(1) 스포츠관광의 상품화 전략

① 스포츠이벤트의 관광상품화 전략

스포츠관광 상품 중에서 경제적인 측면에 가장 큰 성행이 되는 것은 역시 올림픽이나 월드컵 경기와 같은 대규모 스포츠이다. 한국의 경우 국제적인 스포츠이벤트의 효과는 1988년 서울올림픽을 통해 널리 알려진 바 있다. 또한 지난 2002년 6월에 치러진 월드컵의 경우에도 축구라는 단일종목 이벤트지만 그 영향력에 있어서는 최대 규모였다. 그러나 대규모 경기 개최를 제외한 스포츠이벤트 관광상품화는 기존의 관광대상을 개발하는 것보다 비용절감효과가 있기 때문에 관광자본력에 한계가 있는 지역에서 인기가 높다(정강환, 1995).

흔히 참가자 지향의 스포츠이벤트는 기존의 기반시설과 자원봉사자를 활용하여 진행되므로 상대적으로 주최측에 많은 여유를 갖게 한다. 더 나아가 새로운 방문객을 유치하고, 그들의 재방문을 가능하게 만드는 효과적인 방법으로 알려져 왔다. 이는 특정스포츠에 대한 관심을 공유하면서 다른 이들과 휴일을 함께 보낼 기회를 갖는 소비자를 목표로 하기 때문이다(Lisa, 1998).

이처럼 스포츠이벤트 행사를 주최함으로써 얻게 되는 잠재적 이익은 국가 위상제고를 통한 국가브랜드 가치를 상승시키고 행사 주최지의 이미지 제고 및 새로운 사회간접자본을 형성할 수 있으며, 기타 다른 지역과의 교류를 통해 더 많은 스포츠관광객을 유치할 수 있다. 궁극적으로 스포츠이벤트를 통한 관광수입은 그 지역의 경제적 이익을 재창출하는 중요한 기반으로 작용할 수 있을 것이다. 스포츠이벤트 전략을 구상할 때 가장 근본적으로 고려해야할 것은 행사의 주최자와 행사에 참가하는 사람들과의 상호협력적인 관계를 구축해야 한다.

② 스포츠시설의 관광상품화

스포츠관광시설은 관광객의 편의를 위한 공간으로서, 주된 마케팅전략은 스포츠활동과 건강에 주안점을 두고 건설되어야 한다. 또한 이들 시설은 최신의 장비와 시설은 물론 관광객들에게 다양한 스포츠 활동기회와 이들의 안전한 활동을 지도할 수 있도록 체계적 교육을 받은 경험 있는 지도자로 구성된 교육 프로그램이 제공되어야 한다.

현재 우리나라 스포츠시설물로써 외국 관광객을 유치할 수 있는 대표적인 것이 스키리조트와 골프장이라 할 수 있다. 스키리조트의 경우, 연중 눈이 내리지 않는 동남아시아 여행객을 대상으로 하는 마케팅전략을 강구해야 한다. 외국 관광객을 유치하기 위해서는 객실 확보, 직원에 대한 교육, 전담 강사 확보, 다양한 관광코스 개발 등 여러 가지 제반 여건 해결이 급선무라 할 수 있다.

미국에서는 여러 가지 스포츠를 즐길 수 있는 복합 스포츠캠프에서 다양한 스포츠활동을 실시하고 있다. 과거에는 주요 고객이 청소년들로 한정되었지만, 현재에는 가족 및 성인 캠프로 점점 증가되고 있다. 특히 판타지 스포츠 캠프는 인기 있는 스포츠 스타와 함께 스포츠활동을 즐길 수 있는 기회를 제공한다는 점에서 많은 각광을 받고 있다(Getz, 1998).

올림픽이나 월드컵과 같은 스포츠이벤트를 위해 설계된 일부 시설은 그 자체로서 관광명소가 될 수 있다. 이들 시설은 이벤트 장소로서의 일차적 목적을 수행함은 물론 관광명소로서 추가적인 수입을 증가시키고 각 지방자치단체의 경제적 이익을 재창출하는 주요한 기반이 될 수 있다.

이상과 같은 다양한 스포츠시설은 그 시설이 갖고 있는 희소성 및 상품성으로 말미암아 관광왕래를 촉진하고, 관광객의 체류를 장기화하며, 그로 인한 관광 소비는 우리나라의 외화수입의 증대를 기대할 수 있다. 즉, 스포츠시설이 관광사업에서 차지하는 비중은 대단히 크며, 앞으로 그 비중이 보다 증대될 것으로 예측된다. 보다 철저한 스포츠시설의 확충과 다양화가 요구되고 있으며, 구조적으로 보다 진전된 노력이 필요하다.

③ 스포츠 스타 및 프로그램의 관광상품화

스포츠 스타의 관광상품화는 우선 우리나라를 홍보하는 데 큰 도움을 줄 수 있다. 현재 우리나라는 야구, 축구, 골프 등 다양한 종목의 선수들이 외국에서 활약을 하고 있다. 이러한 선수들의 활약은 국가 이미지 제고에 많은 도움을 주고 있다. 또한 스타 선수를 대상으로 직접 관광촉진에 나설 수 있다. 보다 체계적으로 전문 관광회사와 제휴하여 관광객을 유치하는데 스타 선수를 활용할 필요가 있다.

스포츠관광 활성화를 위한 프로그램의 개발에 있어서는 전국의 자연 자원을 활용한 레저스포츠 프로그램의 개발이 스포츠 관광객을 증가시킬 수 있는 요인으로 작용하며, 특히, 주변에서 손쉽게 즐길 수 있는 뉴스포츠의 개발이 필요하다. 현대인은 점점 참여스포츠에 대한 관심과 욕구가 증대되고 이에 다라 각종 레저스포츠가 활성화되고 있다(김종, 박진경, 1999). 게이트볼, 산악자전거 대회, 마스터즈 마라톤 대회 등이 그 예이다.

스포츠관광 활동은 전 세계를 여행하며 스포츠관광을 즐기는 많은 동호인 및 개인들로 인해 점차 증가되고 있다. 한 예로서, 각 나라에서 개최되는 마라톤 경기에서 일반 관광객 참가자를 들 수 있다. 한국에서 열리는 스포츠이벤트를 통한 관광상품화를 위해서는 관광지에서 스포츠를 즐기는 것이나 대회를 관람하는 것뿐만 아니라 그 밖의 다양한 문화에 관한 교류를 적극적으로 추진하는 패키지 상품을 개발하는 것이 필요하다.

전국에 소재하고 있는 유명 관광지 중 스포츠와 관광을 동시에 할 수 있는 목적 관광지를 발굴하여 다양한 레저스포츠 프로그램은 물론 인접 지역 간의 연계된 코스 개발 등이 필요하다. 지역간 연계가 잘 이루어진다면 스포츠관광을 지리적 또는 계절별로 확산시킬 수 있다. 예를 들면 국립공원과 해수욕장, 스키장, 골프장 등은 각각의 입지적 여건이 다르므로 각 지역별로 다양한 관광자원과 연계하여 레저시설을 유치함으로써 계절에 관계없이 스포츠관광을 통한 수익을 창출할 수 있을 것이다.

(2) 스포츠관광의 활성화 방안

이상에서 살펴본 스포츠관광의 기본적 이해를 가지고 스포츠관광의 활성화 방안을 다음과 같이 제안한다.

① 다양한 스포츠관광 상품 개발

첫째, 태권도의 관광상품화이다. 2005년 당시 문화관광부의 국정브리핑 자료에 의하면 문화 · 관광 · 레저스포츠 산업 육성전략의 일환으로 2010년까지 매출 225조원, 380여만 명 규모의 차세대 성장 동력산업을 조성한다고 밝히바 있다. 이를 위해 200~3000만 평 부지의 미래형 관광레저형 기업 후보도시를 태안, 무주, 해남, 영암지구 등이 거론되고 있으며, 동북아 3국 크루즈 관광 상품을 선보이는 등 정부 차원에서도 다양하게 스포츠와 관련된 관광산업을 추진하고 있는데 그 중의 하나가 태권도공원 건립이 있다(이충영, 2007).

태권도공원의 기본계획은 태권도 교육 및 연구의 중심지, 글로벌 태권도인의 네트워크 구축을 통한 세계태권도인들의 문화교류의 장으로서 역할, 태권도 콘텐츠 및 관광상품 개발에 따른 태권도 문화 · 예술 산업 허브로서의 역할, 주거 · 산업 · 교육을 골고루 갖춘 지속가능한 미래의 정주공간으로서의 역할, 태권도 문화 산업 클러스터 조성을 통한 지역경제 자립기반으로서의 역할을 하여 장차 대한민국의 자랑스러운 문화관광 유산으로 조성하는 것이다(문화관광부, 2007).

궁극적으로는 태권도 종주국의 정통성 확보 및 국제적 위상을 제고하고, 태권도의 발전 및 태권도의 올림픽 종목으로 지속적인 유지와 태권도 테마로 한 관광산업의 활성화, 태권도를 통한 국가 이미지 제고 등을 위하여 태권도 공원은 이용객의 다양한 목적을 수용할 수 있는 시설과 다양한 마케팅활동 그리고 각종 프로그램개발 등이 필수적이다.

둘째, 동남아시아 관광객을 위한 스키 관광이다. 동남아시아나 대만의 경우 기후 특성상 눈을 구경하기가 힘들다. 이를 위해서 겨울철 특유의 다양한 스포츠관광 프로그램이 필요하다.

셋째, 청도에서의 소싸움, 제주도의 조랑말 싸움과 같은 관광 상품화도 필요하다. 동물을 이용한 이들 관광 상품은 한국의 특유한 경기이며 새로운 스포츠관광으로 좋은 테마가 될 것이다.

② 국제스포츠 대회의 효율적 이용

국내에서 개최되는 각종 국제 시합을 효율적으로 관광상품화 할 필요가 있다. 국내에서 치러진 아시안게임, 올림픽, 월드컵 대회 등은 비록 경기를 훌륭히 치렀다는 점에서는 높이 평가할 만하지만 이들 이벤트를 통한 관광객 유치 측면에서는 성공했다고 평가할 수 없다.

따라서 관광명소가 많은 강원도에 2018년 동계올림픽 유치를 통하여 노력을 경주해야 할 것이다.

③ 스포츠 관광 지역 특구화

전국의 지역 특성에 맞는 스포츠 관광지를 조성할 필요가 있다. 제주도의 경우에는 일차

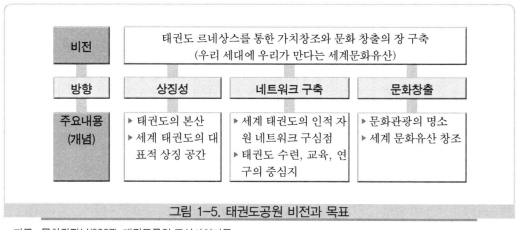

그림 1-5. 태권도공원 비전과 목표

※자료 : 문화관광부(2007). 태권도공원 조성사업자료.

적으로 인접 일본인을 대상으로 한 골프 관광 프로그램과 주변의 수려한 해안에서 즐길 수 있는 레저스포츠 등의 프로그램 개발이 필요하다. 태백산의 경우에는 국내유일의 고지 훈련장이 있기 때문에 심폐지구력 향상에 최적의 장소이기 때문에 고지 훈련장을 적극 홍보하여 국내뿐만 아니라 외국 선수단도 찾을 수 있도록 시설의 보완이 필요하다. 무주, 용평 등에서의 스키리조트는 동남아시아 관광객들에게 좋은 볼거리를 제공한다. 보다 쾌적하고 풍부한 객실을 보유하여 이들 고객들을 해마다 방문할 수 있도록 하는 노력이 필요하다. 이밖에도 낙산, 강릉, 진해 등의 해수욕장에서 할 수 있는 수상스키, 윈드서핑, 세일링, 스쿠버 다이빙 등의 프로그램 개발도 필요하다.

결론적으로 스포츠 관광의 활성화를 위해서는 우선 스포츠이벤트를 통해 경제적 이익을 창출할 수 있도록 행사의 주최자와 행사에 참가하는 사람들과의 상호협력적인 관계를 구축해야 한다. 이와 함께 스포츠시설의 질적 향상을 통한 스포츠관광의 활성화를 꾀하여야 한다. 또한 스포츠 스타를 위한 관광상품화 및 여러 가지 다양한 스포츠 프로그램 등도 스포츠관광 활성화에 크게 일조할 수 있을 것이다. 마지막으로, 스포츠관광을 활성화하기 위해서는 스포츠 분야와 관광 분야가 서로 긴밀한 관계를 유지하여 두 분야 모두 이익을 얻을 수 있는 전략이 필요하다.

연구문제

1. 21세기 체육환경은 변화하고 있다. 스포츠에 대한 사회적 수요의 변화에 대해 알아보자.
2. 생활체육 참여의 양 이상으로 참여의 질이 높아져야 되는 이유를 논해보자.
3. 스포츠산업의 정의에 대해서 알아보자.
4. 스포츠산업을 분류하고 각 영역에 대해서 알아보자.
5. 스포츠산업의 특성 및 성장배경에 대해서 살펴보자.
6. 스포츠산업의 전망 및 발전 방향에 대해서 알아보자.
7. 스포츠산업과 관광산업 연계의 필요성에 대해 논해보자.

2

스포츠마케팅의 이해

본 장에서는 스포츠마케팅의 정의와 핵심개념을 이해하고, 스포츠마케팅의 발전과
정과 그 배경을 알아본다. 또한 스포츠가 하나의 거대한 비즈니스가 된 현 시점에서
스포츠마케팅이라는 새로운 학문적 영역의 필요성에 대해서 살펴본다. 그와 더불어
기업의 입장에서 바라본 스포츠마케팅 측면의 궁극적 목표인 소비자들의 욕구충족을
통한 이윤창출을 위해 스포츠마케팅의 특성을 이해하고 그에 따른 마케팅 믹스요인
즉, 제품, 가격, 장소(유통), 촉진에 대해서 알아본다.

1 스포츠마케팅의 개념

스포츠마케팅은 스포츠 상황에서 전개되는 인간행동과 관련되는 여러 가지 상황 혹은 현상에 대하여 가장 효율적인 해답을 추구하는 마케팅의 새로운 분야이다. 따라서 스포츠마케팅은 마케팅에서 발전된 원리와 방법을 스포츠 관련 분야에 응용하는 학문이다. 20세기 후반 들어 새롭게 부각된 신종 사업들이 그렇듯, 스포츠마케팅 분야도 학문적 연구가 선행되어 그 결과물로 탄생한 학문이라기 보다는 시장원리에 의해서 탄생된 지식 후발형 학문이라고 할 수 있다. 스포츠마케팅의 학문적 성격을 이해하기 위해서는 마케팅의 개념 및 학문적 특성을 우선적으로 이해할 필요가 있다.

1) 마케팅의 정의

마케팅에 대한 견해는 시대의 변천과 사회 및 기업의 발전에 따라 크게 변하여 왔다. 물론 어느 시기에나 마케팅을 보는 관점은 사람마다 다소 차이가 있었지만, 시대의 변화에 따라 보는 관점의 차이가 더욱 두드러짐을 볼 수 있다. 그 이유는 마케팅이 그만큼 역동적으로 발전하고 있는 학문이며, 특히 후기산업사회에서 인간의 모든 생활국면에 작용하고 있기 때문이다.

마케팅에 대한 공식적인 정의는 1960년 미국마케팅학회(American Marketing Association : AMA)에 의해 처음 제시되었다. 이 정의에 의하면 마케팅을 "재화나 용역이 생산자로부터 소비자에게로의 흐름을 제시하는 기업 활동의 수행과정"이라고 정의하였다. 즉, 경제적 활동을 하는 기업들만이 마케팅의 주체가 될 수 있다는 사고가 지배적이었음을 알 수 있다.

McCarthy(1975)는 마케팅을 "조직의 목표를 달성하고 소비자를 만족시키기 위하여 생산자로부터 소비자에 이르기까지 스포츠제품과 서비스의 흐름을 관리하는 활동"이라고 개념화하였다. 또한 Kotler(1976)는 "교환과정을 통하여 필요와 욕구를 만족시키기 위한 인

간활동"이라고 정의하였다. 즉, 마케팅이 경제적인 활동을 하는 기업 이외에 소비자에게도 도움을 줄 수 있음을 강조하였고, 교환 개념에서 시작된 마케팅의 이론화 노력이 필요하다고 주장하였다.

한편 미국마케팅학회(1985)는 경제환경의 변화와 마케팅이론의 발전에 따라 1960년에 발표한 마케팅의 정의를 다음과 같이 수정하였다. 마케팅이란 "개인과 조직이 목표충족을 위하여 상호교환이 원활하게 이루어지도록 아이디어, 제품, 서비스의 개념화와 가격결정, 촉진 및 유통 등을 계획하고 수행하는 과정"이라고 정의하였다. 새로운 의미의 마케팅은 교환의 개념을 새롭게 도입해서 마케팅의 주체와 대상을 확대하고 모든 마케팅의 의사결정 분야를 명확하게 포괄하는 입장을 취하고 있다. 즉, 기업만이 마케팅의 주체가 아니라 개인, 집단, 조직 등 모두가 마케팅의 주체가 될 수 있다는 점을 강조하였다.

한국마케팅학회(2002)에서는 마케팅을 "조직이나 개인이 자사의 목적을 달성시키는 교환을 창출하고 유지할 수 있도록 시장을 정의하고 관리하는 과정"으로 정의하였다. Kotler와 Armstrong(2003)은 "개인과 집단이 제품과 가치를 타인들과 함께 창조하고 교환함으로써 그들의 욕구와 요구를 획득하도록 하는 사회적 및 관리적 과정"으로 정의하였다.

2) 스포츠마케팅의 정의

스포츠마케팅은 크게 스포츠의 마케팅(marketing of sport)과 스포츠를 통한 마케팅(marketing through sport)으로 구분할 수 있다. 프로구단이나 스포츠클럽 등에서 보다 많은 관중과 회원을 확보하기 위해서 또는 스포츠용품, 각종 시설, 이벤트, 서비스, 프로그

스포츠의 마케팅(marketing of sport)	스포츠를 통한 마케팅(marketing through sport)
- 스포츠팀 운영 - 경기장 시설 운영 - 프로스포츠 구단 운영 - 스포츠 토토 등	- 스포츠 스폰서십 - 스포츠 용품 판매

그림 2-1. 스포츠마케팅의 유형

램 등을 판매하기 위해 실시하는 행위나 각종 스포츠 단체에서 이용하는 마케팅활동을 총칭해서 스포츠의 마케팅이라고 할 수 있다.

반면 스포츠를 통한 마케팅은 스포츠를 이용하여 스포츠 또는 비스포츠 제품을 마케팅하는 것을 의미한다. 즉, 일반기업의 스포츠 이벤트 스폰서십의 참여와 라이센싱 계약으로 인해 특정 스포츠로고를 일반제품에 부착시켜서 생산·판매하는 것 등을 의미한다.

이러한 스포츠마케팅은 시대의 흐름에 따라서 계속 변화·발전해 왔으며, 학자에 따라서 다양하게 정의되고 있다. Pitts와 Stolar(1996)는 "스포츠소비자의 필요와 욕구를 충족시키고 스포츠 관련회사의 마케팅기능을 효과적으로 달성하기 위해 제품, 가격, 촉진 및 분배를 위해 계획하고 실행하는 지속적인 과정"이라고 주장하였다. Shank(1999)는 "마케팅원리와 과정을 스포츠 제품에 연계하여 해당 기업의 일반상품에 이르기까지 마케팅에 적용하는 것"이라고 하였으며, Mullin, Hardy와 Sutton(1993, 2000)은 스포츠마케팅을 "교환이라는 과정을 통하여 스포츠소비자의 필요와 욕구를 충족시킬 수 있도록 하는 계획된 모든 활동"이라고 하였다.

한정호 등(2001)은 스포츠마케팅을 "팬들이 팀, 스타선수, 이벤트에 주는 정서적 애착을 활용하는 마케팅 활동으로서 팀, 스타선수, 이벤트를 관리하는 주체는 물론 이를 활용하는 기업들이 그들의 이미지 및 판매를 향상시키려는 마케팅 활동"이라고 정의하였으며, 김용만(2002)은 스포츠마케팅을 "스포츠조직의 스포츠제품 생산, 가격결정, 장소/유통 그리고 촉진계획 수립 활동과 기업의 케뮤니케이션 목표 달성을 위한 가치창조와 창조적 교환 활동을 통해서 스포츠조직의 목표달성, 스포츠소비자의 만족 그리고 기업의 커뮤니케이션 목표를 달성하기 위한 활동"이라고 하였다.

이상 여러 학자들의 정의를 살펴보면 4가지 특징으로 요약할 수 있다.

① 상호 교환과정
② 제품, 서비스뿐만 아니라 아이디어 프로그램 포함
③ 소비자 욕구 충족
④ 마케팅 믹스요인 구체 제시

결론적으로, 스포츠마케팅을 종합하여 정의하면 다음과 같다.

스포츠마케팅은 스포츠소비자의 욕구충족 및 기업의 목표달성을 위하여 상호교환과

정이 원활히 이루어지도록 스포츠 이벤트 기획, 스포츠 가격, 판매촉진, 유통 그리고 스포츠 제품이나 서비스를 계획하는 모든 과정이라고 할 수 있다.

3) 스포츠마케팅의 핵심개념

(1) 필요와 욕구

필요(needs)는 인간이 근원적으로 가지고 있는 의 · 식 · 주, 안전, 소속감 등과 같은 기본적인 것들이 부족한 상태이고, 욕구(wants)는 필요를 충족시킬 수 있는 어떤 구체적인 방법을 말한다(노윤구, 2009).

이를테면 필요는 살을 빼고자 할 때 운동을 필요로 하고, 소속감을 갖고자 할 때 생활체육동호회 가입을 필요로 하는 것 등을 말한다. 욕구는 살을 빼거나 소속감을 형성하기 위해 필요로 하는 운동(헬스, 요가, 수영 등)을 하거나, 생활체육동호회(배드민턴, 축구, 댄스스포츠 등)를 구체적으로 찾는 것을 의미한다.

(2) 수요

수요(demands)는 구매의사와 구매능력을 가진 특정 제품에 대한 스포츠소비자의 욕구를 의미한다. 여기서 구매능력은 경제적 능력이고, 구매의사는 구매를 하고자 하는 의미를 말한다.

예를 들면, 고가의 스포츠 용품이나 무형의 서비스(레슨 등)를 남에게 자랑하고 싶은 욕구를 충족시키고자 하는 사람이 많을 수 있다. 그러나 그것을 구매로 연결시키는 사람은 그다지 많지 않다. 왜냐하면 골프장 회원권이나 골프클럽은 고관여도 제품 즉, 쉽게 결정해서 구매할 수 없는 제품들이기 때문이다. 따라서 기업은 소비자 욕구를 자사제품에 대한 수요로 구체화할 수 있는 마케팅 노력을 기울일 때 매출액을 증대시키고 결국 이윤을 극대화할 수 있을 것이다.

(3) 제품

스포츠소비자는 필요와 욕구를 충족시키기 위해 제품(product)을 구매하고 사용한다.

제품의 범위는 크게 유형의 제품과 무형의 서비스뿐만 아니라 넓은 의미에서 인간의 욕구를 충족시킬 수 있는 모든 것이 제품의 범위에 포함된다.

(4) 교 환

교환(exchange)이란 두 당사자가 상대방이 필요로 하는 것을 주고 그 대가로 자신이 원하는 것을 얻는 행위를 말한다(김봉, 2009). 교환은 마케팅에서 핵심적 개념이다. 기업은 소비자가 원하는 제품을 개발해서 적절한 가격에 판매하고 수익을 올리며, 소비자는 원하는 제품을 구매함으로써 욕구를 해결할 수 있어 기업과 소비자 모두가 추구하는 목적을 달성할 수 있는 것이다.

Kotler(2000)는 교환이 성립되기 위한 5가지의 충족조건을 다음과 같이 제시하였다.

① 최소 두명의 당사자 필요
② 가치있는 제품소유
③ 자유로운 의사소통
④ 상대의 제의 수용 또는 거절
⑤ 거래의 적정함과 바람직함 인식

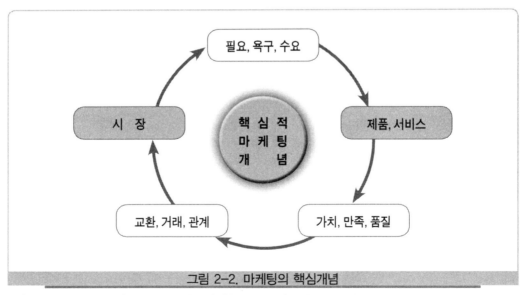

그림 2-2. 마케팅의 핵심개념

※자료 : Philip Kotler and Gary Armstrong(2001), Principles of Marketing, 9th ed.

(5) 시 장

시장(market)이란 제품이 교환되는 장소 또는 제품을 교환하는 사람들의 집합을 의미한다. 이러한 정의는 전통적인 의미의 개념이라 할 수 있으며, 최근에는 인터넷 등 가상의 공간에서도 매매가 이루어지기 때문에, 시장을 제품이나 서비스의 실제 또는 잠재적 고객집단의 집합이라고 할 수 있다.

2 스포츠마케팅의 발달

스포츠는 시대의 흐름에 따라 끊임없이 변화되어 왔고, 특히 21세기에 와서는 소비자들의 욕구와 생활양식의 다양화로 스포츠의 패러다임이 급격하게 새로운 양상을 띠고 있다. 따라서 스포츠마케팅은 변화에 대한 능동적인 대처와 변화를 이끌어가려는 새로운 시도 속에서 발전한다고 할 수 있으며, 그 변화의 중심에 스포츠 산업의 비약적 발전이 있다.

현재, 스포츠 산업은 전 세계적으로 최고의 부가가치를 창출하는 '황금 알을 낳는 거위'라고 표현되며 마케팅의 새로운 분야로써 각광받고 있고, 이에 대한 관심도는 날로 증폭되고 있다.

스포츠마케팅이란 용어의 시작은 1978년 「광고의 시대」라는 잡지에서 소비자와 상품 그리고 촉진수단으로써 스포츠를 이용하였던 서비스 마케터들의 활동을 설명하기 위하여 최초로 사용하였다.

그에 앞서 스포츠마케팅의 시작은 1852년 미국 뉴잉글랜드 철도회사가 하버드대와 예일대 스포츠팀에 무료로 교통편의를 제공하고 자사를 홍보한 것이 시초가 되었는데, 이때가 기업의 홍보를 목표로 스포츠팀에 대한 일시적인 후원이 시작된 시기이다. 그 후 1928년 암스테르담 올림픽에서 코카콜라는 미국 선수단에 콜라 1,000 박스를 무료로 제공하였고, 코닥은 경기 초상권을 매입해 경쟁사의 사진촬영을 제한하는 등 근대올림픽 부활 후 인지도를 높이려는 기업들의 참여가 본격화되었다. 즉, 초기에는 스포츠의 인기를 의식한 소수 기업의 실험적 시도에서 출발하였다.

그로 인해 아직도 많은 사람들이 초창기 스포츠마케팅의 이미지 즉, 상품판매, 광고, 스포츠 스타, 각종 스포츠 이벤트 등이 스포츠마케팅의 전부로 알고 있다. 그러나 이러한 편협적인 시각은 일반 기업이 이미지 제고를 위해 스포츠를 수단으로서 후원활동을 하는 등의 가치창출의 창조적 사고를 제한하여 기업의 성장 마인드를 위축시킬 우려가 있다. 따라서 앞으로 스포츠마케팅은 인간 생활양식의 변화와 기업의 목표달성을 위한 새로운 기회를 끊임없이 제공함으로써 소비자들에겐 만족을 기업들에게는 성장과 번영의 가치를 마련해 줄 수 있어야 한다.

스포츠마케팅이 성장하게 된 배경을 살펴보면 다음과 같다.

1) 기업이미지 촉진수단으로서의 스포츠마케팅 활용

기업의 마케팅활동에 대한 궁극적인 목적은 이미지 제고를 위한 촉진활동이다. 그러나 그동안 기업들은 이미지 제고와 매출 증대라는 여러 가지 목적을 달성하기 위해 기존의 마케팅 촉진수단인 광고 하나만을 고집해 왔다. 우리는 흔히 TV나 인터넷, 각종 언론매체를 접하면서 수도 없이 많은 광고에 노출되어 있음을 쉽게 알 수 있다. 인간의 정보 수용량은 한계가 있기 때문에 이처럼 범람하는 광고 속에서 특정의 광고만을 기억하기란 어려운 일이며, 오히려 광고에 대한 거부감만 증폭될 가능성도 생기는 것이다.

정보가 너무 많을 경우, 소비자는 오히려 혼란을 일으켜 그렇지 않은 경우보다 부적절한 의사결정을 할 수 있다(송해룡, 1997). 우리나라에서는 광고에 출연하는 모델의 대부분이 인기 연예인이고, 그중에서도 정상의 인기를 누리고 있는 몇몇 연예인이 다수의 광고에 겹치기 출연함으로써 소비자들로 하여금 혼동을 가져오게 함은 물론, 신뢰성 형성에 결정적인 장애요인이 되는 문제점도 발생하고 있는 실정이다.

최근에는 국내 광고모델의 출연료가 세계적 스타를 능가할 만큼 폭발적으로 상승하였고, 매체광고료 또한 매년 지속적으로 상승하여 제작비 및 매체비용면에서도 많은 문제점을 안고 있는 실정이다. 이에 반해 스포츠를 이용한 광고나 스포츠이벤트의 후원은 아직까지 상대적으로 저렴한 편이고, 소비자들에게 인식되는 속도나 그 양이 많아 활용가치면에서 볼 때 점점 더 높은 관심을 보이고 있는 추세이다.

또한 TV 등의 매체를 통한 광고는 노출시간이 짧아 소비자들이 기억하기에 다소 무리가 있지만, 스포츠를 통한 광고는 경기가 시작하면서 끝날 때까지 선수들의 유니폼에서부터 경기장 곳곳에서 기업의 로고나 상품명이 소비자들에게 자연스러우면서 집중적으로 노출됨으로써 그 효과가 더욱 커진다고 볼 수 있다.

2) 관람스포츠소비자의 증가에 따른 프로스포츠 활성화

현재 우리 사회는 주 5일 근무제 실시와 이로 인한 여가시간의 확대에 따라 보다 나은 삶의 질을 향상시키기 위해 스포츠소비자들의 여가와 레저 활동참여가 지속적으로 증가하고 있다. 이와 더불어 국내 프로스포츠도 급속도로 대중화되고 중요시됨에 따라 프로스포츠가 본격적으로 활성화되기 시작하였다.

프로스포츠의 탄생은 '스포츠-자본-미디어'라는 카테고리를 형성하는 단초를 제공하며, 스포츠의 상품화를 알리는 신호탄이었고, 실제로 프로스포츠 출범 이후 나타나는 스포츠산업의 변화는 스포츠상품화를 이끄는 중요한 물적 기반을 제공하였다(이승진, 2000). 프로스포츠의 탄생과 스포츠에 대한 관심 증대는 스포츠산업의 꾸준한 내수시장의 확대를 유지해왔고, 이와 함께 국내 프로스포츠가 본격화되기 시작한 1990년대 중반 이후 스포츠스타의 탄생은 스포츠 산업시장을 급속히 성장시키는 밑거름이 되었다.

3) 매스미디어의 발달로 글로벌 스포츠마케팅화

스포츠는 미디어와 분리하여 생각할 수 없으며, 미디어와 스포츠의 결합은 위성 TV와 케이블 TV, 인터넷을 통해 세계 관중들을 한자리에 모이게 하여 그들에게 동일한 이미지를 갖도록 한다. 그리고 그들에게 스포츠에 대한 관심을 불러일으킬 뿐만 아니라 스포츠 체험에 대한 동일한 욕구를 불러일으키게 하며, 그러한 욕구는 결국 스포츠 상품의 소비로 이어지게 된다. 여기에 대량생산의 자본주의는 발달된 전자 테크놀로지 교통수단을 통하여 전 세계를 하나의 소비시장으로 만들어가고 있다.

세계의 스포츠팬들은 ESPN이나 STAR TV와 같은 글로벌 스포츠 미디어들에 지속적으로 노출되어 영향을 받고 있으며, 월드컵이나 올림픽과 같은 글로벌 스포츠이벤트뿐만 아니라 미국 프로스포츠나 유럽 프로축구 등을 각종 세계적 위성 네트워크를 통해 볼 수 있게 되었다(박기철, 1997). 또한 인터넷이라는 네트워크 역시 빠른 속도로 국경과 장벽을 무너뜨리고 있다. 이러한 인터넷의 발달은 네티즌 서포터스를 등장하게 하였는데, 이들은 선수를 응원하고 구단을 지원하는 또 하나의 공식적인 세력으로 자리 잡게 된 것이다.

MBC플러스미디어, 2013 메이저리그 챔피언십 시리즈 생중계

MBC플러스미디어가 3개 채널을 통해 2013 메이저리그 내셔널리그의 챔피언십 시리즈를 동시 생중계한다.

'코리언 몬스터' 류현진의 소속팀 LA다저스가 오는 12일부터 세인트루이스를 상대로 내셔널리그 챔피언십 시리즈 7차전 승부에 접어든다.

MBC스포츠플러스는 류현진 출전 경기 뿐만 아니라, 챔피언십 시리즈 모든 경기를 중계할 예정이며, 특히 LA다저스가 속한 내셔널 리그 챔피언십 시리즈는 MBC스포츠플러스 뿐만 아니라 MBC뮤직, MBC퀸 등 3개 채널을 통해 동시 생중계하기로 결정되었다.

이는 LA다저스의 경기에 대한 국민적인 관심을 반영한 결정으로, LA다저스가 챔피언십 시리즈 진출을 결정지은 지난 8일 디비전 시리즈 4차전만 보더라도 2.45%(AGB닐슨미디어 기준)의 높은 시청률을 보이며 큰 인기를 끈 바 있다.

내셔널리그 챔피언십 시리즈 'LA다저스 vs 세인트루이스' 1차천은 오는 12일 오전 9시 30분부터 MBC스포츠플러스와 MBC뮤직, MBC퀸을 통해 생중계 되며, 2차전은 13일(일) 오전 5시 30분부터 생중계 된다.

한편 MBC스포츠플러스는 스포츠 전문 케이블 방송으로 프로야구 중계 시청률 9년 연속 1위를 차지하고 있는 독보적인 1위 채널로 2017년까지 메이저리그 독점 방송권을 보유하고 있다.

※ 자료 : 아시아경제, 2013. 10. 11

4) 스포츠 스타를 활용한 마케팅의 확산

최근 국내 스포츠 선수들은 세계 메이저 대회를 통해 그 실력을 인정받음에 따라 국내무대를 떠나 세계 빅 리그로 진출하는 사례가 늘고 있다. 이러한 상황은 야구 종목에서는 추신

수를 비롯한 류현진, 윤석민, 임창용 등의 미국 메이저리그 진출과 이대호, 이승엽, 김태균 등의 일본 진출, 그리고 축구 종목에서는 차범근을 시작으로 박지성, 기성용, 김보경, 이청룡, 박주영 등의 유럽리그 진출과 김영권, 한국영 등의 일본 진출, 이영표의 미국 축구리그 진출 등 많은 선수들의 해외진출로 이어졌다. 골프 종목에서는 박세리를 비롯하여 박인비, 신지애, 박희영, 유소연 등의 LPGA와 최경주와 양용은, 배상문의 PGA 진출과 우승을 계기로 세계적인 스포츠 영웅의 탄생과 이로 인한 국내 스포츠 소비문화의 변화가 스포츠마케팅의 확산을 이끌고 있는 것이다.

이와 같이 국내·외적으로 프로스포츠에 대한 국민들의 관심이 더욱 고조되고, 새로운 스포츠 스타의 등장과 활약으로 기업들은 기업이미지 제고는 물론 자사 제품에 대한 홍보를 적극화 하기 위해 스포츠팀을 운영하고 특정 팀 또는 선수를 지원하거나 대회 주최 및 후원 등을 늘려가고 있다.

박인비-휠라골프, 제2의 도약

지난 2001년 론칭한 영골프웨어 브랜드 휠라골프는 골프저변 확대와 한국여자 골프선수들의 성장에 보탬이 되기 위해 선수 후원에 앞장서 왔다. 최근에는 박인비를 비롯해 LPGA 1세대 박세리, 한희원, 그리고 유소연, 김자영까지 내로라하는 한국여자 골프스타들의 의류 후원사로 세간의 관심을 받고 있다. 선수의 실력은 물론 진정한 스포츠맨십의 소유자, 그리고 미래의 잠재력을 보고 스폰서십을 맺는 휠라골프는 처음도 끝도 소속선수들과 함께 동반성장을 꿈꾼다. 휠라골프 담당자의 말이다.

"미디어 노출로 인한 브랜드 인지도 제고도 좋지만 휠라골프는 스폰서십을 통해서 훌륭한 선수들과 함께하는 좋은 브랜드라는 인식을 심어주는 것이 더 의미가 크다. 최고의 기량과 열정으로 세계무대를 누비는 한국여자 골프스타들과 함께 제2의 도약을 하는 것이 휠라골프가 선수 후원에 앞장서는 또 다른 목표이자 청사진이다."

한편 휠라골프는 박인비를 필두로 유소연, 박세리 등 소속선수들이 착용한 제품을 특화한 '플레이어스 라인업'을 선보일 계획이다.

※ 자료 : 골프한국(www.golfhankook.com), 2013. 8. 14

3 스포츠마케팅의 특성

　기업에서 이루고자 하는 목표는 소비자들의 욕구충족을 통한 이윤창출이다. 마찬가지로 마케터나 기업이 스포츠마케팅을 통하여 이루고자 하는 목표는 이와 유사하다 할 수 있다. 이러한 목표 달성을 위해서는 스포츠마케팅의 특징을 이해하고 보다 구체적이며 정확한 전략을 세워야 할 것이다.

　스포츠마케팅은 스포츠가 가지고 있는 엄청난 부가가치의 잠재력을 극대화하여 스포츠소비자들의 욕구를 충족시킴으로써 기업의 이미지 제고 및 이윤 추구를 위한 경영기법의 하나인 것이다. 즉, 스포츠마케팅은 스포츠 관련 사업이나 산업에서 다양한 마케팅기법을 개발

그림 2-3. 마케팅관리자가 고려해야 할 제 요소

※자료 : 박기안 외(2006). 마케팅. p.28로부터 편집됨. McCarthy & Perreault, Jr.(1987), Basic Marketing.

하고 이용함으로써(강기두, 2005), '스포츠'라는 제품이 지니고 있는 시장가치를 최대한으로 활용하여 기업의 생산성과 이윤을 극대화하려는 경영의 한 방법이라 할 수 있다.

효율적인 경영전략을 수립하기 위해서는 적절한 마케팅 전략을 제대로 구사할 수 있어야 하며, 이를 위해 반드시 필요한 것이 마케팅믹스요인이다. 마케팅믹스의 구성요소에 대한 주장은 학자들에 따라 다소 차이가 있으나 일반적으로 제품(product), 가격(price), 유통(place), 촉진(promotion)의 4P's를 가장 전형적인 마케팅 믹스요소로 구분하고 있다. 이와 같은 마케팅믹스는 기업이 표적시장에서 원하는 반응을 얻기 위해 사용되는 통제 가능한 마케팅변수의 집합이라 할 수 있다.

효율적인 마케팅믹스 전략을 위해서는 마케팅믹스 요인 사이에 일관성 · 통합성 · 시너지효과를 고려하여야 하고, 마케팅믹스 전략은 하나의 통합된 마케팅믹스 조합으로 나타내어진다고 할 수 있다. 또한 마케팅 믹스요소들은 시장상황, 제품특성, 기업의 특성에 따라 중요하고 효율적인 믹스 조합이 달라진다(최정도, 2004). 결론적으로 성공적인 스포츠마케팅을 위해서는 스포츠마케팅의 4요소가 상호 조화로운 관련성과 효과적인 적용이 이루어져야 한다는 것이다.

그림 2-2에서 보는 바와 같이 마케팅관리자는 많은 통제불능요소(마케팅환경 요인)하에서 고객을 표적으로 하여 통제가능요소(마케팅믹스요인)인 제품, 가격, 유통, 촉진을 최적의 상태로 결합하게 되는데, 이들 4P's를 마케팅믹스의 중심요소라고 칭하였다(박기안 외, 2006). 좀 더 구체적으로 4P's를 활용한 마케팅믹스전략에 대해 살펴보면 다음과 같다.

1) 제 품

제품(product)은 기업경영의 성패를 좌우하는 중요한 열쇠로서, 기존 제품을 개량하거나 다양한 서비스를 개발하여 소비자욕구에 적응해 나가야 하고 기업의 목적에 맞는 신제품 개발은 최적의 제품믹스 결정에 기초가 된다(박기안 외, 2006). 따라서 제품결정은 기업에서 만들어내는 제품 중의 한 부분으로 생각해서는 안되며 기업이 표적시장에 제공하는 재화와 서비스의 결합으로 고려해야 한다(신지용, 2005).

스포츠를 전제로 한 스포츠마케팅 측면에서의 제품은 각종 스포츠 용품이나 재화 그리고 올림픽 개막식이나 월드컵 결승전과 같은 주요 경기 입장권, 그리고 각종 서비스(프로그램, 레슨) 등을 제품이라 할 수 있다.

2) 가 격

필요와 욕구의 충족을 위해 소비자가 제품을 구입하려 할 때에는 그에 상응한 대가 즉, 가격(price)을 지불한다. 이러한 가격은 구매자들이 특정제품을 구매함으로써 얻게 되는 효용에 부여된 시장에서의 제품교환가치라 할 수 있으며, 다른 마케팅믹스에 비하여 경쟁에 가장 민감하게 반응하여 가장 강력한 경쟁도구가 될 수 있다(최정도, 2004).

가격결정은 가격전략을 수립할 때 다양한 할인방법과 독특한 가격전략 등을 포함한다. 즉, 가격은 가격목표의 결정, 가격전략의 방향설정, 가격산정, 최종가격의 결정과정을 거쳐 결정되며 이 과정에서는 제품에 대한 수요, 원가구조, 경쟁제품의 가격과 품질, 법적 요인 등의 영향을 받는다.

스포츠 상황에서도 우수 팀의 경기라고 해서 경기 입장권의 가격을 인상 할 수 없고, 이와는 반대로 주목받지 못하는 경기의 경우, 무료입장권을 배포하여 경기가치를 저하시키는 등 가격결정에 대한 고려사항은 수없이 많다. 따라서 가격은 여러 요인들을 고려해서 신중하게 결정해야 한다.

입장권 가격안내			주중가격	주말가격
권종			주중가격	주말가격
VIP석			60,000	60,000
테이블석			40,000	40,000
블루지정석			12,000	15,000
레드지정석			10,000	12,000
옐로우지정석			9,000	10,000
외야석 (자유석)		성인	7,000	8,000
		군경/청소년	5,000	6,000
		어린이/장애우/유공자/경로자	3,000	4,000

(단위 : 원)

※ 자료 : 두산베어스 홈페이지(http://www.doosanbears.com)

3) 유 통(장소)

유통/장소(place)는 시간적·공간적 차원의 마케팅활동을 취급하는 것으로서, 표적고객에게 적정한 상품을 적정한 시간과 장소에서 제공하는 데 필요한 활동이다. 유통믹스에 있어서 주된 관심대상이 되는 것이 유통경로이다(박기안 외, 2006).

유통경로란 특정제품이나 서비스가 소비 또는 사용될 수 있도록 하는 과정과 일체의 상호의존적인 조직으로 제품이나 서비스를 생산자에게서 최종소비자에게 전달하는 방법이다. 또한 제품이나 서비스는 소비자에게 적절한 수량으로 제공되어야 하는데, 이같은 효용을 창출하는 기능을 수행하는 것이 유통경로이다(채서일, 2003).

스포츠마케팅의 장소나 유통기능은 일반 마케팅과 다르다. 스포츠용품 산업을 제외한 스포츠서비스업, 스포츠시설업 등은 생산지에서 소비지로 제품의 물리적 이동이 거의 발생하지 않는다. 이 현상은 스포츠, 레저, 레크리에이션, 오락 그리고 관광산업에서 독특하게 나타난다. 결과적으로 스포츠제품의 유통경로는 주로 시설과 관련된다.

또한 일정 장소를 필요로 하는 스포츠의 성격상 장소는 접근성, 매력성, 실용성 등의 요소를 골고루 갖추어야 판로구축에 도움이 된다.

4) 촉 진

촉진(promotion)은 잠재적 소비자에게 정보를 전달하는 마케팅믹스의 구성요소이다. 또한 촉진은 제품의 유익성을 고객에게 확신시키기 위하여 의사소통을 개발하고 표적시장이 제품을 구매할 수 있도록 설득하는 활동을 포함한다(신지용, 2005). 촉진수단에는 광고, 인적판매, 홍보 및 기타의 판매촉진수단 등이 포함된다. 현재 국내 프로스포츠 구단들은 언론홍보, 회원서

강원FC가 홈페이지를 통해 구단을 홍보하고 있다

※자료 : 강원FC 홈페이지(http://www.gangwon-fc.com/)

비스와 판매촉진, 지역사회를 위한 봉사나 이벤트 등의 촉진전략과 인터넷촉진 등에 그치고 있다(최정도, 2004).

결과적으로 촉진목표를 효과적으로 달성하기 위해 스포츠 관련 기업은 실제 또는 잠재고객에게 스포츠 상품을 알리거나 설득하고 회상시키는 등의 촉진도구들을 효과적으로 조합하여 구사할 수 있어야 한다. 즉, 촉진전략을 수립할 때는 제품, 가격, 장소, PR과 연계된 전략을 포함하여 표적시장을 공략해야 한다.

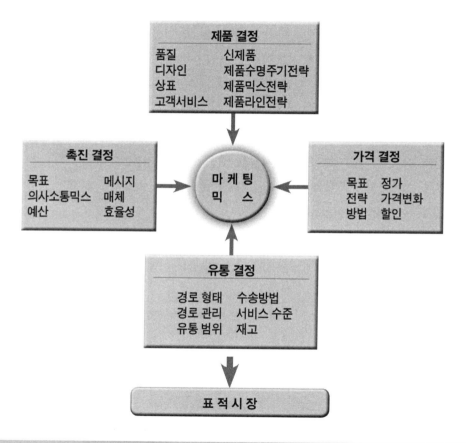

그림 2-4. 마케팅믹스 결정

※자료 : 신지용(2005). 현대마케팅. p.41로부터 편집됨.

연구문제

1. 마케팅을 정의해 보자.

2. 스포츠마케팅을 정의해 보자.

3. 스포츠마케팅의 핵심개념을 구분하고 설명해 보자.

4. 스포츠마케팅의 성장 배경에 대해서 알아보자.

5. 스포츠마케팅의 특성을 4P's 요인으로 구분하고 논의해 보자.

3

스포츠소비자 행동

스포츠소비자 행동은 스포츠행동과 반응을 포함하고 욕구충족을 위한 제품과 서비스 및 가치를 교환하는 소비자에 관한 연구이다. 즉, 소비자가 무엇을 구매하고 왜, 어떻게, 언제, 어디서 구입했는지에 대한 연구라고 할 수 있다. 그리고 이러한 소비자의 행동에 영향을 미치는 요인 또한 다양하다. 개인이나 심리적인 영향요인뿐만 아니라 사회·문화적 영향요인들이 소비자에게 직·간접적으로 영향을 미친다. 따라서 본 장에서는 스포츠소비자의 개념과 행동모형 그리고 소비자행동에 영향을 미치는 요인에 대해서 알아본다.

1 스포츠소비자의 개념

스포츠마케팅에서 소비자는 그 과정에 있어 가장 핵심이 되는 중요한 요인 중 하나이다. 스포츠소비자에 대한 견해는 학자에 따라 다양하게 정의되고 있다. 따라서 이처럼 다양한 개념에 대해서 명확하게 정의할 필요가 있다. 왜냐하면 스포츠소비자에 대한 명확한 정의가 이루어질 때 스포츠소비자를 참여스포츠소비자와 관람스포츠소비자로 분류할 수 있고, 그에 따라 스포츠 시장세분화에 중요한 하나의 기준을 만들 수 있기 때문이다.

1) 스포츠소비자의 정의

스포츠마케팅의 핵심과제는 한마디로 스포츠소비자의 욕구충족이라고 할 수 있다. 다시 말해 스포츠마케터가 시장을 분석하거나 표적고객을 설정하고 제품, 가격, 유통(장소), 촉진 등 전반적인 마케팅전략을 계획하는 과정에서 소비자는 중요한 대상이면서 동시에 핵심적 역할을 한다는 것이다. 우리는 이러한 스포츠소비자를 흔히 스포츠제품을 구매하는 사람 또는 다양한 형태로 스포츠에 참여하는 사람이라고 일컫는다.

原田(1998)은 스포츠소비자를 "즐거움이나 다른 이익을 얻는 것을 목적으로 운동이나 스포츠에 참가하거나 그에 관한 정보를 얻기 위하여 시간, 돈, 개인적 에너지를 투자하는 사람"이라고 정의하였다. 김치조(1996)는 스포츠소비자는 "스포츠라는 제품 또는 서비스 그리고 스포츠와 관련된 제품을 구매하고 획득하는 개인이나 단체"라고 정의하였다. 즉, 스포츠시장에서 소비자는 개인의 만족과 소비를 위해 제품이나 서비스를 구매하고 획득하는 개인이나 집단을 일컫는다.

한편 김영준(1998)은 스포츠 소비를 단순한 스포츠 접촉(스포츠라는 문화에 자연적으로 접촉하여 노출될 수 있는 것)과 개념적으로 구별하기 위해 시간소비, 비용부담, 노력, 편익 등 네 가지 요소가 필요하다고 하였다. 이러한 관점에서 스포츠소비자는 "어떤 욕구를 만족

시키기 위해 이용할 수 있는 수단으로서 스포츠를 선택하고 자기가 찾고 있는 정보나 오락 등을 획득해서 소비하고 그 속에서 충족을 얻는 사람"이라고 정의할 수 있다. 따라서 스포츠 소비란 앞서 언급한 네 가지 요인 즉, 시간소비, 비용부담, 노력 그리고 편의에 관련된 행위를 실시하는 것을 의미한다.

이상을 종합해보면 스포츠소비자는 "시간소비, 비용부담, 노력, 편의 등의 행동을 수행하는 모든 사람들에 대해 적용 가능한 개념으로 스포츠라는 제품 혹은 서비스 그리고 스포츠 관련 제품을 구매하고 획득하는 개인 또는 집단"으로 정의할 수 있다.

2) 스포츠소비자의 분류

스포츠소비자는 구매하는 스포츠제품 또는 서비스의 종류에 따라 각기 다른 구매형태를 보인다. 스포츠소비자의 분류는 시장을 세분화하기 위한 하나의 기준이 된다(김용만, 2002). 따라서 스포츠소비자를 스포츠의 참여형태에 따라 참여스포츠소비자와 관람스포츠소비자로 구분하여 살펴보면 다음과 같다.

(1) 참여스포츠소비자

각종 기관, 단체, 기업 등에서 주최하는 다양한 스포츠이벤트에 자신이 직접 참여하거나, 상업 혹은 비상업스포츠센터 등과 같은 다양한 스포츠시설을 직접 이용함으로써 자신의 건강을 유지하려는 것을 주목적으로 신체활동에 참여하는 소비자를 참여스포츠소비자라고 한다. 참여스포츠는 관람스포츠와 상호보완적인 역할을 하는 독특한 특징을 가지고 있다. 즉, 참여스포츠에 참가한 소비자는 종종 관람을 통하여 자기만족을 할 수 있으며, 관람자 역시 스포츠 활동에 직접 참여함으로써 자신의 신체활동에 만족을 느낀다.

최근 우리 사회는 경제성장, 주5일 근무제의 확산에 따른 여가시간의 증대로 삶의 질 향상에 대한 기대로 인해 보는 스포츠에서 직접 참여하는 스포츠의 형태로 변화하고 있으며, 과거 정적인 스포츠 참여형태의 소비자 패턴에서 스포츠관광과 모험스포츠 등과 같은 직접 참여하는 동적인 스포츠참여형태의 소비자 패턴으로 변해가고 있는 추세이다.

프로야구역대 관중현황

연도	SK	KIA	삼성	한화	LG	두산	롯데	넥센	계
2008	754,247 (11,972)	367,194 (5,838)	387,231 (6,147)	372,986 (5,920)	806,662 (12,804)	929,600 (14,756)	1,379,735 (21,901)	258,077 (4,096)	5,256,332 (10,429)
2009	841,270 (12,556)	582,005 (8,818)	387,389 (5,782)	375,589 (5,691)	975,333 (14,778)	1,053,966 (15,731)	1,380,018 (20,597)	329,715 (4,996)	5,925,285 (11,138)
2010	983,866 (14,907)	436,285 (6,512)	455,246 (6,898)	397,297 (5,930)	1,010,078 (15,076)	1,070,673 (16,222)	1,175,665 (17,813)	399,496 (5,963)	5,928,626 (11,144)
2011	998,660 (14,905)	592,653 (8,980)	508,645 (7,592)	464,871 (7,044)	1,191,715 (18,056)	1,253,735 (18,712)	1,358,322 (20,273)	441,427 (6,688)	6,810,028 (12,801)
2012	1,069,929 (16,211)	502,019 (7,493)	544,859 (8,255)	519,794 (7,758)	1,259,480 (18,798)	1,291,703 (19,571)	1,368,995 (20,742)	599,381 (8,946)	7,156,157 (13,451)

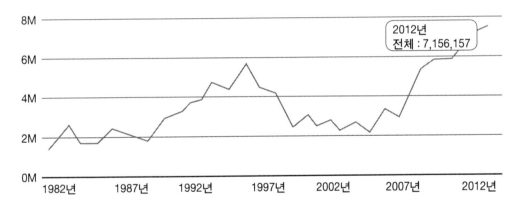

(2) 관람스포츠소비자

관람스포츠소비자는 여가선용과 자기만족을 느끼기 위해 프로스포츠를 비롯한 각종 운동경기 등에 직접 또는 간접적으로 관람하는 소비자를 말한다.

국내 관람스포츠는 과거 1980년대 초부터 본격화되어 부족한 여가환경 속에 있는 국민들에게 즐거움을 주었다. 오늘날 스포츠의 특징 중 하나는 수많은 관중이 경기장으로 몰려드는것이며, 그곳에서 행해지는 스포츠경기에 사회적 관심이 집중되고 있다는 것이다. 최근에는 프로야구를 중심으로 관람스포츠가 활성화되고 있으며, 또한 월드컵과 올림픽 등 각종 대형 스포츠이벤트를 통해 절정에 달하고 있다. 프로야구 롯데자이언츠는 2012년 130만명 이상의 관중 유입에 성공하였으며, 그 파급효과로 프로야구 총 관중 역시 역대 최대 700

만이 넘는 관중이 유입될 정도로 국민들의 프로스포츠 관람에 대한 관심이 증폭되고 있다.

그밖에 각종 매스미디어를 통한 스포츠프로그램과 보도가 증가하고 있으며, 특히 케이블 TV와 인터넷, 모바일 등을 통한 스포츠중계는 경기장 관중보다 훨씬 많은 간접 관람소비자들을 끌어당기고 있다.

2 스포츠소비자의 행동분석

스포츠소비자의 행동을 분석하는 1차적인 목적은 마케터나 기업이 소비자를 보다 잘 이해하고 그에 따른 구체적인 시장 세분화 및 목표 설정을 위한 마케팅전략을 가장 효율적으로 수립하기 위하여 소비자에 대한 정확한 정보를 제공받는데 있다. 이러한 정보획득을 위해서는 스포츠소비자들의 행동에 영향을 미치는 요인들을 구체적으로 파악할 필요가 있다. 따라서 여기에서는 스포츠소비자 행동의 정의, 소비자 행동의 특성, 소비자행동 분석의 필요성에 대해서 살펴보기로 한다.

1) 스포츠소비자 행동의 정의

흔히 소비자행동은 소비자가 필요로 하는 여러 물품의 가격과 자신의 소득을 고려하여 효용을 극대화하기 위한 소비계획을 결정하는 소비자활동 과정이라고 할 수 있는데, 여러 학자들의 정의를 살펴보면 다음과 같다.

Sternthal과 Craig(1982)은 소비자행동을 "소비자의 의사결정과정을 연구하는 것으로 보다 구체적으로 소비자가 소비선택을 행하기 위해 정보를 획득하고 평가 및 이용하는 방법과 관련된 것"이라고 하였다. Engel, Blackwell과 Miniard(1995)는 소비자행동에 대해 "개인이 재화와 서비스를 획득하고, 소비하며, 배분하는 것과 직접적으로 관련된 행동으로 이런 행동에 선행되거나 뒤따르는 의사결정 과정을 포함"한다고 정의하고 있다.

한편 Zeithaml과 Binter(2000)는 "개인, 집단, 조직이나 제품, 서비스나 기타 자원을 획득하고 사용하며, 또한 이후에 얻은 경험을 통해서 표출되는 행동, 과정 및 사회적 관계"로 정의하고 있다. 따라서 소비자행동의 범위를 구매에 필요한 정보탐색, 상표들에 대한 비교 평가와 구매하여 사용한 후 내리는 판단까지 포함하는 것으로 볼 수 있다.

이러한 맥락에서 하지원(1998)은 스포츠소비자 행동은 "스포츠소비자들이 일련의 의사결정과정을 통하여 나타나는 행동"이라고 하였으며, 최근 들어 강기두(2005)는 "스포츠소비자들이 자신들의 욕구를 충족시켜줄 수 있는 스포츠를 탐색하고, 구매(참여 혹은 관람)하고 평가하는 일련의 과정"이라고 정의하고 있다.

결론적으로 스포츠소비자 행동이란 "개인이나 조직이 일련의 심리적 의사결정과정을 통하여 나타나는 스포츠제품이나 서비스 구매 등과 관련된 인간행동의 전과정"이라고 정의할 수 있다.

2) 스포츠소비자 행동의 특성

스포츠마케팅에서 기업의 목표는 소비자들의 욕구충족을 통한 이윤창출이라고 할 수 있다. 이러한 기업의 목표를 달성하기 위해서는 소비자의 소비패턴과 구매행동에 대한 이해가 필요하다.

스포츠소비자들은 다양한 이유로 몇 가지 소비행동의 특성을 가지고 있다. 기업과 마케팅관리자는 이러한 스포츠소비자들의 소비특성을 토대로 스포츠시장에서 전반적인 소비자행동을 구체적으로 파악하고 예측할 수 있을 것이다.

첫째, 소비자는 선택적 행동 반응을 한다.

소비자는 다양한 마케팅활동에 의해 무분별하게 영향을 받지만, 그렇다고 아무 제품이나 선택하지는 않는다. 즉, 자신에게 필요한 정보만을 선택적으로 기억하며 불필요한 것은 잊어버리는 등 자주적으로 수용 혹은 거부하는 등 선택적으로 행동반응을 나타낸다.

둘째, 소비자의 행동은 목표지향적이다.

소비자행동은 자신의 필요와 욕구에 의해 판단하고 행동한다. 다른 사람에게는 비합리적으로 보일지 모르지만 소비자 자신은 매우 합리적으로 고려하고 판단하며 목표달성을 위한 행동인 것이다. 예를 들어, 스키를 처음 배운 소비자가 시즌 막판 고가의 시즌권을 구입한다

면 다른 사람들의 관점에서는 매우 비합리적인 행동이라고 판단될 것이다. 하지만 당사자는 시즌이 끝나기 전에 보다 향상된 기술습득이라는 목표를 달성하기 위해 합리적으로 판단하고 구매하는 행동이라 할 수 있다.

셋째, 소비자의 동기와 행동의 파악은 조사방법을 통해 가능하다.

소비자의 구매활동은 일련의 소비자행동 과정의 하나이며, 이는 내·외적으로 다양한 사회·환경적 요인에 의해 영향을 받는다. 따라서 인구통계학적 변인에 따른 소비자 욕구, 동기, 소비행동 등의 조사·분석을 통해 비록 완전하지는 않지만 소비자의 행동을 충분히 평가하고 예측할 수 있다.

넷째, 소비자행동은 마케팅활동에 의해 변화시킬 수 있다.

소비자는 선택적으로 정보수용과 왜곡, 기억을 하기 때문에 그들의 구매의사나 동기에 영향을 미친다는 것은 쉽지 않다. 그러나 소비자의 행동에 영향을 줄 수 있는 필요와 욕구를 파악하고 그에 부응하는 제품의 확보나 서비스 제공이 이루어진다면 소비자의 구매행동을 변화시킬 수 있을 것이다.

다섯째, 소비자행동 과정은 소비자 학습의 필요성을 갖게 한다.

소비자의 행동이 목표지향적이며 자주적이라 해도 반드시 소비자가 구매하는 행동이 최선이라는 의미는 아니다. 따라서 소비자들에게 지속적인 학습을 통하여 올바른 제품평가와 최선의 선택을 할 수 있는 안목을 키워나갈 수 있도록 기회를 제공하는 것 역시 기업의 책무라 할 수 있다.

3) 스포츠소비자 행동분석의 필요성

소비자들이 제품을 구매하는 궁극적 목적은 자신의 필요와 욕구를 충족시키기 위해서이다. 우리 사회가 갈수록 고도화되어 가고 주5일 근무제 시행 등 여가시간의 증대와 경제성장은 삶의 질 향상에 대한 기대를 가져왔고 그로인해 과거 저차원적인 욕구충족에서 이제는 가장 고차원적인 욕구를 해결하기 위해 소비자마다 구매행동이 각기 다르게 표출되고 있다. 따라서 소비자들의 심리적 성향이나 욕구를 파악하고 그에 부응하는 제품이나 프로그램을 제공함으로써 저마다 각기 다른 소비자들의 반응에 대처하는 것이 기업들의 현안 과제일 것이다.

　　시장형성 초기에는 소비자욕구가 주로 경영자의 주관적인 판단이나 경험에 의존하여 파악되었으나, 시장환경이 점점 복잡해짐에 따라 마케팅 관리자와 소비자의 거리가 점점 멀어지는 관계로 관리자의 주관적인 판단만으로는 소비자의 욕구를 정확하게 파악하거나, 자사의 마케팅활동에 대하여 소비자들이 어떻게 생각하고 있는가에 대하여 알기 어려워졌다(채서일, 2003). 결국 성공적인 마케팅전략은 그 출발점이 공급자 중심이 아닌 소비자 위주일 때에만 가능한 반면 소비자를 정확히 파악하지 못한 제품개발 및 마케팅전략은 그만큼 실패할 가능성이 높다고 할 수 있다.

　　특정제품에 대한 경쟁이 심화되면 될수록 소비자들은 그만큼 선택의 기회가 확대되기 때문에 모든 것이 공급자 중심에서 소비자중심으로 이동될 수밖에 없다. 때문에 스포츠시장에서의 경쟁우위를 선점하고 지키기 위해서는 끊임없이 소비자들의 소비행동에 영향을 미치는 제반변인들을 면밀히 검토하고 대비해야 한다. 이는 소비자행동을 확실히 이해하는 마케팅 관리자가 시장경쟁에서 우위를 가질 수 있다는 것을 의미한다.

　　최근 스포츠시장에서의 스포츠소비자들 역시 웰빙의 붐과 함께 삶의 질 향상이라는 기대로 스포츠에 대한 소비패턴이 양적 위주에서 질적 위주로 전환되고 있으며, 관람형태의 스포츠 소비중심에서 최근 여가나 관광 등 체험형태의 스포츠 소비문화로 변화해 가고 있다. 따라서 스포츠소비자들의 욕구와 필요에 부응하는 제품들에 대한 정보를 파악함으로써 마케팅 관리자는 효율적인 마케팅전략을 수립하고 마케팅믹스를 수행할 수 있다는 관점에서 스포츠소비자행동 분석의 필요성이 있다고 하겠다.

　　이와 관련하여 강기두(2005)는 마케팅 관리자가 소비자행동 분석을 통하여 시장에서 얻어야 하는 정보를 스포츠 용품의 예를 들어 표 3-1과 같이 설명하였다.

표 3-1. 소비자에 관한 정보

스포츠시장에서 필요한 소비자정보
1. 소비자들은 무엇을 사는가?(구매량, 상표, 제품의 특성, 사용상황)
2. 소비자들은 어디서 구입하는가?(전문매장, 백화점, 대형마트, 할인점, 재래시장)
3. 소비자들은 언제 구매하는가?(일년, 한달, 일주일에 한번, 매일, 세일기간)
4. 소비자들은 어떻게 선택하는가?(의사결정과정, 사용하는 정보원천)
5. 소비자들이 특정제품을 선택하는 이유는?(상표, 기능적 특성, 서비스이미지)

※ 자료 : 강기두(2005). 스포츠마케팅. p. 135에서 수정됨.

3 스포츠소비자의 의사결정과정

스포츠용품을 구매하거나 직접 신체활동 프로그램에 참여 또는 스포츠를 관람할 때 소비자들은 대체로 일련의 의사결정과정을 거치게 된다.

의사결정의 의미는 "둘 또는 그 이상의 대안(alternative)들 중에서 어느 하나를 선택하는 행위"를 말하는 것으로, 선택할 수 있는 복수의 대안이 존재하지 않을 경우에 의사결정으로 보지 않는다(박영봉, 2007). 만약 어떤 사람이 특정 제품을 구매를 해야 할지 하지 말아야 할지, 나아가 A제품과 B제품 또는 그 이상의 제품 중에서 어느 하나를 선택해야 하는 상황에 처해 있을 때, 그 사람은 의사결정과정에 있다고 할 수 있다.

반면에 소비자가 선택할 대안들이 없거나(독점상황) 특정의 구매결정을 하도록 강요된 경우라면 의사결정과정은 생략된다고 할 수 있다. 그러나 그러한 경우는 실제로 흔하지 않다. 예를 들어 소비자가 겨울철 스포츠를 선택할 때 스키를 선택할 것인지 혹은 스케이트를 선택할 것인지를 결정한 다음 만약에 스키를 선택했다면, 지난 시즌 A스키장을 이용한 결과를 토대로 A스키장을 다시 선택할 것인지 아니면 다른 스키장을 선택할 것인지 등 일련의 과정을 구매의사결정과정이라고 한다.

또한 소비자들이 의사결정을 할 때 심사숙고하는 경우와 쉽고 자연스럽게 결정하는 경우가 있다. 예를 들어 수상스키장 이용객이 단순하게 수상스키를 즐기기를 원한다면 비용과 시간을 고려해서 위험부담이 크지 않기 때문에 의사결정을 하는데 신중하지 않지만, 수상스키나 보트를 구입하는 경우에는 그만큼 위험부담과 비용이 뒤따르기 때문에 신중히 고려해서 일반적인 의사결정과정에 따라 행동하게 될 것이다. 즉, 관여도가 높은 제품일수록 포괄적 의사결정과정을 거치고, 관여도가 낮은 제품일수록 제한적 의사결정과정을 거치게 된다.

Engel, Blackwell과 Miniard(1993)에 의하면, 소비자가 스포츠에 참여하기 위한 의사결정에는 문제인식, 정보탐색, 선택대안의 평가, 구매, 구매 후 행동의 단계를 거친다고 하였다.

일반적으로 소비자는 어떤 근원적 또는 필요에 의한 구체적인 욕구충족을 위한 수단을 찾으면서 의사결정이 이루어지는데, 성, 연령, 기호, 교육수준, 직업, 소득, 사회계층, 제품구매 및 사용경험 등에 따라 의사결정에 차이가 있을 수 있다. 일반적으로 소비자들의 의사결정은 그림 3-1의 과정을 거치게 된다.

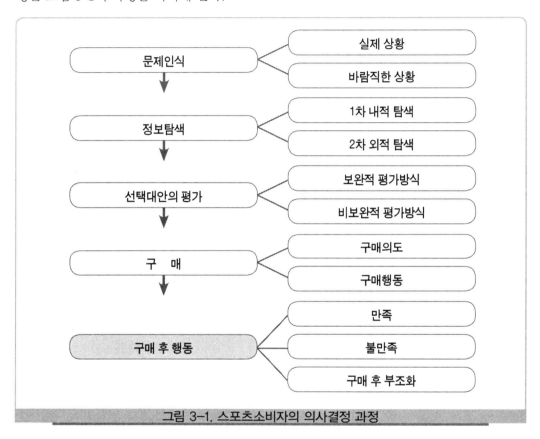

그림 3-1. 스포츠소비자의 의사결정 과정

1) 문제인식

소비자의 구매의사 결정과정은 문제인식에서부터 시작된다.

스포츠소비자는 자신이 현재 사용하고 있는 스포츠제품이나 서비스가 불만족스럽거나 오래되면 새로운 제품이나 서비스로 바꾸려는 생각을 하게 되는데, 이러한 상태를 문제인식 상태라고 한다. 즉, 스포츠소비자가 특정 시점에서 스포츠제품이나 서비스가 마음에 안들거

표 3-2. 문제 인식의 유형

문제발생의 예상	해결의 긴급성	
	즉각적 해결이 요구됨	즉각적 해결이 요구되지 않음
문제발생이 예상됨	일상적	계획적
문제발생이 예상되지 않음	긴급적	점증적

나 오래되었다고 생각되어지는 실제 상태와 새로운 제품으로 교환해야겠다는 바람직한 상태에 차이가 있다고 생각되면 이를 해결하는 욕구를 느끼게 된다. 이처럼 소비자가 욕구해결을 인식하는 단계가 문제인식단계이다(강기두, 2005).

이러한 상황에서 의사결정을 거쳐 마지막 구매단계까지 이어지기 위해서는 실제 처해있는 상태(불만족스러운 상태)와 바람직한 상태, 즉 바라는 상태의 차이가 크고, 문제의 중요성도 큰 경우여야 한다. 다시 말해 일반적으로 소비자들은 개인의 특성에 따라 다르겠지만, 다수의 소비자가 본인이 현재 선택해서 사용 중인 제품에 대해 커다란 외부자극 없이는 다른 제품을 구매하려 하지 않는다. 즉, 친구의 권유나 광고의 유혹, 현재 사용하는 제품상태의 심각성 등 강력한 외부자극이 있을 때에만 문제를 인식한다는 것이다.

예를 들어 골프클럽을 바꾸려는 소비자의 경우 그 유형도 다양하다. 새로운 제품에 대한 욕심이나 과시욕, 너무 오래된 클럽에 대한 불신, 노후된 클럽에 대한 주위의식 등 여러 가지 이유에서 골프클럽을 바꾸려는 문제를 인식하게 되는 것이다. 그러나 아무리 오래된 클럽이라 할지라도 소비자 자신이 신뢰하고 좋아해서 강한 자극을 받지 않는다면 골프클럽 교체에 대한 문제를 인식하지 않을 것이다.

채서일(2003)은 이러한 문제는 세 가지로 구분할 수 있다고 하였다. 첫째, 실제 상태와 바라는 상태 간의 차이가 발생될 것이 기대되고 문제가 발생하면 즉각적으로 해결이 필요한 일상적인 문제 둘째, 문제발생이 기대되지만 즉각적인 해결이 필요하지 않은 계획적인 문제 셋째, 기대하지 않았던 문제가 갑자기 발생하고 즉각적인 해결이 요구되지 않는 점증적 문제로 구분된다고 하였다. 다시 말해 스포츠소비자가 일반적으로 소비하는 배드민턴의 셔틀콕이나 테니스라켓 등의 구입은 일상적인 문제이고, 대회 직전 갑작스럽게 테니스라켓이 부러져서 구매해야 하는 것은 긴급적 문제가 된다.

2) 정보탐색

정보탐색은 소비자가 문제인식을 한 후 거치게되는 첫 번째 단계이다. 즉, 문제인식 후 제품을 구매하고자 할 때 소비자는 본인에게 도움이 되는 구체적인 정보를 탐색하게 된다.

정보탐색 과정에서 소비자들은 일반적으로 제품 및 서비스 대안의 존재 여부, 제품속성에 관한 일반적 또는 특수한 자료의 여부, 대체제품들의 장점 및 단점, 가격 및 판매조건 그리고 상품의 질 등에 관한 정보를 구하게 된다(Mellott, 1983).

소비자가 느끼는 문제인식에 따라 제품이나 서비스의 구매를 위해 노력하는 정보탐색은 기억으로부터 회상해 내는 내적탐색과 내적탐색에서 충분한 정보를 얻지 못했을 때 더 많은 정보를 찾기 위한 외적탐색이 있다.

내적탐색은 소비자가 특정제품에 대해 문제를 인식하고 제품을 구매하기 위해 정보를 탐색하는 과정 중 첫번째 단계이다. 즉 소비자의 기억속에 과거에 사용하였거나 알고 있던 많은 제품이나 서비스에 대한 기억을 회상하는 것이다. 예를 들어 과거에 이용했던 수영장이나 레슨을 받았던 코치 등에 대한 기억의 회상을 뜻한다.

소비자는 기억을 회상하는 내적탐색에서 원하는 정보를 획득하지 못할 경우 외부에서 정보를 찾으려는 노력을 하는데, 이것이 외적탐색이다. 외적탐색의 정보는 각종 대중매체의 광고나 기사, 검색기능을 이용해 필요한 정보를 수집하거나 가족이나 동료들로부터 새로운 정보를 획득하게 되는 것을 말한다. 예를 들어 수영장 선택에 관한 정보를 얻고자 할 때 각종 신문이나 광고, 또는 대중매체를 통해 정보검색을 하거나 수영장을 경험한 친구나 가족으로부터 조언을 구하는 것 등이 외적탐색 과정이다.

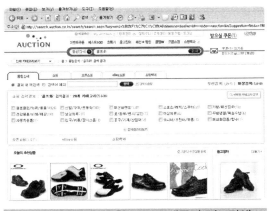

인터넷사이트를 통한 스포츠제품의 정보탐색

3) 선택대안의 평가

소비자는 내적이나 외적 정보탐색 과정을 통해 몇 가지의 대안을 갖게 된다. 이러한 선택된 대안들은 소비자 개개인의 평가방식과 기준에 따라 비교·평가하게 된다. 예를 들어 헬스장을 선택할 때 소비자는 시설이나 지도자, 프로그램, 가격, 위치 등을 평가기준으로 선정하여 비교·평가할 것이다.

그러나 이처럼 선택된 대안들을 평가하기 위해 소비자가 실제로 사용하는 평가기준은 여러 대안들이 갖고 있는 다양한 기준 중에서 일부에 불과하다. 일부 중요한 평가기준만이 여러 대안들 간에 큰 차이를 보이기 마련인데, 우리는 이것을 결정적 평가기준이라고 부른다. 예를 들어 운동복을 구입할 때 가격, 상표, 디자인, 기능성, 품질 등을 중요 평가기준으로 선정해도 디자인 하나만이 결정적 평가기준이 될 수도 있다는 것이다. 또한 중요 평가기준이 반드시 결정적 평가기준이 되지는 않는다. 디자인을 가장 중요한 평가기준으로 선정해도 운동복에 대한 여러 회사 제품의 디자인이 비슷하다면 다른 평가기준이 결정적 평가기준으로 선택된다는 것이다.

구체적인 예를 들어보면, 소비자가 운동복을 바꿔야겠다는 생각을 하고 여러 경로를 통해서 운동복에 대한 정보를 탐색하고 본인이 구매하고자 하는 운동복의 종류를 선택해서 최종적으로 원하는 종류의 운동복을 구매하기 전 여러 요인들을 평가하게 된다. 운동복의 종류, 긴 옷인지 짧은 옷인지 또는 가격대가 10만 원대인지 그 이상인지, 아니면 땀을 잘 흡수하는 기능성 옷인지 등을 평가할 것이다. 그중에서 소비자마다 가장 우선적으로 중요하게 평가하는 것이 바로 결정적 평가기준이다.

따라서 마케터의 입장에서는 소비자들이 어떠한 속성들을 평가기준으로 선택하고 있는지를 파악하는 것은 매우 중요한 일이라 하겠다.

4) 구 매

소비자는 제품이나 서비스에 대한 비교·평가과정을 거쳐 특정 제품을 결정하게 되고 그에 따라 구매행동을 하게 된다. 일단 구매를 하겠다고 결정을 내린 소비자는 특정 매장을 선택하고 결정을 한 후 구매를 하기도 하고, 반면 여러 매장을 선택한 후 매장에 직접 방문해서 비교 · 검토한 다음 제품을 구매하기도 한다. 예를 들어 운동화를 구매하는 소비자가 본인이 선호하는 특정 매장을 선택해서 그 안에서 제품을 평가하고 구매하는 경우와, 똑같은 종류의 운동화를 여러 매장을 돌아다니면서 가격이나 디자인을 비교하고 검토한 후 본인에게 가장 적합한 제품을 선택해서 구매하기도 한다.

특정 매장을 선택해서 제품을 평가하고 구매결정을 하는 소비자는 분명 기업이나 매장 측의 4P's를 활용한 마케팅활동에 직접적인 영향을 받았다고 할 수 있을 것이다. 예를 들어 특정 매장의 전단지에서 본인이 희망하는 운동화를 세일한다든지 아니면 운동화를 구매하게 되면 스포츠 양말을 추가로 주는 마케팅 촉진활동에 영향을 받았다고 할 수 있다.

또한 소비자들은 매장을 선택할 때 위치, 가격, 광고 및 촉진활동, 제품디자인, 서비스 등을 고려하게 되는데, 소비자는 저마다의 개인적 특성 때문에 매장 선택의 기준도 다양하기 마련이다. 예를 들어 교통의 편리함을 선호하는 소비자는 역세권에 위치한 백화점을 이용할 것이고, 매장 분위기가 중요하다고 생각하는 소비자는 교통이나 거리에 상관하지 않고 분위기 좋은 매장에서 제품을 구매할 것이다.

따라서 대안평가 후 이루어지는 구매단계는 스포츠마케터의 입장에서는 가장 중요하게 고려해야 하는 단계이며, 이 단계는 결국 제품이 실질적으로 판매되는 단계이기 때문에 소비자들의 욕구나 구매심리를 잘 파악해야 할 것이다.

5) 구매 후 행동

소비자는 구매행동이 끝나고 나면 구매한 제품을 사용하고 그 제품에 대한 평가를 하게 되는데, 이 단계가 구매 후 평가단계이다.

이 단계에서는 소비자가 본인이 선택해서 구매한 제품을 사용하면서 만족 또는 불만족을 경험하게 된다. 그에 따라 재구매 또는 공급자 변경행동이나 부정적인 구전커뮤니케이션을 행할 수 있다는 점에서 소비자가 제품에 대해서 느끼는 평가와 이후 행동 역시 매우 중요하다.

강기두(2005)는 "이 단계 동안 소비자들은 매우 다양한 인지부조화(cognitive dissonance-정확한 구매결정을 했는지에 대한 고민)를 경험하게 된다"고 하였다. 예를 들면, 기능성을 고

려해서 구입한 운동화를 신고 시합에 출전했으나 별다른 효과를 보지 못했을 경우 소비자는 본인이 구매한 운동화를 계속 사용해야 할지 고민하게 된다는 것이다.

이러한 맥락에서 채서일(2003)은 "구매 후의 행동은 기본적으로는 제품의 사용 후와 관련이 있지만 구매 전의 심리상태 또한 관련이 있다고 하였으며, 구매 후 소비자가 느끼게 되는 제품에 대한 만족이나 불만족은 구매 전의 기대와 구매 후의 성과에 대하여 소비자가 느끼는 불일치 정도에 따라 결정된다"고 하였다.

따라서 스포츠 마케터나 매장 측에서는 인지부조화를 감소시키기 위해 노력을 기울여야 하고, 이에 대한 전략들에는 스포츠소비자를 구매 후에도 계속 접촉하거나 또는 제품에 대한 보증서를 동봉해주거나, 광고를 통해서 의사결정에 대한 올바른 결정이었음을 재확인시켜주는 방법 등이 있다.

4 스포츠소비자의 행동영향요인

스포츠소비자의 행동에 영향을 미치는 변인들은 다양하다. 문화나 사회적 계층과 같은 거시적인 환경적 영향요인과 참조집단, 가족과 같은 미시적인 환경적 영향요인뿐만 아니라 심리적 영향요인과 마케팅 영향요인 등이 소비자에 직접적 또는 간접적으로 영향을 미친다. 이처럼 소비자행동에 직·간접적으로 영향을 미치는 변인을 이해하는 일은 곧 소비자행동의 근거를 설명하고 예측할 때 매우 중요하다.

본 장에서는 개인·심리적 요인과 사회·문화적 요인으로 구분해서 알아보기로 한다.

1) 개인·심리적 요인

(1) 지각

지각(perception)에 관한 연구는 소비자가 외부환경의 정보에 주위를 기울여서 이를 신념으로 전환하며, 기억에 저장하고 이 저장된 정보를 바탕으로 행동하게 되는 대체로 무의

식적인 과정에 관한 연구의 일부라고 할 수 있다 (박영봉, 2007).

Schiffman과 Kanuk(1991)은 지각이란 "개인이 자극을 의미 있고 일관된 세계의 상(相)으로 선택·조직·해석하는 과정"이라고 정의하였다.

소비자들이 외부의 정보를 지각하기 위해서는 정보에 대한 노출, 주의집중, 이해 등의 과정을 거쳐 이들 정보 중 일부를 기억하게 된다. 소비자는 매일 다량의 광고에 노출되며, 그중에 일부의 광고만을 지각하고 그중에서도 몇 개만을 기억하게 된다고 한다.

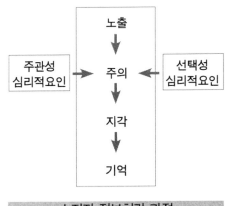

소지자 정보처리 과정

스포츠소비자들 역시 스포츠기업들의 수많은 광고에 노출되어 있고 이를 지각하고 기억하는 것은 일부에 지나지 않는다고 할 수 있다. 또한 스포츠기업이 구매자에게 전달하려 했던 의도를 소비자들은 그대로 받아들이지 못해 그 효과를 전혀 갖지 못하는 경우도 있다. 따라서 지각이란 자극요소로부터 개인적인 의미를 도출해내는 과정으로 노출, 감각, 주의, 해석의 4단계로 구성된다.

일반적으로 노출단계에서는 소비자의 문제해결에 직접적으로 도움이 되거나 또는 기존의 신념 및 태도를 강화시켜 주는 자극만을 능동적으로 탐색하는 경향이 있으며, 노출된 결과들에 대해서도 일부만 자발적인 주의를 기울이게 된다(김학신, 2006). 특히 좋지 않은 감각결과를 해석할 때는 아전인수격으로 자신의 동기나 기존의 신념 및 태도와 일관되도록 왜곡하는 경향이 있는데, 이러한 현상을 지각과정의 선택성이라고 부른다.

자극이 동일할지라도 현재 소비자가 당면하고 있는 문제나 기존의 신념 및 태도가 다르다면 다른 의미로 해석되거나 상이한 반응을 불러일으키게 된다.

(2) 동기유발

인간의 행동은 어떤 특정한 상황이나 과제를 해결하고 성취하기 위해서 나타나는 것으로, 성취상황 속에서 나타나는 인간행동의 방향과 강도를 결정하고 그 행동의 지속성을 유지시켜 주는 내적인 구성개념이다. 다시 말해 소비자의 구매행동을 야기시키거나 구매방향을 결

정지을 수 있는 활성화된 상태의 욕구를 동기라고 할 수 있다.

　일반적으로 소비자는 환경적인 자극을 지속적으로 받게되면 자신의 욕구를 충족시키려고 노력하는 경향을 보이게 된다. 동기유발(motivation)과 관련된 대표적인 이론이 Maslow의 욕구위계이론이다.

　Maslow의 욕구위계이론은 두 가지 기본 가정을 전제로 이루어진다(김원형 외, 2000). 첫 번째 가정인 결핍원리는 인간은 특수한 형태의 충족되지 못한 욕구들을 만족시키기 위하여 동기화되어 있다고 가정하는 것이다. 소비자는 저마다 충족시키지 못한 욕구들로 인해 동기화되고 그로 인해 행동하게 된다는 것이다. 그러나 일단 욕구가 충족되면 더 이상 동기로서 힘을 발휘하지 못하게 된다는 것이다.

　두 번째 가정은 위계원리인데, 대부분의 사람들이 추구하고자 하는 욕구는 몇 개의 공통 범주로 나눌 수 있다는 것이다. 이 공통된 욕구는 충족되어야 할 심리적 발달 수준에 따라 순서대로 위계적 형태로 계열화되어 있다고 주장한다. 따라서 저차원적인 욕구가 충족되어져야만 한 번에 한 단계씩 상승하여 상위위계의 욕구를 충족시키기 위하여 동기화된다는 것이다.

　Maslow가 주장한 인간이 충족시키고자 추구하는 욕구들은 첫 번째 생리적 욕구, 두 번째 안전욕구, 세 번째 사회적 욕구, 네 번째 존경의 욕구, 다섯 번째 심미/인지적 욕구, 여섯 번째 자아실현의 욕구로 분류한다.

　예를 들어 스포츠소비자가 운동 후 이온음료를 구매하는 행동은 갈증해소를 위한 생리적 욕구를 충족시키기 위해서이다. 결국 이온음료는 생리적 욕구의 충족수단이지만, 그 위의 상위욕구를 자극하게 되는 경우도 있다. 이를테면 유명스포츠 스타들을 이온음료광고에 노출시킴으로써 소비자들로 하여금 존경이나 자기실현의 욕구 같은 상위욕구를 자극해 주는 것 또한 매우 효과적인 전략이라 할 수 있다.

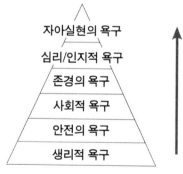

　따라서 마케터는 소비자행동을 유발시키는 구체적인 동기가 무엇이지를 정확하게 이해하고, 그에 따라 소비자들의 욕구를 충족시키기 위한 효과적인 방법을 찾아내는 것이 중요하다 하겠다.

(3) 학 습

학습(learning)은 개인의 반복적 연습과 훈련 또는 직·간접적인 경험에 의해 이루어진 비교적 지속적인 행동의 변화를 가리킨다. 일반적으로 소비자들은 제품을 구매하고 사용하면서 혹은 외부의 정보에 의해서 기존에 자신이 가지고 있던 신념이나 태도 그리고 행동을 변화시키게 된다. 결국 스포츠소비자행동은 소비자의 경험이나 사고를 통해 학습된 결과물이라 할 수 있다.

소비자의 학습과정은 인지적 학습과 행동주의적 학습의 접근방법이 있다. 인지적 학습은 사고과정에 의해서 이루어지는 것을 뜻하고 행동주의적 학습은 자극과 반응의 연계에 의해 일어나는 학습을 말한다.

소비자는 어떤 제품이나 상표를 평가하거나 선택하려고 할 때에는 그 상표와 관련된 과거의 경험이나 평가 당시 제공되는 외부정보를 기초로 하여 제시된 여러 대안에 대하여 신념을 형성하거나 기존의 신념을 변화시켜 태도를 형성하게 된다. 이와 같은 의사결정과정은 사고과정에서 이루어지기 때문에 이를 인지적 학습과정이라 한다(채서일, 2003).

행동주의적 학습은 Pavlov의 조건반사에 근거를 둔다. 조건반사의 핵심은 조건자극과 무조건자극 간의 연합관계를 형성한다는 것이다. 즉, 원래는 아무 반응을 일으키지 않는 중립적인 자극인 조건자극(제품, 서비스, 기업 등)과 생득적 반응을 유발시키는 무조건자극(음식, 스포츠스타, 훌륭한 스포츠시설, 인기음악 등)을 짝지워서 반복적으로 제시하다 보면 무조건자극과 조건자극간의 연합관계가 일어난다. 결국 무조건자극에 의해 나타나던 반응(무조건반응)이 조건자극에 의해서도 유사하게 반응(조건반응)을 보이게 된다는 것이다(김원형 외, 1999).

예를 들어 어떤 스포츠소비자가 중립적인 태도 즉, 큰 관심을 갖고 있지 않은 특정의 제품이 있다고 가정하자. 그러한 특정의 제품이 스포츠 스타나 훌륭한 스포츠시설과 함께 만

표 3-3. 학습이론

학습과정	대표이론
인지적접근론(S-O-R)	인지적 학습이론
행동주의접근론(S-R)	고전적 조건형성설 수단적 조건화

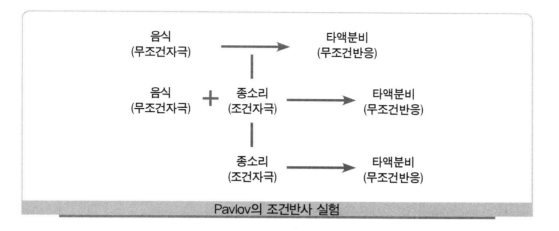

음식
(무조건자극) → 타액분비
(무조건반응)

음식
(무조건자극) + 종소리
(조건자극) → 타액분비
(무조건반응)

종소리
(조건자극) → 타액분비
(무조건반응)

Pavlov의 조건반사 실험

들어진 광고에 여러 번 노출된다면, 나중에는 스포츠 스타나 훌륭한 스포츠시설에 대해 가지고 있던 좋은 태도가 광고되어지는 제품이나 상표에 연결되어 그 제품이나 상표에 자연스럽게 호의적인 태도를 보이게 될 것이다. 결국 소비자는 그 제품과 상표를 구매할 가능성이 높아진다는 것이다.

(4) 태 도

태도(attitude)는 인간의 행동을 이해하는 기본적 개념의 하나로써 개인이 어떤 사건이나 문제, 물건이나 사람 등에 대해서 어떤 인식과 감정 및 평가를 가지며, 거기에 입각하여 그 대상에 대해 가지고 있는 반응의 준비상태를 가리킨다.

소비자들은 스포츠제품과 서비스 등에 관한 각기 다른 태도를 가지고 있으나, 그들 대부분은 내적으로 비교적 일관성을 지니고 있다. 이러한 일관성은 광고의 자극에 대한 저항(냉철함)을 이해하는 데 중요한 핵심이 된다. 대부분의 광고는 구입 전이나 후에 긍정적인 태도를 강화하거나(만일 제품이 시장에 일정 기간 동안 있다면), 새로운 제품이나 서비스에 관한 긍정적인 태도를 창출해내는 것이다.

그러나 스포츠에 대한 긍정적인 태도가 항상 긍정적인 행동을 유발한다고는 볼 수 없다. 열광적인 팬들이라고 해서 항상 게임을 관람하는 것은 아니며, 수영이 몸매관리에 유익하다고 해서 항상 수영장만을 고집하는 것은 아니다. 이런 측면에서 스포츠 마케터는 사전에 소비자를 포섭하는 전략을 구체적으로 세워야 할 것이다.

만일 소비자가 게임이 별로 재미없다고 믿거나 실내 테니스클럽을 항상 자유롭게 이용할 수 있다고 생각한다면, 입장권 구입과 코트 예약을 꺼리거나 마지막까지 의사결정을 미룰 수 있을 것이다. 그럼에도 불구하고 스포츠 마케터는 소비자의 태도를 변화시키려고 노력해야 한다. 과거에 운동을 열심히 하지 않던 많은 소비자들도 시대의 흐름에 따라 현재에는 신체 활동에 참여하거나 헬스클럽 또는 기업이 후원하는 운동프로그램에 참여한다. 그러나 이러한 소비자들의 태도 변화는 스포츠마케터의 노력 보다는 대부분 의학전문가들의 노력에 기인한다. 이것은 강한 태도를 형성하도록 영향을 주는 중심가치(건강)의 예이다.

스포츠마케터는 반드시 건강으로부터 흥미, 사교, 나아가 행복에 이르기까지 다양한 스포츠제품 및 서비스의 가치에 호소해야 한다. 왜냐하면 그러한 스포츠제품 및 서비스의 가치에 대한 인식여부가 소비자의 스포츠제품 구매의도를 제약하거나 증가시켜주기 때문이다.

2) 사회 · 문화적 요인

(1) 문 화

문화는 한 세대에서 다음 세대로 이어지는 가치, 개념, 태도 및 인간행동과 그 행동요소를 형성하기 위하여 인간이 만들어내는 그밖의 의미 있는 상징들을 의미한다(박영봉, 2007).

문화는 첫째, 비가시적이고, 둘째 욕구를 충족시켜주며, 셋째 학습되어진다. 또한 문화는 공유되며, 동태적이고, 기능적인 특징을 가지고 있다.

스포츠 분야 역시 다양한 문화들의 영향을 받아 스포츠 나름대로의 고유한 스포츠양식을 구축하게 된다.

문화에서 중요시되는 문화적 가치는 가족, 학교, 사회적 상호작용을 통해 학습되어 제품에 대한 사회구성원들의 반응을 표준화시킨다. 따라서 소비자들의 가치와 조화를 이룬 마케팅전략과 소비자들의 가치를 변화시킬 수 있는 프로그램이 필요하며, 이를 위해서 마케팅관리자는 사회의 기본적 가치구조를 이해해야 할 것이다.

이처럼 문화적 가치를 고려해 볼 때, 스포츠마케터 입장에서는 현재 스포츠시장이 그린 이미지를 선호하는 소비자들이 급속하게 증가하고 있기 때문에 그린마케팅 전략이 중요시되고 있다(김학신, 2006). 결국 문화는 여러 가지 정서나 상징들이 함축하는 의미를 결정함

으로써 스포츠상품에 대한 소비자의 반응에 영향을 미치고 있다.

(2) 준거집단

사회심리학에서의 '태도' 연구에 의하면 "개인은 스스로가 동일화하고 있는 특정한 집단 규범에 따라 행동하고 판단하는 것"이라고 하며, 그 집단을 개인의 준거집단이라고 한다. 준거집단이라는 용어는 1942년 처음 사용되었다. 지위와 태도 · 행동 · 사회적 전망 등과의 사이에는 여러 가지 관련성이 있는 것이며, '주관적 지위'는 개인이 다른 여러 개인과의 관계에서 파악한 자기 자신의 위치에 대한 견해를 가리키는 것이다.

준거집단은 소속집단과 중복되는 경우도 있으나 반드시 그 집단의 구성원은 아닐 수도 있으며 또 그렇게 되기를 원하지 않을 수도 있다. 적극적 준거집단은 준거집단과 같은 의미이며 소극적 준거집단은 거부나 반대의 준거기준으로 삼는 집단을 말한다. 준거집단은 개인에 대하여 두 가지 기능을 한다. 하나는 개인에 대하여 행위의 기준을 설정하는 기능이고, 또 하나는 개인이 자기 및 다른 사람을 평가할 때에 그 평가의 기준을 제공하는 기능이다.

준거집단에는 회원집단과 비회원집단으로 나누어 설명할 수 있는데, 특정 개인이 소속되어 있고, 그 집단과의 상호작용을 통하여 영향을 받는 회원집단에는 가족, 친구, 직장동료 등과 같이 빈번하게 접촉하고 비공식적 관계를 유지하는 1차 집단과 종교단체, 노동조합, 직장관련협회나 조합처럼 접촉빈도가 낮으나 공식적 관계는 유지하는 2차 집단이 있다. 예를 들어 학부모 모임에서 부모들 간 대화과정 중 아이들이 수영장을 다니면 심폐지구력 및 사회성 향상 그리고 대인관계형성에 좋다는 정보를 듣고 아이들을 수영장에 보내고 본인도 수영을 접한다면 이것이 바로 2차 준거집단의 영향을 받아 스포츠에 참여하게 된 것이다.

준거집단들이 스포츠상품 소비자에게 미치는 영향은 크게 다음의 세 가지로 구분할 수 있다(김학신, 2006).

첫째, 소비자들은 준거집단 구성원들의 행동과 의견을 참조하여 자신의 태도나 행동을 결정하는 경향이 있는데, 이를 정보제공적 영향이라고 한다.

둘째, 소비자들은 자신의 신념과 태도, 행동을 동일시하는 경향이 있는데, 이를 비교기준적 영향이라고 한다.

셋째, 준거집단은 집단의 규범과 기대에 순응하는 행동에 대해 보상을 제공하고 그렇지 않을 때 사회적 제제를 가함으로써 개인으로 하여금 집단의 규범과 기대에 순응하도록 동기부여를 하는데, 이를 규범제공적 영향이라고 한다.

종합해 보면, 스포츠시장에서 소비자들은 준거집단 구성원들의 의견을 참조하여 자신의 신념과 태도, 행동을 동일시하도록 결정하고 개인으로 하여금 집단의 규범과 기대에 순응하도록 동기부여를 한다는 것이다. 즉, 스포츠소비자들은 제품을 구매할 때나 스포츠 팀을 선택할 때 혼자만의 판단과 선택에 의한 결정보다는 준거집단 구성원들과의 상호작용 결과에 의해 판단과 선택을 하는 것이다.

(3) 사회계층

인간은 어디서든 일정한 형태의 사회계층을 형성하며 살아가고 있다. 사회계층은 한 사회에 존재하는 수직적 사회구분이며 동일 계층에 속하는 사람들끼리 유사한 가치, 관심, 행동, 생활양식 등을 보이는 경향이 있다.

사회계층구조는 교육, 직업, 소득, 주거지 등에 의해 결정된다. 스포츠시장에서는 유사한 사회계층의 소비자들이 유사한 소비 형태를 보이는 성향이 강하기 때문에 스포츠시장을 세분화하는 중요변수로 이용되고 있다.

이와 같은 사회계층은 다음과 같은 특징이 있다.

첫째, 동일한 사회계층의 사람들은 상당히 유사한 행동을 보인다.

둘째, 사람들은 자신이 사회계층에 따라 높은 지위 또는 열등한 지위를 차지하고 있다고 지각하게 된다.

셋째, 한 사람의 사회계층은 직업과 월 평균소득, 재산, 교육, 가치 등 여러 변수들에 의해 결정한다.

넷째, 사람들은 살아가는 동안 자신의 계층을 상향이동하거나 하향이동할 수 있다.

결국 스포츠마케터는 스포츠소비자들의 사회계층을 특징별로 구별하고, 어느 계층에 속해 있는지를 파악하여 표적고객으로 선정한 후 스포츠시장을 세분화한다면 성공적인 마케팅 활동이 될 것이다. 또한 이러한 계층별 표적고객들이 스포츠활동 참여와 스포츠제품 구매의 가능성이 있는지를 예측해 볼 수 있을 뿐만 아니라 계층별 선호스포츠와 소비패턴을 파악해볼 필요성이 있을 것이다.

(4) 가 족

가족은 스포츠 소비행동에 직접적인 영향을 주는 요인 중 하나이다. 그 이유는 가족 구성원이 가족 공동제품뿐만이 아니라 개인 제품의 구매에도 서로 영향을 주고받기 때문이다. 예를 들어 아빠가 야구 관람을 좋아하기 때문에 아이들과 함께 야구장에 동행하게 되는 경우 자연스럽게 아이들은 야구라는 스포츠를 접하게 되고, 그 안에서 야구와 관련된 여러 스포츠제품을 접촉함으로써 구매 동기를 갖게 되는 것이다. 즉, 가족 구성원 중 한명이라도 스포츠 활동에 참여하게 되면 남은 가족들에게 큰 영향을 미칠 수 있다는 것이다.

가족은 준거집단 중 구성원의 가치, 태도 및 행동에 가장 중요한 영향을 미치는 1차 집단으로서 가족은 구매와 관련해서 두 가지 중요한 역할을 수행한다. 하나는 구성원의 사회화이고, 다른 하나는 개인의 구매결정에 미치는 영향이다.

스포츠마케터는 전통적으로 남편과 아내 그리고 자식으로 이루어진 가족의 형태 속에서 각기 수행하는 역할과 상대적 비중을 파악해 볼 필요가 있다. 일반적으로 보면 주 구매자로서의 역할을 아내가 담당하고 있음을 알 수 있다. 예를 들어 아이가 스포츠클럽에 등록할 경우 일반적으로 엄마의 태도에 의해 결정이 이루어지는 경우와 같다. 결국 마케터는 가족이라는 영향요인을 활용하기 위해서 주구매자역할을 하는 부모의 태도를 바꾸는 방법을 찾아야 하며, 그로 인해 자녀의 구매 결정은 뒤따를 수 있다는 것을 염두에 두어야 할 것이다.

연구문제

1. 스포츠소비자에 대한 여러 학자들의 정의를 종합해서 정의해 보자.
2. 소비자행동 연구의 필요성에 대해서 설명해 보자.
3. 소비자행동에 영향을 주는 개인적, 심리적 요인 등에 대해 설명해 보자.
4. 스포츠소비자를 분류하고 설명해 보자.
5. 스포츠소비자 행동의 특성에 대해 알아보자.
6. 스포츠소비자의 의사결정 과정을 예를 들어 설명해 보자.
7. 준거집단이 소비자의 구매에 미치는 영향을 설명해 보자.
8. 가족구성원의 역할을 설명해 보자.

4

스포츠시장 세분화
(STP전략)

　　스포츠마케팅 전략을 효과적으로 현장에 적용하기 위해서는 스포츠시장을 구체적으로 파악하고 세분화해야 한다. 그러나 스포츠시장은 범위가 넓고 그 구조가 복잡하기 때문에 이해하는데 어려움이 있다. 따라서 스포츠시장의 구조를 이해하고 세분화하는 것이 우선시되어야 한다. 스포츠시장의 세분화는 관리분석과 관리실행 사이의 연결고리 역할을 하는 스포츠마케팅의 핵심전략이다. 본 장에서는 스포츠시장 세분화에 대하여 내용과 개념을 이해하고, 그와 더불어 수행해야 할 STP전략 즉, 시장세분화(S), 표적시장(T), 제품포지셔닝(P) 전략을 효과적으로 구사하는 조건과 방법에 대해서 알아본다.

1 시장세분화

마케팅에서 관리분석과 관리실행 사이의 연결고리 역할을 하는 시장세분화는 스포츠마케팅의 핵심적인 전략 중의 하나이다. 또한 스포츠마케터가 촉진전략을 수립할 때 필요로하는 개념적 기초를 제공해 주는 것 역시 시장세분화의 역할이다. 따라서 본 장에서는 이러한 시장세분화의 내용 및 방법과 세분화되어진 시장에서 표적시장 선정, 그리고 표적시장에서 마케팅하고자 하는 제품을 포지셔닝하는 방법을 살펴본다. 어떠한 대상을 표적대상으로 삼을 것인가를 결정하려면, 무엇보다도 우선시되어야 할 것은 시장을 적절한 기준으로 분류하는 것이 선행되어야 한다.

1) 시장세분화의 정의

시장세분화(market segementation)란 용어는 1956년 Smith에 의해 도입되어 마케팅의 기본적이면서 핵심적인 개념으로 오늘날 마케팅전략 수립에 있어 중요한 길잡이 역할을 하고 있다.

Smith(1956)는 시장세분화를 "다양하고 복잡한 소비자의 욕구에 대하여 마케팅 노력을 합리적으로 수행하는 활동"이라고 정의하였으며, Albert(1961)는 "전체 소비자를 마케팅 활동에 중요한 의미와 특성을 지닌 몇 개의 소집단으로 분류하는 활동"이라고 정의하였다. 그 후 McCarthy(1964)는 "소비자를 넓은 의미에서 바라보지 않고 이질적인 특성에 따라서 몇 개의 집단으로 분류하는 것"이라고 하였다.

최근 Kotler와 Armstrong(2003)은 "하나의 시장을 상이한 제품이나 마케팅믹스를 원할것이라고 기대하고 상이한 욕구, 특성 또는 행동을 하는 구매자 집단으로 나누는 것"이라고 하였다.

국내에서는 김원수(1976)가 시장세분화란 "별도의 제품 내지 마케팅 믹스를 개발 및 형

성하여 마케팅활동을 수행할만한 가치가 있는 명확하고 유의미한 구매자집단으로 분류하는 활동"이라고 정의하였다. 한편 손대현(1992)은 "전체시장에서 목표 소비자인 세분시장을 발견하는 것이며 이는 마케팅전략 수립의 선행조건으로 표적시장별 마케팅을 수행하는 필수적인 단계"라고 시장세분화에 대해 설명하고 있다. 그 후 백용창(1999)은 "제품에 대한 소비자집단의 상이한 선호도에 대응하는 하나의 이질적인 시장을 다수의 소규모 동질적인 시장으로 구분하는 것"이라고 정의하였다.

최근 강호정 외(2005)는 시장세분화란 "거대한 전체 시장을 소비자들이 지니고 있는 공통 특성에 따라 여러개의 시장으로 나누는 것"이라고 하였다. 또한 강기두(2005)는 시장세분화는 "우선 마케팅전략의 기초가 되는 시장조사를 통해 고객들의 시장에 대한 지각과 선호를 파악하고 이를 기초로 표적시장을 선정하며 표적시장 내에서 기업의 상품을 고객의 인식 속에서 어떤 위치로 부각시켜야 할 것인지를 결정해야 한다"고 하였다.

결론적으로 시장세분화는 "전체시장을 마케팅목적에 맞도록 유사한 특성이 있는 고객들끼리 군집화하는 과정"이라고 할 수 있다. 일반적으로 시장은 이질적인 욕구를 가진 다양한 소비자들의 집합으로 이루어져 있다. 그러나 소비자 개개인의 욕구는 모두 상이하지만 특정 상품 및 서비스에 대한 태도, 의견, 구매행동 등의 측면에서 유사한 소비집단이 존재하고 있다. 예를 들어 생활체육을 즐기는 스포츠소비자들을 살펴보면 테니스를 좋아하는 집단, 축구를 좋아하는 집단, 배드민턴을 좋아하는 집단 등이 있지만, 각 종목 내에서도 각기 다양한 종류의 브랜드를 선호하는 집단들이 있음을 알 수 있다. 이와 같이 비슷한 성향과 특성을 가진 집단사람들을 하나의 집단으로 묶는 과정을 시장세분화라 한다.

2) 시장세분화의 조건

모든 시장의 세분화가 반드시 마케팅 관점에서 효과적인 것은 아니다. 따라서 바람직한 세분화를 규명하기 위해서는 다음과 같은 네 가지 조건이 만족되어야 한다.

(1) 측정 가능성
측정 가능성이란 특정구매자의 구매특성에 관한 구체적이고도 유용한 정보를 어느 정도

보유하고 있는가, 혹은 어느 정도 정보를 입수할 수 있느냐 하는 것이다(김 봉, 2009). 특정 구매자의 구체적인 정보가 없는 상태, 즉 측정 불가능한 세분시장의 선정은 현명하지 못한 것이다. 예를 들어 참여스포츠소비자와 관람스포츠소비자로 시장을 세분화하고 이들 중 관람스포츠소비자만을 표적시장으로 선정할 경우, 이것은 측정 가능성이 희박한 세분화라고

춘천 국제레저경기대회 5~7일 열려

레저스포츠의 진수를 선보이게 될 '2008 춘천국제레저경기대회'가 5일 춘천시 공지천 야외음악당과 의암호 레포츠타운에서 개막됐다.

2010년 월드레저총회와 경기대회를 유치한 춘천시가 성공 개최를 위해 마련한 이번 대회는 미국, 러시아, 중국, 일본, 태국 등 21개국 2천여 명의 선수와 임원이 참가해 7일까지 수상스키와 댄스스포츠, 인라인 슬라럼, B3(인라인스케이트 등), 비보이 배틀, 스포츠클라이밍 등 6개 종목에서 기량을 겨룬다.

수상스키 예선전을 시작으로 막이 오른 이번 대회는 오후 열린 개회식에서 공중 줄타기와 초청가수 공연, 댄스스포츠, 비보이, 다문화 민속의상 페스티벌 등 화려한 축하무대가 펼쳐졌다.

특히 올해 대회는 수상스키 부문에서 세계기록을 5차례나 경신한 호주의 엠마 쉬어즈(여) 등 종목별 유명 선수와 국제수상스키연맹 맥스퀀 부회장(호주) 등 각 레저연맹 임원진도 대회에 참가해 국제행사로서 면모를 갖추었다.

부대행사로 레포츠타운 내 X-게임파크에서 열기구 탑승과 공지천 야외음악당에서 윈드서핑, 모터패러 등 시민들의 직접 레저를 체험할 수 있는 공간도 마련됐다.

또 자원봉사로 나선 춘천 및 홍천, 철원, 화천, 양구 결혼이민자 400여 명이 각국 대표음식을 만들어 선보이는 '다문화 맛 공감' 행사와 전통놀이를 겨루는 민속경연대회도 열린다.

이밖에 6일까지 강원대 60주년 기념관에서 '여가의 세계화와 레저스포츠'를 주제로 국내외 유명 교수를 초청한 국제 여가심포지엄도 개최된다.

손은남 조직위원장은 "2010 대회의 국제적인 붐 조성을 위해 마련한 이번 대회에서 댄스스포츠, 수상스키, 인라인 슬라럼, B3 경기가 국제대회로 인정받아 춘천이 세계적인 레저스포츠 도시로 도약하는 전기가 마련될 것"이라며 "대회기간 시민과 관광객을 위한 다양한 부대행사도 마련돼 레저의 묘미를 선사할 예정"이라고 말했다.

한편 춘천시는 2010년 8월 28일부터 9월 5일까지 13개 종목에 28개국 1만2천600여명의 선수와 임원이 참가하는 월드레저총회 및 경기대회를 개최할 예정이다.

※자료: 연합뉴스, 2008. 9. 5

할 수 있다. 왜냐하면 실제 스포츠를 관람하는 소비자는 많지만 이들의 정확한 숫자나 특성에 관한 충분한 자료가 없거나 또는 미디어를 통해 스포츠를 관람하는 소비자들이 누락될 염려가 있기 때문이다.

(2) 접근 가능성

접근 가능성은 세분시장에 상품, 서비스 등이 효과적으로 도달되어야 하고, 기업의 마케팅전략이 원활히 수행될 수 있어야 한다. 왜냐하면 아무리 좋은 세분시장이 존재한다 하더라도 효과적인 마케팅활동을 할 수 없다면 시장세분화는 할 가능성이 매우 희박하기 때문이다.

(3) 집단 간의 이질성

세분화되어진 표적고객이 동질적인 요인으로 세분화되었다고 한다면 표적으로 하는 집단 이외의 집단은 당연히 이질적이어야 한다(이동휘 외, 2004). 왜냐하면 세분시장의 구성원들 간에는 서로 다른 특성을 가지고 있어 하나의 세분시장은 다른 시장과 개념적으로 명확하게 구분될 수 있어야 하기 때문이다.

(4) 규모성

선택된 세분시장에 제품이나 서비스를 구매할 의도와 현실적 수요로 이어질 수 있는 구매능력이 있는 충분한 규모의 잠재고객이 존재하여 기업이 독자적인 마케팅 프로그램을 시도

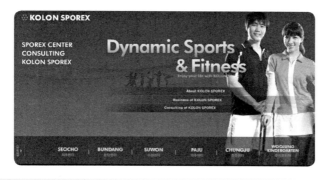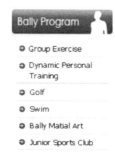

고급스러운 분위기의 피트니스클럽과 다양한 프로그램

※자료 : www.sporex.com, www.ballykorea.co.kr

했을 때 효과적인 투자수익과 매출액을 획득할 수 있어야 한다(김 봉, 2009). 예를 들어 지방의 작은 소도시에 있는 소수의 소비자들을 위해 외국의 유명 피트니스센터를 고급스럽게 갖추어 놓고 마케팅활동을 시도하는 것은 기업 입장에서는 효과적이지 못할 것이다.

3) 시장세분화의 기준

어떠한 기준도 없이 시장을 세분화하는 것은 마치 기초공사없이 집을 짓는 것과도 마찬가지이다. 시장을 세분화할 판단기준이 되는 변수가 다양하기 때문에 반드시 최상의 기준조건이 존재하는 것은 아니다. 따라서 기업의 목표나 제품 그리고 서비스 특성 및 시장구조에 따라 그 기준은 다양할 것이다. 본 장에서는 (1) 지리적 변수, (2) 인구통계학적 변수, (3) 심리적 변수, (4) 행동분석적 변수로 구분하여 살펴보기로 한다.

(1) 지리적 세분화

지리적 세분화는 국가별, 도별, 시군별 등과 같이 지역단위별로 시장을 세분하는 것이다. 이러한 세분화는 다른 변수보다 시장의 구분이 명확하고 그 세부시장의 욕구에 잘 대응할 수 있다는 장점이 있다. 예를 들어 윈드서핑이나, 스킨스쿠버, 요트 등 해양스포츠는 바다나 강이 없는 도시에서는 거의 필요하지 않을 것이다. 또한 겨울철 스포츠는 눈이 많고 산간지역인 강원도 일대에서 수요가 크다고 볼 수 있으며, 여름철 수상스포츠의 경우 경기도 일대의 가평 또는 호수가 많은 춘천일대에서 필요로 할 것이다.

지리적 세분화의 큰 장점은 세분화작업이 비교적 용이하고, 적은 비용으로 세분시장에 접근할 수 있다는 점이다. 따라서 지리적 세분화기법은 널리 이용되고 있으며, 매우 유용한 기법이라고 볼 수 있다.

(2) 인구통계학적 세분화

인구통계학적 세분화는 연령, 성, 소득, 세대계층, 직업, 교육, 종교, 종족, 가족의 크기, 가족의 생활주기 등의 인구통계학적 변수를 기준으로 집단별로 시장을 세분화하는 것을 말한다(함봉진, 2006). 이 세분화기준은 상대적으로 통계자료의 수집이 힘들지 않고, 매체 및

e-스포츠 경기장에 운집한 청소년들과 게이트볼 경기를 하는 노인들

조사를 통한 각종 정보의 비교와 적용이 쉬울 뿐 아니라 자료의 해석과 응용 또한 용이하기 때문에 현재까지 시장세분화의 기준으로 가장 많이 활용되고 있다.

연령의 경우 어린이, 청소년, 성인, 노년층 간의 욕구와 능력에는 차이가 있으며, 특히 고객의 참여가 필수적인 스포츠상품의 경우 매우 중요하다. 예를 들어 최근 청소년들에게 각광받고 있는 e-스포츠의 경우 노년층을 대상으로 마케팅활동을 한다면 실패할 가능성이 크다고 볼 수 있다.

또한 성별의 경우 남자와 여자는 유전적인 체질과 사회화의 실행에서 서로 다른 태도와 행위적 지향성을 갖는 경향이 있다(김 봉, 2009). 이와 같은 사실은 스포츠마케팅 측면에서도 잘 나타나고 있는데, 스포츠를 참여하거나 관람하는 집단이 여성에 비해 남성이 훨씬 많은 것을 알 수 있다. 그러나 최근에는 여성들의 스포츠에 대한 참여가 증가함에 따라 점차 여성소비자들을 위한 서비스나 각종 판촉행사가 증가하고 있는 추세이다.

소득은 스포츠마케팅을 하는 기업이나 마케터 입장에서 반드시 집고 넘어가야 할 기준이다. 왜냐하면 소득은 구매력을 결정하고 생활방식의 차이를 가져 오는 중요한 요인이기 때문이다. 예를 들어 골프장 회원권, 스키장 시즌권 등은 고가상품이기 때문에 비교적 고소득의 소비자들에게 관련이 크다고 볼 수 있다. 이처럼 소득에 따른 세분화는 비교적 가격 폭이 넓고 제품이 상징성을 가지고 있는 경우 시장을 세분화할 효과적인 기준이 된다.

인구통계학적 변수는 매우 중요한 변수이다. 그러나 외형적이고 가시적인 변수만으로 시장을 세분화하면 소비자의 내면적 욕구를 간과하는 문제가 야기됨을 주의해야 할 것이다.

표 4-1. 일반적 구분에 따른 시장세분화의 변수

변수		일반적 구분
지리적 변수	지역	서해안, 산악부, 서북중앙부, 동북중앙부, 동남중앙부, 동해안 남부, 동해안 중앙부
	도시 또는 대도시 규모	인구 5,000명 이하, 5,000~19,999명, 20,000~49,000명, 50,000~99,999명
	인구밀도	도시, 교외, 지방
	기후	북부, 남부
인구 통계적 변수	연령	6세 미만, 6~11세, 12~19세, 20~34세, 35~49세, 50~64세, 65세 이상
	성별	남성, 여성
	세대규모	1~2명, 3~4명, 5명 이상
	직업	전문직, 기술자, 관리자, 임원, 소유경영자, 사무직원, 판매원, 공원, 조장, 생산자, 농업종사자, 정년퇴직자, 학생, 주부, 실업자
	교육	중졸 이하, 고퇴, 고졸, 대퇴, 대졸
심리적 변수	사회계층	하류의 하, 하류의 상, 중류의 하, 중류의 상, 상류의 하, 상류의 상
	생활양식	평균적 형, 유행선도자, 예술가형
	개성	강압적, 사교적, 권위주의적, 야심적
행동적 변수	구매상황	보통의 상황, 특별한 상황
	편익	품질, 서비스, 경제적
	사용자 유형	비사용자, 과거의 사용자, 잠재적 사용자, 첫 회 사용자, 정기적 사용자
	사용률	소량 사용자, 적정량 사용자, 대량 사용자
	로열티 유형	없음, 중, 강, 절대

※ 자료 : 노윤구(2009). 관광마케팅론. p.148의 내용에서 수정됨.

(3) 심리적 세분화

심리적 세분화는 눈에 보이지 않는 사회계층이나 라이프스타일, 개성의 특징에 기초하여 소비자들을 상이한 집단으로 구분하는 것이다. 즉, 스포츠소비자는 라이프스타일에 따라 선호하는 종목과 그것을 참여하거나 관람하려는 것 등에서 다르게 나타나는데, 이러한 것들을 기준으로 시장을 세분화하는 것이다. 동일한 집단 내의 사람들도 전혀 다른 특성을 보이기 때문에 심리적 기준으로 시장을 세분화할 필요성이 대두되고 있다.

(4) 행동적 세분화

행동적 세분화는 제품관련 세분화라고도 하며 스포츠소비자들이 제품이나 서비스 등을

사용하는 양, 편익추구, 상품애호도 등을 기준으로 세분화하는 것을 말한다.

스포츠 제품의 경우 사용량에 따라 제품, 가격, 유통, 촉진전략 등을 다르게 해야 되므로 이와 같은 기준으로 세분화해야 한다. 스포츠를 이용한 이온음료를 예로 들면 스포츠에 직접 참여하는 소비자와 경기장에서 스포츠를 관람하는 소비자가 있는데, 전자의 소비자가 이온음료의 사용량이 많을 것이다. 따라서 스포츠에 직접 참여하는 소비자를 대상으로 하는 마케팅 활동이 보다 효과적이라고 할 수 있다.

또한 행동적 세분화의 변수 중 상표애호도는 소비자가 특정상표를 끊임없이 선호하는 정도를 말하는데 기업은 소비자가 자사의 애호도 정도에 따라 시장을 세분화하는 것이다. 그러나 이러한 기준을 채택할 경우에는 소비자가 그 상표의 반복사용이 단지 가격이 싸거나 습관에 의해서 구매하는 것이라면 참된 상표애호도가 아니라는 것을 고려해야 한다(고경순, 2006). 즉, 경쟁상표 간에 상당한 지각 차이가 있는 상황에서 소비자가 특정상표를 선호해서 반복 구매하는 것이 참된 상표애호도임을 직시해야 한다.

2 표적시장

시장의 세분화가 이루어진 다음 기업은 각 세분시장을 평가하고 표적시장(tarket market)을 선정해야 한다. 표적시장이란 세분시장 중에서 자사의 경쟁우위와 경쟁상황을 고려했을 때 자사에게 가장 좋은 시장기회를 제공해 줄 수 있는 소비자집단을 의미한다. 여기에서는 세분시장의 평가와 표적시장 선정 및 전략에 대해서 알아보기로 한다.

1) 세분시장의 평가

전체시장에서 여러 개의 시장으로 세분화가 이루어졌다면, 상품과 서비스를 제공할 표적시장을 선정해야 한다. 시장이 세분화되면 각각의 세분시장의 특성과 장·단점을 평가하여 가장 적합한 표적시장을 선정하게 된다.

세분시장을 평가할 때에는 (1) 세분시장의 규모와 성장성, (2) 세분시장의 수익성, (3) 기업의 목표와 자원 등의 요소들을 고려해야 한다.

(1) 세분시장의 규모와 성장성

기업은 세분시장의 평가를 위해서 자사의 매출액과 성장률, 실현할 수 있는 정도의 규모를 조사해야 한다. 이러한 자료를 통해 마케터는 각 세분시장의 현재 규모뿐 아니라 미래의 성장 가능성도 조사해야 한다. 모든 기업들이 시장의 규모가 크고 성장률이 높은 세분시장에서 성공할 것이라고 생각할 수 있으나, 자본주의사회에서는 경제력이 높은 집단이 약한 소규모집단을 잠식하는 먹이사슬관계를 형성하고 있어서 소규모의 기업은 경쟁력이 적기 때문에 규모가 작은 시장을 공략하여 많은 수익을 올리며, 반대로 규모가 큰 기업은 규모가 크고 성장률이 높은 시장에서 이윤획득을 높이려고 한다.

(2) 세분시장의 수익성

세분시장의 규모와 성장성을 확인한 다음 마케터는 각 세분시장의 수익성을 평가해야 한다. 적정한 크기를 지니고 성장성이 높은 세분시장 중에서 수익성이 높을 것으로 기대되는 세분시장을 선정하게 된다(이동휘 외, 2004). 이러한 세분시장의 수익성은 세분시장 내 다른 브랜드들과의 경쟁 정도, 잠재경쟁자의 시장진입 가능성, 자사 브랜드를 구매하는 구매자와의 관계 등을 고려해서 평가한다.

(3) 기업의 목표와 자원

특정세분시장이 적절한 규모와 성장률을 지니고 있고, 구조적으로 매력적인 시장이라고 할지라도 기업의 목표와 적합하지 않으면 기업은 그 세분시장을 선택할 수 없다(원유석, 2008). 다시 말해 세분시장 중 선정한 시장이 충분한 규모와 높은 시장 성장성을 지니고 있고 높은 수익을 이룰 것이라고 판단이 서면, 기업이 지니고 있는 마케팅목표 및 자원과 그러한 평가요인들이 일치하는지를 조사해야 하는 것이다. 기업은 경쟁기업에 비해 보다 우수한 가치를 제공할 수 있고 경쟁우위를 확보할 수 있는 세분시장에만 진입해야 한다.

2) 표적시장 전략

표적시장의 평가가 끝난 후에 마케팅 관리자는 시장의 동질성과 이질성 등을 기준으로 비차별적 마케팅전략, 차별적 마케팅전략 그리고 집중적 마케팅전략으로 구분하여 표적시장전략을 선택할 수 있다.

(1) 비차별적 마케팅

시장을 세분화하는 이유는 각각 세분화된 시장을 통하여 각 집단 간의 차이를 알고 각 집단에 맞는 마케팅활동을 전개하려는 데 목적이 있다. 그러나 비차별적 마케팅전략은 각각의 세분화된 시장 간의 차이를 무시하고 하나의 제품을 선정하여 전체시장을 향해 마케팅활동을 전개하는 전략을 말한다. 따라서 이 전략은 소비자욕구의 차이점보다는 오히려 공통점이 무엇인가에 초점을 맞추고, 또한 기업은 대부분의 소비자들에게 소구할 수 있는 제품과 마케팅 프로그램을 설계해야 한다. 즉, 가장 많은 수의 소비자에게 알맞은 대표적 제품 하나와 표준화된 마케팅믹스를 개발해야 하는 것이 비차별적 마케팅전략이라고 할 수 있다. 또한 기업은 대량유통과 대량광고를 통해 대량판매를 추구하며, 제품이 소비자들의 마음속에 우위적인 이미지를 갖도록 하는 데 목표를 세운다.

예를 들어 스포츠용품 중 초기 요넥스라는 제품은 배드민턴 용품만을 고집함으로써 소비자들에게 자사는 배드민턴 전문업체라는 것을 인식시켰는데, 이 비차별적 마케팅의 대표적 사례라 할 수 있다. 반면 비차별적 마케팅전략의 단점은 이 방법을 적용할 수 있는 분야가 제한되어 있다는 것이다. 고객의 욕구는 다양하고 무한하기 때문에 한 가지 제품으로 고객을 상대하는 것은 매우 드물고 위험하다고 할 수 있다.

(2) 차별적 마케팅전략

차별적 마케팅전략은 둘 이상의 세분시장들을 표적으로 선정하여, 각각의 표적세분시장에 적합한 마케팅믹스 프로그램을 실행하는 것을 말하며(이동휘 외, 2004), 이러한 전략을 복수세분시장전략이라고도 한다. 즉, 욕구가 비슷한 소비자들을 구분하고, 그 중에서 매력적인 소비자집단을 선택해서 그들의 욕구에 가장 잘 부응할 수 있는 마케팅믹스를 개발하는

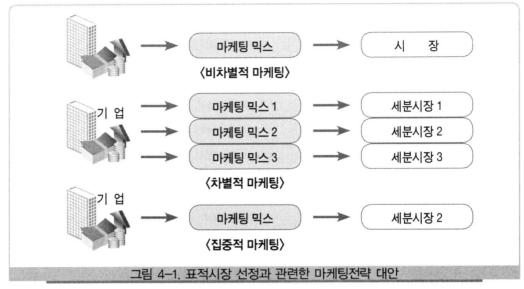

그림 4-1. 표적시장 선정과 관련한 마케팅전략 대안

※자료 : Philip Kotler and Gary Amstrong(2001). Principles of Marketing, p.265.

것이 차별적 마케팅전략이다.

이 전략은 비차별적 마케팅전략을 선택했을 때보다 훨씬 많은 매출액을 올릴 수 있다는 장점이 있다. 왜냐하면 여러 상표를 가지고 다양한 영업활동을 하기 때문에 단일 상표로 영업활동을 하는 비차별적 마케팅전략보다 높은 시장점유율을 확보할 수 있기 때문이다.

그러나 차별적 마케팅전략은 세분시장별 상이한 마케팅활동에 연관된 여러 가지 비용, 즉 생산비, 연구개발비, 재고비, 관리비, 촉진비, 제품수정비 등(박기안 외, 2006)과 같은 사업운영비의 증가를 가져올 수 있다. 따라서 이 전략을 선택할 때는 비용의 증가와 매출액의 증가를 신중하게 검토해야 한다.

스포츠마케팅 측면에서 차별적 마케팅전략의 예를 보면 나이키는 초창기 때 마이클 조던이라는 농구 스타를 활용해 농구를 좋아하는 전 세계 세분시장집단에 각종 판촉행사나 광고활동 등을 통해 판매량을 높이고 시장점유율 또한 높이는 효과를 보였다. 결국 나이키는 조던 농구화라는 이미지가 강하게 인식된 경우이다. 뿐만 아니라 최근 스포츠산업 중 시장규모가 탄력적으로 증가하고 있는 골프 종목에 기존의 골프 전문업체보다 후발주자로 뛰어들었음에도 불구하고 타이거 우즈라는 골프 스타를 활용한 마케팅전략으로 골프시장에서 또한 번 성공하는 사례를 남겼다.

표 4-2. 표적시장전략의 이점과 단점

표준화전략	이 점	단점
비차별적 마케팅	▶ 생산/마케팅 비용의 절약 가능 ▶ 경쟁이 없는 기업	▶ 창의성이 없는 제품 제공
차별적 마케팅	▶ 보다 큰 재정적 성공 ▶ 생산/마케팅에서 규모의 경제	▶ 높은 비용 ▶ 자기잠식(cannibalization)
집중적 마케팅	▶ 자원의 집중적 활용 ▶ 좁게 한정된 세분시장의 욕구를 더 잘 충족시킬 수 있다. ▶ 어떤 소기업은 보다 큰 기업과의 경쟁에서 더 유리하다. ▶ 강한 포지셔닝	▶ 세분시장이 너무 작거나 변화한다. ▶ 큰 경쟁자가 틈새 세분시장에서도 더 효과적으로 마케팅을 할지도 모른다.

※ 자료 : 고경순(2006). 마케팅 제3판 -통합적 접근-. p.196에서 수정됨.

이처럼 차별적 마케팅전략은 세분시장집단을 여러 개로 나누기 때문에 그만큼 비용이 많이 들고 따라서 자원이 충분한 대기업에 적합한 전략이라고 할 수 있다. 그러나 자원이 부족한 중소기업은 하나의 세분시장에 집중해서 경쟁우위를 점유한 다음 또 다른 시장에 눈을 돌리는 것이 효과적이라 할 수 있을 것이다.

(3) 집중적 마케팅전략

집중적 마케팅전략은 일명 단일세분시장전략이라고도 하며, 여러 세분시장 중에서 하나(또는 제한된 수)의 세분시장만을 표적시장으로 삼아 기업의 마케팅노력을 집중하는 전략을 말한다(박기안 외, 2006). 이 방법은 기업이 표적시장을 전문화할 수 있으며 모든 마케팅 노력을 하나의 표적시장에만 집중하므로 표적시장 내 고객의 욕구를 정확히 분석할 수 있고, 그에 따라 최상의 마케팅믹스를 개발할 수 있으며, 또한 비용이 적게 든다는 장점이 있다. 따라서 이 전략은 자원이 한정적인 중소기업에서 주로 선호하는 전략이다.

반면 이 전략의 단점은 시장의 불확실성에서 오는 위험이 크다는 점이다. 왜냐하면 모든 마케팅 노력을 하나의 세분시장에만 집중하고 모든 영업성과를 하나의 시장에만 의존하므로, 만약 표적고객들의 욕구가 갑자기 변해 제품수요가 격감하거나 동일 시장 내에 경쟁자가 진입하게 되면 일시에 표적시장을 상실할 위험성을 안고 있기 때문이다.

표 4-3. 비차별적·차별적·집중적 마케팅 전략의 비교

구분	비차별적 마케팅전략	차별적 마케팅전략	집중적 마케팅전략
시장정의	광범위한 고객	둘 혹은 그 이상의 제한된 고객집단	잘 정의된 단일고객집단
제품전략	다양한 고객을 겨냥하여 단일상표로 한정된 수의 제품 및 서비스의 판매	각 고객집단별로 별개의 제품이나 서비스의 제공	단일소비자집단을 대상으로 단일상표의 제품이나 서비스의 제공
가격전략	전체적인 단일가격	차별적 가격	단일가격
유통전략	가능한 모든 판매경로 동원	세분시장별 차별적 유통경로 선정	단일의 판매경로 선정
촉진전략	대중매체	세분시장별 차별적 매체 선정	전문잡지와 같은 특화된 매체
전략의 강조점	동일한 마케팅 프로그램을 통해 다양한 유형의 소비자들에게 접근	각 세분시장별 차별화 마케팅 프로그램으로 둘 또는 그 이상의 시장에 접근	고도로 전문화된 동일 마케팅 프로그램을 통해 구체적인 고객집단에 접근

※ 자료 : 김봉(2009), 관광마케팅, p.112에서 수정됨.

③ 제품포지셔닝

기업은 표적시장이 선정되면 표적시장에 대응할 수 있는 제품포지셔닝(product positioning)전략을 수립해야 한다. 왜냐하면 아무리 자사의 제품이 좋다고 주장하더라도 표적고객이 동의하지 않는다면 의미가 없기 때문이다. 따라서 표적시장에서 자사의 제품개념을 확실하게 각인시킬 수 있는 핵심개념을 찾는 것이 중요하다. 여기에서는 포지셔닝의 개념 및 과정 그리고 전략에 대해서 알아보기로 한다.

1) 포지셔닝의 개념

기업이 시장에서 자신들이 누릴 수 있는 위치를 정확히 포착하고 기반을 강화하기 위해서는 시장세분화와 서비스 차별화를 잘 고안해야 성공할 수 있을 것이다.

　　원래 포지셔닝이란 용어는 Ries와 Trout가 1972년에 「광고의 시대」라는 학술지에 '포지셔닝의 시대'라는 논문을 통해서 처음으로 사용하였다. 그 후 1987년 Stanton 등은 포지셔닝은 단순한 광고상의 장난이 아니라 소비자들이 제품과 서비스를 평가하는 차원임을 밝혀내고, "자사제품을 포함한 경쟁제품의 위치를 비교하여 이에 따른 대응전략을 수립하고 시행하는 과정"이라고 하였다(김 봉, 2009).

　　따라서 제품포지셔닝이란 그 제품을 경쟁제품과 동등한 속성을 기준으로 비교해 볼 때 소비자들이 그 제품을 어떻게 인식하고 있느냐 하는 것을 의미한다(신지용, 2005). 아무리 좋은 제품을 시장에 내놓아도 고객들이 만족을 하지 않는다면 아무런 의미가 없을 것이다. 그러므로 표적시장에서 기업의 제품을 확실하게 각인시킬 수 있는 핵심개념을 찾는 것이 중요하다. 즉, 경쟁기업들과 효과적으로 경쟁하기 위하여 소비자들의 의식속에 제품의 정확한 위치를 심어주는 것이 중요한 것이다.

　　예를 들어 스포츠 유니폼에 대한 일반 소비자들의 지각도를 살펴보면 나이키는 고가격의 기능성 측면에서 소비자의식에 자리매김하고 있으며, 아디다스는 기능적인 면과 디자인적인 측면에서 소비자의식에 위치를 차지하고 있다.

　　최근 우리 사회처럼 지식과 정보가 폭주하고 변화의 속도가 빠르게 진행되는 사회에서는 하루에도 수없이 많은 양의 제품에 대한 광고와 홍보가 쏟아져 나오고 있다. 이러한 시대적 흐름 속에서 자사의 제품을 소비자에게 널리 알리고 마음속에 각인시킬 수 있는 방법을 고안해 내는 것은 어려우면서도 중요한 일임을 알 수 있다.

　　따라서 시장세분화의 한 부분인 제품포지셔닝을 효과적으로 수행하면, 고객들의 마음속에 자사의 제품에 대한 적절한 개념이 형성되어 마케터나 기업이 구체적으로 세분화된 시장에서 성공적인 마케팅활동을 전개할 수 있게 될 것이다.

2) 포지셔닝전략 유형

　　제품포지셔닝은 경쟁기업들과 효과적으로 경쟁하기 위하여 마케팅믹스를 사용하여 소비자의 의식에 제품의 위치를 심어주는 과정이라고 하였다. 그러나 소비자들에게 자사의 제품의 위치를 강하게 심어주는 것은 쉬운 일이 아니며, 보다 효과적으로 포지셔닝을 하기 위해서는 반드시 체계적인 전략을 세워야 할 것이다.

포지셔닝전략 유형 중 대표적인 것이 소비자포지셔닝이다. 소비자포지셔닝은 기업이 제품이나 서비스를 소비자 마음속에 자리매김시키는 것으로 제품속성, 사용상황, 제품사용자 등에 의한 포지셔닝이 있다. 구체적인 내용을 살펴보면 다음과 같다.

(1) 제품속성에 의한 포지셔닝

제품속성에 의한 포지셔닝은 우리가 흔히 접할 수 있는 제품의 속성 및 고객의 혜택과 관련한 포지셔닝 방법으로, 자사제품이 차별적 속성 및 특징을 가짐으로써 소비자에게 다른 이미지의 효익을 제공하여 소비자에게 강하게 인식시키는 것을 말한다.

예를 들어 조던 농구화는 고가이지만 기능성과 사후관리, 즉 A/S가 뛰어나다는 제품속성의 이미지가 스포츠소비자에게 강하게 인식되어 있다.

(2) 사용상황에 의한 포지셔닝

사용상황에 의한 포지셔닝은 제품의 적절한 사용상황을 묘사하거나 제시함으로써 포지셔닝하는 것을 말한다. 예를 들어 스포츠음료는 운동 후 갈증을 빠르게 해소시킬 수 있는 상황에 포지셔닝되어 있는 것을 알 수 있다.

(3) 제품사용자에 의한 포지셔닝

제품사용자에 의한 포지셔닝은 특정 개인이나 집단에 초점을 맞추어 포지셔닝하는 것을 말한다. 즉, 특정 사용자들이 가지는 가치관, 생활 양식 등을 고려해 사용자들에게 가장 어필할 수 있는 제품속성 혹은 광고 메시지 등을 통해 이루어지게 된다.

골프용품을 예로 들면 나이키 골프는 Tiger Woods나 최경주 등을 스폰하여 광고모델로 내세워 강한 파워샷을 통한 남성적인 이미지에 초점을 맞추었고, 반면 캘러웨이는 A. Sorenstam 등 여성 골퍼들을 통한 광고 이미지로 여성적인 섬세함에 초점을 맞춘 경우라 할 수 있다.

3) 포지셔닝전략 수립과정

포지셔닝은 소비자에게 자사의 상표를 경쟁사의 상표와 차별화하여 고객들의 마음속에 위치하게 하는 것이다. 따라서 기업은 적절한 포지셔닝전략을 수립하고 수립된 전략을 시장 상황에 적용하기 위해서는 다음과 같은 4가지의 전략 수립과정을 거쳐야 한다. (1) 경쟁적 강점 파악, (2) 적절한 경쟁우위의 선택, (3) 선택한 포지션의 전달, (4) 포지션의 확인과 재 포지셔닝이며, 그 구체적인 내용은 다음과 같다.

(1) 경쟁적 강점 파악

스포츠소비자들은 여러 경쟁제품 중에서 자신에게 가장 높은 가치와 기대에 부합할 수 있는 제품을 선택하게 된다. 따라서 기업은 제품의 질, 서비스, 이미지 등을 경쟁사와 차별화하여 우위를 차지할 수 있도록 노력해야 한다. 또한 소비자들의 욕구파악과 구매과정을 경쟁사들보다 좀 더 잘 파악하고 자신의 강점을 소비자에게 부각시켜 지속적인 고객으로 유지시킬 수 있도록 노력해야 한다.

①**중요성** : 차별점은 표적시장의 소비자들에게 확실히 가치가 있는 편익을 제공하는 것이다.
②**차별성** : 경쟁자들이 똑같은 차별점을 제공할 수 없거나 보다 확실히 차별된 방법으로 그 차별점을 제공할 수 있어야 한다.
③**우수성** : 차별점은 소비자들이 같은 편익을 얻을 수 있는 다른 방법들보다 확실히 뛰어나야 한다.
④**전달성** : 차별점은 소비자들에게 전달할 수 있어야 하고, 보여줄 수 있어야 한다.
⑤**선점성** : 차별점은 경쟁자들이 쉽게 모방할 수 없어야 한다.
⑥**가격적절성** : 차별점은 구매자들이 구입이 꺼릴 정도로 가격인상을 하지 말아야 한다.
⑦**수익성** : 차별점은 기업에게 이익을 제공할 수 있어야 한다.

※자료 : 김성용(2006). 관광마케팅. pp.154~155.

(2) 적절한 경쟁우위의 선택

기업은 경쟁적 강점에 대한 파악이 끝나면 적절한 경쟁우위를 선택할 수 있는 방법을 모색해야 한다. 즉, 경쟁기업 대비 자사의 강점이 파악되면, 그중에서 가장 핵심적인 경쟁우위 요소를 선택해서 집중적으로 촉진시켜야 한다.

성공적 차별화를 위한 고려요소는 다음과 같다.

(3) 선택한 포지션의 전달

포지셔닝에 사용할 차별점이 선택되고 나면, 기업은 표적소비자들에게 최적의 포지셔닝이 가능하도록 차별점 전략에 노력을 기울여야 한다. 또한 선택적 포지셔닝에 맞는 마케팅믹스를 소비자에게 제공하도록 노력해야 하며, 포지셔닝을 위한 기업의 실질적인 행동도 이루어져야 한다. 즉, 기업이 좋은 제품과 서비스를 포지셔닝하고자 한다면, 자신의 제품과 서비스의 상태를 높여서 소비자에게 제공해야 한다.

FILA 스포츠용품의 경우 여성 모델을 광고에 사용하는 전략을 지속적으로 전개하여 여성스포츠 용품을 포지셔닝시킨 성공한 사례라고 할 수 있다.

(4) 포지션의 확인과 재포지셔닝

기업은 자사제품의 포지셔닝전략을 실행 한 다음 그 제품이 목표로 한 위치에 포지셔닝이 되었는지 확인해야 한다. 소비자의 욕구와 경쟁사의 움직임 등은 여러 환경적 변화에 따라 지속적으로 변화하므로, 기업은 끊임없는 관리를 통해 자사의 제품이 제대로 포지셔닝되었는지 확인해야 한다. 뿐만 아니라 조사를 통해 초기 포지셔닝이 적절하지 않은 포지션이라면 수정할 수 있다. 이러한 경우 포지셔닝전략의 절차에 따라 목표포지션을 재설정하고 적절한 포지션으로 이동시키는 재포지션이 요구된다.

아디다스의 경우 초장기 고급스러운 이미지로 고소득자에게 포지션했으나, 최근 'Impossible is nothing' 이라는 문구를 끊임없이 강조함으로써 좀 더 강하고 터프한 이미지로 바꾸는 데 성공하였으며, 그에 따라 매출성과에도 긍정적인 영향을 미치게 된 좋은 사례이다.

연구문제

1. 여러 학자들의 시장세분화에 관한 정의를 알아보자.
2. 바람직한 시장세분화 규정을 위한 조건을 설명해 보자.
3. 시장을 세분화하기 위한 기준을 구분하고 설명해 보자.
4. 세분시장의 평가요소들에 대해 알아보자.
5. 비차별적 마케팅전략, 차별적 마케팅전략 그리고 집중적 마케팅전략의 차이를 설명하고 장점과 단점을 비교해 보자.
6. 시장세분화와 포지셔닝의 차이를 설명해 보자.
7. 포지셔닝의 각 유형에 적합한 예를 설명해 보자.
8. STP전략을 종합적으로 기술해 보자.

스포츠와 제품

　성공적인 스포츠마케팅활동을 하기 위해서는 소비자의 관점에서 제품이나 프로그램을 개발해야 한다. 또한 제품을 개발할 때에는 스포츠소비자들이 제품구매를 통하여 어떤 핵심적인 혜택 또는 편익을 기대하는지를 파악해야 한다. 따라서 본 장에서는 스포츠제품에 대한 개념 및 속성을 명확하게 파악하고, 성공적인 마케팅 전략수립을 위하여 스포츠 제품믹스의 개념 및 전략 그리고 스포츠제품의 구성요소를 이해한다. 또한 신제품 개발의 필요성 및 개발과정을 살펴보고, 끝으로 스포츠제품의 수명주기에 대해 알아본다.

1 스포츠제품의 개념

제품(product)이란 소비자의 필요(needs)와 욕구(wants)를 충족시켜줄 수 있는 유형의 재화와 무형의 서비스뿐만 아니라 사람, 관광지, 각종 시설물 등 모든 것을 의미한다. 뿐만 아니라 개인의 지식이나 상상력 같은 아이디어도 제품에 포함된다.

이와 같이 스포츠제품은 스포츠시장에서 스포츠소비자가 필요로 하고, 그 욕구를 충족시켜줄 수 있는 모든 것을 의미한다. 특히 다른 제품과 달리 스포츠제품은 생산자와 소비자 입장을 동시에 고려해야 한다. 예를 들어 한국의 프로야구라는 제품이라면, 생산자 입장에서는 각 구단이 관중들을 유치하기 위해서 경기력을 향상시킴은 물론 다양한 팬서비스를 통하여 볼거리를 제공함으로써 제품을 판매할 수 있다. 소비자 입장에서 보면, 경기장을 찾는 이유는 응원을 보내고 있는 팀의 경기력은 물론 구단이 제공하는 편안하고 쾌적한 시설과 다양한 팬서비스를 받으며 관람하는 것이다.

제품이 소비자의 욕구를 충족시켜줄 수 있는 것은 그 제품이 지니고 있는 속성들 때문이다. 이런 속성들은 그림 5-1과 같이 5가지 차원으로 되어 있다.

첫째, 핵심편익(core benefit)은 가장 기본적인 등급의 제품범주로서, 구매자가 진실로 구매하고자 하는 기본적인 서비스 제품이다. 예를 들면 책을 구입하는 것은 지식과 정보를 구매하는 것과 같다. 즉, 특정 제품을 구매하는 고객은 제품 자체만을 구매하는 것이 아니라 그 제품이 제공하는 기본적 욕구충족 또는 혜택을 구매하는 것이다.

둘째, 기본제품(basic product)은 기본적인 편익을 의미한다. 예를 들면 경기장에서 편안한 좌석, 호텔에서의 침대, 목욕실, 타월 등 기본적인 편익을 누릴 수 있도록 하는 것이다.

셋째, 기대제품(expected product)은 특정제품을 구매할 때에 정상적으로 그 제품으로부터 기대하는 속성의 총합을 의미한다. 예를 들면 경기장 관람객은 쾌적한 관람시설을 기대하고, 호텔에서는 깨끗한 침대를 갖춘 침실을 기대한다. 따라서 관람객과 여행객들은 가장 안락하고 저렴한 가격으로 경기장과 호텔을 결정하게 된다.

넷째, 확장제품(augmented product)은 고객들이 보편적으로 기대하는 이상의 욕구를 충족시키는 것이다. 야구장 외야의 풀장, TV, 안락한 식당, 편리한 주차시설 등의 시설을 설치하여 서비스를 고급화시킨다. 광의의 제품화전략에는 여러 가지 사항을 고려해야 한다. 과연 소비자들이 추가비용을 감당할 용의가 있는지이다. 추가되는 혜택은 소비자들이 당연히 기대하는 혜택이 되어버린다. 즉, 각 구단의 경쟁은 추가해야 할 더 나은 특성과 혜택을 추구하는 데에 있다는 의미다.

다섯째, 잠재제품(potential product)은 미래의 제품에 궁극적으로 추가되어야 할 특성 및 서비스를 겸비한 제품이다. 각 스포츠 구단은 경쟁구단과 차별화되어야 한다. 최근의 성공사례는 야구장에서 5회가 끝난 후 연인에게 프로포즈하는 기회를 준다든지, 관중들에게 감동과 기쁨의 편익을 추가하는 예측하지 못한 다양한 이벤트를 제공하는 경우이다. 즉, 예기치 못한 혜택을 줌으로써 정상적인 기대와 욕망을 추월하는 사항이다.

결론적으로, 스포츠제품이란 핵심제품으로서의 경기력뿐만 아니라 경기장 위치, 경기장 시설, 그리고 다양한 팬서비스를 포함한 확장제품을 포함하며, 만약 생산자(각 구단)가 소

그림 5-1. 제품의 개념

※자료 : Kotler, Plilip, Marketing(2000). The Millennium Edition, p.395.

비자(관중)의 욕구를 고려하지 않고 스포츠제품을 생산한다면 많은 관중을 유치하는 데 당연히 실패할 것이다. 최근의 많은 야구장 관중수와 겨우 수백, 수천 명의 관중이 모이는 프로축구의 경우는 시사하는 바가 크다.

2 스포츠제품의 구성요소

소비자들은 자신의 욕구를 충족시키기 위하여 제품을 구입하게 되는데, 실제로 소비자들이 원하는 것은 구매하는 제품으로부터 얻게 되는 혜택의 조합이라고 할 수 있다. 스포츠제품은 크게 골프클럽, 공 등과 같은 유형의 제품에서부터 선수들의 경기력 등 추상적이고 무형의 것으로 분류할 수 있다. 여기에서는 스포츠제품의 구성요소를 객관적 그리고 주관적 관점에서 알아보기로 한다.

1) 객관적 스포츠제품의 구성요소

(1) 품 질

품질이란 특정제품이 그 기능을 수행할 수 있는 능력을 말하는 것으로, 품질의 측정에 사용되는 구성요소에는 다음과 같은 것들이 있다(Garvin, 1987).

▶ 성능 : 특정 제품 또는 서비스가 정해진 디자인요건과 작동요건을 충족시키는 정도를 말한다. 예를 들면 골프클럽의 재질과 같이 고객이 그 제품으로부터 추구하는 주요 혜택에 의하여 측정된다.

▶ 부속기능 : 2차적인 혜택을 제공하는 보조적인 기능들을 말한다. 예를 들면 골프에서 공의 비거리를 자동으로 알려주는 기구 등을 들 수 있다.

▶ 신뢰성 : 일반적으로 스포츠제품 및 서비스에 대한 약속이행 정도 및 스포츠장비의 고장률 등으로 측정된다.

▶ 내구성 : 스포츠제품의 수명과 견고성을 말한다.

▶ 서비스 용이성 : 제공되는 스포츠장비의 서비스 속도 및 수리 용이성 등을 말한다.

▶ 심미성 : 주로 스포츠제품의 감각적 가치로 외관과 느낌 등을 포괄하는 것을 말한다.

▶ 명성 : 기업명, 상품명 등에 의한 스포츠제품의 인기도를 말한다.

▶ 적합성 : 특정 스포츠제품의 서비스가 표준으로부터 벗어나는 빈도와 정도를 말한다.

(2) 디자인

스포츠제품 디자인은 자사의 제품을 차별화할 수 있는 하나의 좋은 수단이 될 수 있을 뿐만 아니라, 탁월하고 우수한 디자인은 소비자에게 더 많은 구매의 유인을 제공할 수 있다. 제품 디자인에는 색, 크기, 형태, 재료, 무게 등이 포함되며 제품 사용의 편리성과 유용성도 제고되어야 한다. 최근 들어 디자인의 중요성이 더욱 부각되고 있는데, 소비자의 편리성을 높인 디자인을 가진 제품의 성공확률은 더욱 높아진다고 할 수 있다.

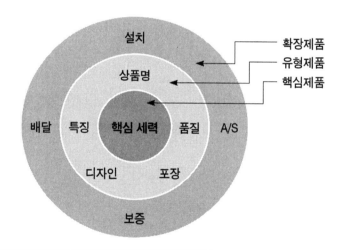

그림 5-2. 제품의 구성 차원

※자료 : Plilip Kotler and Gray Armstrong(1999). Principles of Marketing. 8th ed. p,237.

(3) 상 표

상표란 특정 판매업자의 제품이나 서비스를 다른 판매업자들로부터 식별하고 차별화시키기 위하여 사용되는 명칭, 말, 상징, 기호, 디자인, 로고와 이들의 결합체라고 정의할 수 있다. 또한 상표의 개념으로는 상표명, 상표마크, 등록상표 등이 있다.

상표명이란 타이틀리스트, 캘러웨이 등과 같이 상표 중에 말로 발음하고 나타낼 수 있는 문자, 단어, 숫자부분 또는 퓨마, 나이키의 그림과 같이 독특한 색상이나 문자와 같이 인식은 되지만 말로 표현할 수 없는 부분을 말한다. 등록상표는 그 상표의 독점적 사용이 법적으로 보장되어 보호받을 수 있는 상표를 의미한다.

(4) 포 장
일반적인 포장의 기능에는 제품의 소비가 완료될 때까지 내용물을 보호하는 보호기능과 보관기능, 사용의 편리성을 높여주는 기능, 촉진기능 그리고 제품폐기를 용이하게 해주는 기능 등이 있다. 이렇게 기능은 여러 가지 기능을 가지고 있지만 최근에는 포장이 마케팅수단으로서 수행하는 기능이 날이 갈수록 중시되고 있는 경향을 보이고 있다.

2) 주관적 스포츠제품의 구성요소

눈에 보이는 스포츠제품을 제외하고는 대부분의 스포츠제품의 속성은 추상적이면서 소비자에 따라 달라지는 주관적인 성격을 내포하고 있다.

(1) 스포츠제품의 효과
참여스포츠에서 스포츠센터의 시설, 지도자, 프로그램, 홍보, 위치 등과 관람스포츠에서 프로야구경기의 일정, 경기장, 선수 등은 모두 하나의 스포츠제품으로 볼 수 있다. 제품의 효과는 촉진활동을 할 때 중요한 요인이 된다. 스포츠에 참여하면서 고객들이 받는 혜택은 스포츠제품의 중요한 효과이다. 스포츠제품의 효과에는 다음과 같은 것들이 있다(김용만, 2002).
- ▶ 스트레스를 푼다.
- ▶ 사람들과의 접촉을 통해서 인간관계를 개선한다.
- ▶ 운동을 통해서 건강을 유지 및 증진시킨다.
- ▶ 성취감을 만끽한다.
- ▶ 스포츠기술을 습득한다.
- ▶ 여가선용을 한다.

▶ 스포츠경기를 관람하면서 대리만족을 느낀다.

(2) 스포츠제품의 이미지

스포츠제품과 같은 주관적인 성격은 스포츠에 대한 전반적인 이미지를 의미한다. 즉, 이미지는 스포츠에 참가 내지 관람하는 소비자의 태도와 신념 및 감정이 통합되어 형성된다. 따라서 스포츠제품의 생산자는 처음부터 소비자에게 좋은 인식을 심어주도록 노력해야 한다.

스포츠마케팅 분야에서는 제품이미지(product image), 상표이미지(brand image), 기업이미지(corporate image)가 있다(엄정호, 1999). 제품이미지는 눈에 보이는 특정 스포츠제품에 대한 상표, 포장, 가격 등을 의미한다. 상표이미지는 제품에 대한 스포츠소비자들의 생각이나 느낌이다. 기업이미지는 소비자들이 갖는 기업에 대한 이미지로 설명할 수 있다.

3 스포츠 제품믹스 전략

기업은 변화하는 환경에 적극적으로 대처하기 위해서 최적의 제품믹스를 실행함으로써 성공적인 마케팅전략을 수립할 수 있다. 스포츠 제품믹스의 전략은 크게 제품계열 확대전략과 제품계열 축소전략으로 구분된다. 따라서 여기에서는 제품믹스의 정확한 개념과 믹스전략에 대해 알아본다.

1) 스포츠 제품믹스의 개념

제품믹스(product mix)란 한 기업이 생산·공급하고 있는 제품계열 및 제품품목을 말한다. 제품계열(product line)이란 기업이 제조·판매하는 하나의 제품군으로서 고객의 욕구나 용도, 판매경로, 가격범위, 기능, 원재료, 제조공정 등이 서로 유사하여 밀접하게 관련되어 있는 제품들을 의미한다. 이러한 제품계열의 조합이 바로 제품믹스가 된다. 그리고 제품품목(product item)이란 규격이나 가격, 외양 등의 속성이 서로 다른 각각의 제품단위를 뜻한다.

기업의 제품믹스는 그 제품의 구성에 있어서 너비(width), 깊이(depth), 길이(length)와 일관성(consistency) 등 4가지 차원의 개념으로 구분할 수 있다.

먼저 제품믹스의 너비(width)란 기업이 현재 취급하고 있는 제품계열의 수를 의미한다. 제품계열은 제품의 용도, 생산공정, 표적시장, 유통경로 등이 유사하여 서로 밀접한 관련을 맺고 있는 제품집단을 의미한다. 제품믹스의 길이(length)는 제품믹스를 구성하고 있는 전체 제품수 또는 각 제품계열의 평균 제품수를 말한다. 제품믹스의 깊이(depth)는 특정제품계열에 속해 있는 각 제품이 얼마나 다양한 품목을 갖추고 있는가를 말한다. 스포츠제품의 일관성(consistency)은 여러 제품계열이 사용자들이나 생산요소, 유통경로 등에 얼마나 밀접하게 연관되어 있는가를 의미한다.

제품믹스의 이러한 4가지 차원(너비, 길이, 깊이, 일관성)은 기업의 제품전략을 수립하기 위한 조종간이 된다. 즉, 기업은 제품계열의 확대나 축소, 제품품목의 추가나 제거 및 제품계열의 일관성 등의 문제를 조절함으로써 제품믹스를 결정하게 된다. 특히 기업은 제품계열의 일관성을 유지함으로써 특정 분야에서의 인지도를 확보할 수 있게 된다. 기업은 현재의 제품믹스에 대한 평가를 토대로 기업의 목표와 자원뿐만 아니라 변화하는 환경에 최적의 제품믹스를 결정해야 한다.

이상의 제품믹스를 스포츠 상황을 예로 들면 다음과 같다(김용만, 2002; 안광호, 하용원과 박흥수, 2000).

▶ 너비(width) : 기업이 생산하고 있는 제품계열의 수를 나타낸다. 예를 들면 프로스포츠계열, 아마스포츠계열로 분류할 수 있다.

▶ 길이(length) : 제품믹스 내에 있는 전체 제품품목의 수를 의미한다. 프로축구, 프로야구와 프로농구 등을 들 수 있다.

▶ 깊이(depth) : 제품계열 내의 각 제품품목에 상이한 것들이 얼마나 많이 포함되어 있는가를 의미한다. 각 구단의 소속 선수들을 예로 들 수 있는데, 선수 개인은 스포츠제품을 구성하는 최소 단위이자 가장 중요한 핵심제품이다.

▶ 일관성(consistency) : 제품계열들이 그 용도가 서로 얼마나 밀접하게 연관되어 있는가 하는 것을 의미한다. 아마스포츠에서의 유능한 선수들이 프로스포츠로 이동하는 경우가 이에 속한다.

2) 스포츠 제품믹스의 전략

기업은 제품믹스를 통해 제품전략을 구사할 수 있는데, 이러한 제품전략을 수행하기 전에 제품계열별 이익 등을 분석해야 한다.

(1) 제품계열 확대전략

제품계열을 확대하는 전략은 크게 세 가지 방향으로 이루어질 수 있다. 기존의 제품계열의 위치를 기준으로 하여 하향(downward stretch), 상향(upward stretch), 그리고 양면(two-way stretch)의 방향으로 확장이 이루어질 수 있다.

첫째, 하향확대전략은 고급품을 생산하던 기업이 품질과 가격면에서 다소 떨어지는 제품 생산으로 확대해나가는 전략이다. 기업들이 하향확대전략을 구사하는 이유는 다음과 같다.

▶ 기업이 취급하고 있는 고급제품이 공격을 받게 되어 보다 낮은 수준의 제품을 추가시켜 이에 대응 공격하고자 할 경우

▶ 취급하고 있는 고급제품의 성장률이 저조할 경우

▶ 고품질의 이미지를 확립한 후 이를 보다 낮은 수준의 제품에 적용하여 확산시키고자 하는 경우

▶ 새로운 경쟁업자가 나타날 우려가 있는 낮은 수준의 제품시장을 사전에 막기 위해 저급품을 추가시키는 경우

둘째, 상향확대전략은 하향확대전략과는 반대로 저품질·저가격제품을 생산해오던 기업이 고품질·고가격의 제품을 추가시키는 전략이다. 상향확대전략을 통해 기업은 높은 성장률과 높은 마진 그리고 풀라인 기업으로서의 포지션 등 이점을 기대할 수 있다. 그러나 기업은 기존의 고급제품을 취급하는 경쟁업자의 공격을 피할 수 없다. 뿐만 아니라 소비자는 저급품을 생산해 오던 기업이 상향확대전략으로 생산해 낸 제품의 품질을 신뢰하기 어렵고 판매부서나 유통업자들의 고급시장에 대한 마케팅 능력이 부족하여 위험스러운 전략이라고 할 수 있다(김소영 등, 2007).

셋째, 양면확대전략은 중품질·중가격제품을 생산하는 기업이 고품질·고가격제품과 저품질·저가격제품을 모두 생산해내는 전략이다.

(2) 제품계열 축소전략

마케터는 특정 제품계열 내의 품목들을 정기적으로 검토함으로써 이익에 기여하지 못하는 품목들을 과감히 제거해야 한다. 물론 이런 제품계열의 축소는 특정품목에 대한 철저한 매출액과 비용분석의 결과로 이루어져야 한다. 또한 기업의 생산능력이 부족할 때와 제품계열의 확대전략이 실패하여 보다 합리적인 경영을 해야 하는 경우에 이루어진다.

특정 제품계열의 매출이 부진하거나 특정 제품계열의 시장이 축소된 경우, 또 경쟁이 치열해진 경우 기업은 특정 제품계열을 축소 및 철수를 고려해야 한다. 제품계열을 축소하는 과정은 다음과 같은 순서로 진행된다.

- ▶ 먼저 품질의 개선을 도모하고 생산원가의 절감이나 판매고의 확대를 꾀한다.
- ▶ 제품수명주기상의 쇠퇴기에 있는 상품에 대해서는 이익률 확대를 도모하면서 점차로 폐기시키는 방향으로 가져간다.
- ▶ 자가제조를 중지하고 점차 외주로 전환하여 비용절감을 노린다.
- ▶ 이상의 효과를 기대해도 효과가 없을 경우에는 제조·판매를 중지하고 그 품목을 정리·제거한다.

4 스포츠 신제품개발

신제품이 시장에서 성공하기란 매우 어렵다. 따라서 기업은 신제품 개발전략에 신중을 기해야 한다. 즉, 끊임없이 변화하는 스포츠소비자들의 기호와 욕구를 충족시키기 위해서는 신제품 및 서비스 개발은 계속되어져야 한다. 체계적이고 과학적인 신제품 개발과정을 통할 때 신제품의 성공확률을 높힐 수 있으며 기업의 이미지 제고와 성장에 결정적으로 도움을 준다. 여기에서는 신제품개발의 의의와 과정에 대해서 살펴보기로 한다.

1) 신제품개발의 의의

스포츠소비자들의 다양한 욕구를 충족시키기 위해서는 기업들이 제품차별화(product differentiation)전략을 가지고 신제품을 개발해야 한다. 또한 상황에 따라서는 기존의 스포츠제품에 대한 소비자 선호도를 획기적으로 제고시키기 위해서 신제품을 개발하기도 한다. 신제품은 시초제품, 혁신제품, 수정제품, 신상표 등의 유형이 있는데, 시초제품은 핵심기능을 최초로 제공하는 제품을 의미하며, 혁신제품은 핵심기능이 혁신적으로 변화된 제품을 의미한다. 수정제품은 핵심기능이 부수적 기능으로 수정된 제품이며, 신상표는 똑같은 기능의 제품을 상표와 포장만 바꾼 제품이다. 신제품이 시장에서 성공하기란 매우 어렵기 때문에 기업의 입장에서 신제품개발전략은 소비시장 전반에 대한 철저한 사전 조사·분석이 선행되어야 한다.

2) 신제품 개발과정

신제품의 개발과정이 체계적이고 계획적일 때 기업의 신제품은 성공할 수 있으며, 더불어 기업의 성장과 성공에도 유의한 영향을 미친다고 할 수 있다. 일반적으로 신제품의 개발과정은 그림 5-3에서 보는바와 같이 아이디어 창출, 아이디어 선별, 제품 컨셉의 개발 및 테스트, 사업성 분석, 제품개발, 시장테스트, 상품화 등 7단계로 구성되어 있다.

(1) 아이디어 창출

어떠한 제품이건 누구 한 사람의 순간적인 생각에 의해서 만들어지기는 어렵다. 따라서 여러 가지 형태의 방법으로 제품을 구상할 수 있는데, 결국 스포츠기획자나 스포츠마케터의 아이디어 발상에서부터 출발한다고 할 수 있다.

신상품 관련 아이디어는 기업의 내부나 외부의 여러 가지 정보원으로부터 얻을 수 있다.

기업 내적 정보원으로는 경영자, 종업원, 연구개발원, 마케팅관리자, 판매원 등이 있다. 방법으로는 브레인스토밍(brainstorming)기법이나 KJ(Kawakita Jiro)법(친화도법) 그리고 TKJ(Trump Kawakita Jiro)법 등을 활용하거나 경쟁사를 찾아가 새로운 아이디어를 찾아내기도 한다. 종업원은 고객과 직접적인 접촉을 하기 때문에 고객의 필요와 욕구를 잘 이해하고 있어 좋은 아이디어를 창출할 수 있으며(김 봉, 2009), 새로운 연구개발을 통해 새롭고 참신한 아이디어를 찾아낼 수 있을 것이다.

기업의 외부정보원으로는 고객, 경쟁사, 유통경로, 마케팅조사기관, 대학, 전문연구기관 등이 있다. 이 중에 실제로 제품을 구매하고 사용하는 소비자가 가장 중요하고 직접적인 정보원이라 할 수 있다.

(2) 아이디어 심사

아이디어 심사는 신제품개발의 두 번째 단계로, 아이디어 창출단계에서 제시된 아이디어 중 필요한 아이디어를 찾기 위해 심사하는 단계를 말한다. 왜냐하면 선별과정 없이 아이디어를 창출하게 되면 그 수가 많아져서 모두 실행할 수 없기 때문이다. 그러나 이 단계에서 탈

표 5-1. 신제품 아이디어 평가점검표

평가기준	중요도	평가 가치
목표고객에 주는 편익 경쟁제품과의 차이 생산의 경제성 마케팅의 경제성 회사 이미지와 일관성 회사 임직원의 능력 회사 임직원의 시간적 여유 과다한 자금지출 필요 여부 환경문제의 여부		
종합적인 평가가치		

평가척도

매우 빈약하다   빈약하다   그저 그렇다   우수하다   매우 우수하다

※ 자료 : Dale L. Varbel(1972). "Social and Environmental Consideration in New Product Development," Journal of Marketing, No. 4. p.12-13에서 편집됨.

락오류와 채택오류 등 두 가지 오류를 주의해야 한다. 탈락오류는 신제품을 성공적으로 이끌지도 모를 좋은 아이디어를 기각하는 오류를 말하고, 채택오류는 좋지 못한 아이디어를 선택하는 오류를 말한다.

이러한 오류를 방지하기 위해서는 최초 신제품 아이디어 평가팀을 구성할 때 가급적 다양한 계층의 참가자들로 구성해야 하며, 비교적 최고경영자 층에 속하는 구성원은 평가회의 조기참여를 자제하고 차후에 참여토록 방향을 제시하며(채서일, 2003), 일단 기각된 아이디어라도 다시 평가해 볼 필요가 있다. 또한 표 5-1처럼 신상품 아이디어에 대한 체크리스트를 작성해서 점수화하여 평가해야 한다.

결국 기업에서 자사의 제품개발에 가장 필요한 아이디어를 선별하는 작업을 할 때에는 다음과 같은 선별작업이 이루어져야 한다.

첫째, 신상품 아이디어가 자사의 경영목표나 전략에 부합되는가?

둘째, 성공적으로 유도할 자사의 축적된 인재와 설비 및 자원은 충분한가?

셋째, 기존상품 라인의 이미지와 적합한가?

넷째, 경쟁사에 대한 비교우위를 확보할 수 있는가?

다섯째, 시장에 잠재고객이 존재하는가?

(3) 아이디어컨셉의 개발 및 테스트

선별작업을 통해서 채택된 아이디어들은 제품컨셉으로 개발된다. 아이디어컨셉이란 채택된 아이디어가 소비자에게 이미 존재하는 컨셉으로 전달되도록 전환시키는 단계이다. 즉 아이디어를 세부적인 제품개념으로 연결시키는 과업으로, 소비자에게 제품에 대한 전체적 그림을 제시하는 것이다(김성용, 2006). 따라서 이 단계에서는 아이디어를 몇 가지 컨셉으로 전환해서 각각의 상품이 고객에게 어느 정도 매력적인지 테스트를 하고, 그중에서 최고 상품을 선택해야 한다.

(4) 사업성 분석

아이디어컨셉이 개발되고 테스트가 끝난 후, 매출액이나 비용 그리고 이익의 추정치를 검토하여 기업목표에 적합한지 여부를 판단하고 사업성 분석을 실시해야 한다. 사업성 분석을 통해 양호한 것으로 판단되면 제품개발을 하게 된다. 신제품이 개발되어 시장에 유통되었으나 실정에 맞지 않거나 타사 제품에 가로막히는 결과가 나타나면 기업에 엄청난 피해를 가져올 수 있기 때문에 철저한 사업성 분석 및 평가가 필요하다.

(5) 제품개발

제품개발 단계에서는 사업성 분석 단계에서 신제품 개발에 대한 사업성이 있다고 판단된 제품을 실제 제품으로 개발하는 단계이다. 이 단계에서 비용이 가장 많이 들며 개발까지 소요되는 기간이 짧게는 수일에서 길게는 수년이 걸린다. 일반적으로 스포츠용품은 완제품을 개발하기 전에 시제품을 개발, 직접적으로 관련이 깊은 전문가나 소비자에게 의견을 청취하는 과정을 거치게 된다. 개발될 제품이 제품컨셉의 주요특징을 가지고 있는지, 정상적으로 안전하게 사용할 수 있는지, 예산과 적합한지 등과 같은 기준을 충족시키는 제품을 개발해야 한다.

(6) 시장테스트

제품개발이 끝나면 신제품을 표적화된 세분시장에서 소비자의 반응을 테스트 받게 된다. 시장테스트 단계에서 기업은 제품의 가격이나 상표명, 광고예산, 광고메세지 등의 전반적인 마케팅 프로그램을 시험할 수도 있다. 시험시장의 결과를 기초로 해서 이 제품은 전역으로 출시되거나 혹은 마케팅 프로그램의 수정을 위해 제품개발단계로 다시 되돌려진다(신지용, 2005).

이 단계를 실시하는 이유는 실제 고객의 피드백을 받아 상품의 세부사항에 대한 수정을 하고 실패 위험성을 최소화하기 위해서다.

(7) 상 품 화

지금까지의 단계를 거친 신제품은 본격적으로 시장에서 유통된다. 일단 시장에 출시된 다음에는 지금까지 거쳐 온 단계보다 많은 비용이 소요된다. 또한 제품의 상품화 단계에서 주의해야 할 점은 신제품의 출시시기, 신제품의 출시지역의 선정, 표적시장의 침투방법 등이다.

1단계 - 아이디어 창출

고객, R&D부서, 경쟁자, Focus groups (표적집단, 전문가 모니터집단), 종업원, 무역박람회 및 전시회에서 아이디어 탐색

2단계 - 아이디어 심사

불건전한 아이디어 배제, 주요 의제=목표시장이 제품으로부터 얻는 혜택, 제품생산의 기술적 타당성, 제품의 수익성

3단계 - 제품 컨셉트의 개발 및 테스트

마케팅 및 기술 측면의 상세도 개발(목표시장, 제품이 주는 혜택, 제품에 대한 소비자 반응, 제품생산방법, 제품생산비용)

4단계 - 사업성 분석

예상판매가격 추정, 판매량 추정, 수익 및 손익분기점 추정

5단계 - 제품개발

시제품 생산, 통상적인 사용환경에서의 제품시험, 조정, 시험시장 지역에서의 판매 및 소비자 수용 여부 탐색

6단계 - 시장테스트

신 프로그램 작동, 필요자원 추정, 엔지니어링 계획, 부서별 작업할당, 공급자 연계, 프로그램 검토 및 재정비, 비상 시의 대비 준비 및 계획

7단계 - 상품화

제품 시장진출(런칭), 마케팅전략 검토 및 사업계획 분석

그림 5-3. 신제품 개발과정

※자료 : 박기안 외(2006). 마케팅. p.223에서 편집됨.

5 스포츠제품의 수명주기

대부분의 신제품은 처음부터 충분한 이익을 가져다주지는 못한다. 소비자들이 제품에 대한 정보를 찾는 반면에 마케팅관리자들은 제품의 약점을 발견하는 데 온 힘을 쏟는다. 제품수정의 필요성이 있으면 빨리 수정해야만 그 제품이 갑자기 시장에서 도태되는 것을 방지할 수 있다. 제품수명주기는 제품이 신제품으로서 시장에 도입된 후 성장하다가 점점 사양제품이 되어 시장에서 도태되기까지의 시간적인 과정을 의미한다. 이 개념은 도입기, 성장기, 성숙기, 그리고 쇠퇴기에 걸친 제품의 매출액과 이익을 나타내지만, 제품의 계층, 형태 등에 따라 많이 달라질 수 있다. 따라서 여기에서는 제품의 수명주기를 각 과정별로 구분하고 알아보겠다.

1) 도입기

도입기는 새로 개발된 제품과 서비스 등이 시장에 처음 출시되는 시기를 말한다. 이 시기에는 제품의 다양화와 경로 다각화의 필요성이 높지 않으나 촉진에는 많은 지출을 필요로 한다. 왜냐하면 소비자들이 상품에 대해 충분히 알지 못하므로 소비자들로 하여금 제품의 사용을 유도하기 위한 홍보 및 촉진활동, 유통기관의 확보 등이 필요하기 때문이다.

도입기가 갖는 특징 중의 하나는 경쟁자가 많지 않다는 것이다. 그러나 이 경우 특허권이나 법률적 권리가 거의 보호되지 않기 때문에 경쟁사들에 의한 복제나 모방이 쉽고 빠르게 생겨난다. 그러므로 신제품 및 서비스의 도입기는 가능한 짧게 이루어져야 한다.

결과적으로 이 단계에서는 경쟁사는 거의 없으나 시장(고객 및 유통망)이 제대로 확보되어 있지 않아 큰 위험을 수반하게 된다. 즉, 이 시기에는 신제품개발을 통하여 고객을 창출하고 시장을 개척하되 가급적 신제품 개발기간을 최대한 단축, 시장에 출시하여 제품에 대한 대체품의 출현 위험을 방지해야 한다.

2) 성장기

이 단계에서는 도입단계에서 수행한 촉진활동의 결과로 판매곡선과 이익곡선이 급격히 상승한다. 이 단계는 이미 제품이 소비자에게 많이 알려지고 어느 정도 유통망이 확보된 상태이며, 경쟁사의 진입으로 전체시장의 크기가 급속하게 늘어나므로 경쟁에서 유리한 지위를 차지하게 된다. 그러나 아직까지는 시장 점유상태가 미약하기 때문에 선발기업으로서의 우위성을 상실할 우려가 있는 반면에 총매출액은 늘어나게 된다. 따라서 이 시기에는 기업들이 보다 더 본질적인 경쟁우위를 확보할 수 있는 구체적인 차별화 전략이 필요한 단계이다.

3) 성숙기

성숙기는 성장기에 진입한 많은 경쟁사들로 인해서 잠재적으로 그 제품을 사용할 의향이 있었던 소비자들은 대부분 제품을 수용한 상태이다. 따라서 기업의 매출액은 높은 상태이지만 제품판매 성장률은 점차 감소하고 어느 시점에 이르러서는 수요의 정체 또는 감소상태가 된다.

이 시기에는 신제품에 대한 유사기업 간 경쟁이 최고조에 이르게 된다. 따라서 성숙기 단계에서 취약한 경영구조를 갖고 있는 기업들은 시장에서 퇴출되며, 고객들 역시 기업 간 차별화 요인들을 발견하기가 쉽지 않기 때문에 기업은 판매량과 시장점유율의 증가에 노력을 더욱 집중해야 한다. 이를 위해 시장 조정, 제품 수정, 마케팅믹스의 수정 등을 고려할 필요가 있다.

4) 쇠퇴기

기술혁신, 소비자취향의 변화, 경쟁심화 등으로 수요가 감퇴하고 그에 따라 매출액과 이익도 급격하게 감소하는 시기를 말한다. 이 단계에서는 다수의 기업이 경쟁에서 탈락하게 되며, 남아있는 기업은 더욱 전문화하여 후반에 다시 이익을 상승시킬 수도 있다.

쇠퇴기전략의 방안으로는 철수전략과 잔존전략이 있다. 철수전략을 시행하려면 먼저 철수장벽의 정도, 자사의 시장점유율, 가격, 원가, 이익, 비용 등을 분석하여 단기간 내에 최대한의 이익을 창출한 다음 시장에서 철수하여야 한다. 반면, 잔존하기로 결정한 기업은 비용을 최소한도로 줄이는 방향으로 활동해야 한다.

따라서 기업은 매출액, 시장점유율, 비용, 이익 등의 추세를 정기적으로 검토·분석하여 그 제품이 쇠퇴기에 있는지의 여부를 확인해야 하며, 특정제품을 철수할 때에는 신중하게 판단해야 한다.

결론적으로 제품수명주기는 기업의 마케팅전략 계획수립에 유용한 도구임에는 틀림없으나, 이러한 개념을 실무기업에 적용하는 데에는 많은 주의가 요구된다.

표 5-2. 제품수명주기별 특성 및 전략

수명주기	특성	전략
도입기	▸경쟁자들이 거의 없다. ▸마진폭이 작다. ▸현금유입보다는 현금유출이 크다. ▸시장세분화가 잘 이루어지지 않는다.	▸서비스설계에 고객을 참여시킨다. ▸초기채택자들을 규명한다. ▸초기채택자들로부터 서비스이용에 대한 의견을 모니터링한다. ▸시장도입에 따른 판촉활동을 강화한다. ▸긍정적인 구전 커뮤니케티이션기법을 활성화한다.
성장기	▸해당기업이 빠르게 성장한다. ▸현금흐름이 플러스가 된다. ▸수익성이 높아진다. ▸많은 기업들의 시장진입이 이루어진다. ▸경쟁이 치열해진다. ▸뚜렷한 시장세분화가 이루어진다.	▸경쟁우위요소를 개발한다. ▸브랜드선호도를 제고시킬 수 있는 방법을 모색한다. ▸고객애호도를 유발시켜 이들의 재구매율을 높이는 방안을 모색한다.
성숙기	▸해당기업의 매출이 제자리걸음을 하게 된다. ▸경쟁은 보다 치열해진다. ▸경영구조가 취약한 기업은 시장에서 퇴출된다. ▸시장세분화가 보다 뚜렷해진다. ▸브랜드선호가 비슷하게 된다.	▸영업비용을 줄여야 한다. ▸서비스품질을 제고시켜야 한다. ▸특정세분시장에 집중한다. ▸광고를 강화한다. ▸경쟁사들의 판매촉진에 대응한다. ▸경쟁우위요소들을 개발한다.
쇠퇴기	▸매출하강곡선을 그린다. ▸경쟁이 둔화된다. ▸현금흐름도 낮아진다. ▸이익이 줄어든다.	▸철수하라. ▸가지를 쳐라. ▸긴축하라. ▸재활시켜라.

※ 자료 : 김봉(2009), 관광마케팅, pp.181-185에서 편집됨.

5) 그밖의 제품수명주기 형태

제품수명주기의 형태는 그림 5-4에서와 같은 전형적인 제품수명주기로 S자형을 가진다. 이밖에도 제품은 그 특성에 따라 수명주기의 형태가 다양하게 나타난다(이동휘 외, 2004). 그림 5-5에서 보는 바와 같이 일시적인 유행상품은 짧은 시간 내에 소비자에 의해 급속하게 수용되었다가 매우 빨리 쇠퇴하는 형태의 수명주기를 가지며, 장수상품은 출시된 후 오랜기간 동안 많은 소비자들에 의해 지속적으로 구매되는 형태의 수명주기를 가진다. 순환적 상품은 계절에 따라 매출의 증가와 감소가 반복되는 수명주기형태를 가지며, 스타일의 수명주기곡선은 한 스타일이 출현하면 한 때 유행하였다가 일정기간이 지나면 다시 유행하는 형태로 오랜기간 지속되는 모양을 보인다. 연속성장형의 수명주기곡선은 새로운 제품 특성이나 용도, 사용자 등을 발견함으로써 매출성장이 연속적으로 이어진다.

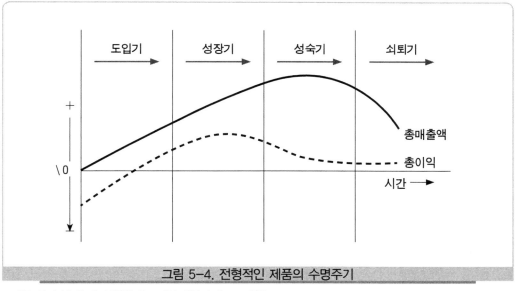

그림 5-4. 전형적인 제품의 수명주기

※자료 : E. J. McCarthy(1982), Essential of Marketing. p.220.

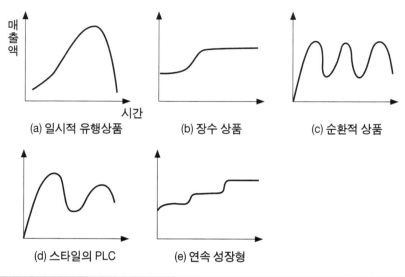

(a) 일시적 유행상품   (b) 장수 상품   (c) 순환적 상품

(d) 스타일의 PLC   (e) 연속 성장형

그림 5-5. 제품수명주기의 형태

※자료 : 이동휘 외(2004). 마케팅산책. p.160에서 편집됨.

연구문제

1. 제품믹스를 스포츠 상황을 예로 들어 설명해 보자.
2. 제품믹스전략을 구분하고, 전략에 따른 장·단점을 설명해 보자.
3. 기업이 지속적으로 신제품을 개발해야 하는 목적을 설명해 보자.
4. 신제품 도입기의 마케팅전략을 알아보자.
5. 신제품의 개발을 위한 아이디어 창출기법을 검토해 보자.
6. 최근 들어 제품수명주기가 짧아지게 된 배경과 이에 대한 대응방안으로는 무엇이 있는지 설명해 보자.

6

스포츠와 가격

스포츠시장에서 제품이 개발되면 소비자들에게 만족할만한 가격을 책정해야 한다. 소비자들이 교환의 대가로 지불해야 하는 가격은 제품이나 서비스의 내용만큼이나 민감하면서도 관심이 크다. 따라서 가격을 결정할 때는 내·외부적인 환경요인을 잘 파악해야 한다. 본 장에서는 가격의 기본개념과 가격결정의 중요성 그리고 가격결정에 영향을 미치는 요인 및 가격결정 방법을 알아본다. 또한 결정된 가격의 기준을 바탕으로 마케팅전략에 필요한 가격조정과 그에 따른 대응전략에 대해서 알아본다.

1 가격의 개념과 중요성

가격은 모든 제품이나 서비스를 사용하는 대가로 지불해야 하는 금전적 가치를 의미한다. 이러한 가격은 쉽게 변경될 수 있고, 시장상황에서 가장 효과적인 도구이며, 눈에 가장 잘 띄는 변수 중 하나이다. 즉, 마케팅 믹스 중 가장 경쟁에 민감한 요소이며 경쟁기업에 대해 기업이 순발력있게 대응할 수 있는 중요한 경쟁우위의 원천 중 하나이다. 따라서 가격이 가지고 있는 의미와 특성을 분석해야만 마케팅전략의 효과를 최대로 끌어올릴 수 있을 것이다.

1) 가격의 개념

소비자의 소비행동조사 등 여러 과정을 통해 신제품이 개발되면 유통을 위한 첫 단계가 바로 적절한 가격산정이다.

소비자들은 원하는 제품이나 서비스를 구매하고 사용하기 위해서는 그에 대한 적절한 대가를 지불해야 한다. 기업들이 생산하여 제공하는 제품과 서비스는 물론이고 정부나 대학 등의 비영리조직의 서비스를 이용할 때에도 직·간접적으로 대가를 지불하게 되는데, 이것 역시 가격에 해당한다(신지용, 2005). 예를 들어 프로스포츠를 관람하기 위해 구입하는 입장권이나 스포츠센터에서 운동지도를 받을 때 드는 비용 등이 바로 가격이다.

가격은 학자들의 견해에 따라 약간의 차이는 있을지 모르나 그 속에 내포하고 있는 의미의 맥락은 같다고 볼 수 있다. 가격(price)의 사전적 의미는 물건이 지니고 있는 가치를 돈과 같은 화폐단위로 표시한 것으로서 상품의 교환가치를 뜻한다. 가격에 대한 여러 학자들의 정의를 살펴보면 Yuan Zhongfang(2000)은 "고객이 서비스의 가치·품질 등을 인지하기 전에 가장 먼저 고객의 구매행동에 영향을 미치는 마케팅 요소"라고 하였고, Kotler와 Armstrong(2003)은 "소유하거나 사용하게 된 제품이나 서비스가 제공하는 이점과 혜택을 교환하는 댓가로, 소비자가 지불하는 가치의 총합"이라고 하였다.

신혜숙(2004)은 상품을 구매하기 위해 고객이 투입하는 금전적, 심리적, 시간적 비용, 유필화(2004)는 소비자의 구매의사 결정과정에 가장 큰 영향을 미치는 마케팅 믹스 변수라고 하였다.

채서일(2003)은 "소비자가 필요와 욕구의 충족을 위해 제품을 구입하려 할 때에는 그에 상응하는 대가를 지불하는데, 이러한 금전적 대가"가 기업이 제시한 가격이라고 하였다. 그러므로 가격은 제품의 교환가치로 볼 수 있으며, 보다 구체적으로는 구매자들이 특정제품을 구매함으로써 얻게 되는 효용에 부여된 가치라고 할 수 있다. 또한 박세혁 외(2004)는 가격은 "마케팅효과를 위해 경우에 따라서 쉽게 조정될 수 있는 가변적인 특징을 가지고 있는 마케팅믹스 중의 하나"이고, 또한 교환될 물건이나 서비스를 결정하며, 그것의 가치와 관련된 모든 사항들을 고려하고, 원가, 수요, 전달방법, 이윤, 그리고 경쟁자(사)의 가격 등을 고려해야 한다고 하였다.

이상을 종합해보면 가격이란 "소비자가 필요와 욕구를 충족시키기 위해 스포츠제품이 지니고 있는 교환가치를 화폐로써 나타낸 것"이라고 정의할 수 있다.

시장수요는 기업이 제품가격을 어떻게 책정하느냐에 따라 변화한다. 수요란 특정 제품에 대한 욕구를 가진 소비자들 중 현실적으로 이를 구매할 의사와 능력이 있는 집단을 의미하기 때문에 기업이 가격을 어느 수준으로 책정하는가에 따라 소비자들의 구매가능 규모가 달라질 수 있다(채서일, 2003; 신지용, 2005). 이러한 상황에서 가격변화에 따른 수요의 변화 정

골프연습장 가격표

도는 제품의 질이나 시장상황에 따라 각각 다를 수 있다. 따라서 기업입장에서 효과적인 가격책정을 위해서는 자사제품에 대한 수요탄력성을 세밀하게 파악해야 한다.

2) 가격결정의 중요성

다른 마케팅변수들에 비해 가격은 기업의 수익과 이익의 실현에 결정적 역할을 하며, 구매자가 제품을 선택할 때 매우 중요한 결정요인으로 작용한다.

후기 산업사회에서의 제품 및 서비스의 경쟁력은 무엇보다도 철저한 차별화이다. 때문에 가격의 중요성이 과거에 비해 상대적으로 떨어지게 되었지만, 아직도 소비자의 제품선택 행위에서 가격은 중요한 요인임에 틀림없다. 또한 가격은 시장점유율이나 수익률과 같은 기업의 마케팅목표를 달성하는 데 있어서 가장 중요한 요소 중의 하나로 작용하고 있다.

가격은 경쟁에 가장 민감한 특성을 가지고 있는 마케팅믹스 중 하나이기 때문에 기업의 이윤창출과 매출신장에 즉각적인 변화가 나타난다. 따라서 가격은 가장 강력한 경쟁도구로서의 사용이 가능하지만 경쟁기업의 즉각적인 모방이 가능하다는 단점을 가지고 있다.

가격은 기업뿐만 아니라 소비자, 정부 등의 의사결정에도 다음과 같은 중요한 영향을 미친다(김소영 외, 2007).

첫째, 기업 측면에서 볼 때 가격은 이익의 원천이 되며 전략적 수단이 된다. 기업이 가격을 어떻게 정하느냐에 따라 기업의 매출액과 총수익에 결정적인 영향을 미치게 된다. 또 제품이나 유통 등을 이용한 전략은 상대적으로 시간이 오래 걸리는 반면, 가격전략은 경쟁기업의 전략에 대해 즉각적으로 대처할 수 있다. 따라서 가격전략은 매우 탄력적인 마케팅전략 수단이다.

그러나 이런 가격전략은 경쟁기업 역시 가격전략에 즉각적으로 대처할 수 있으므로, 가격전략으로 지속적인 경쟁우위를 확보하기란 쉽지 않다.

둘째, 가격은 소비자의 제품선택에 중요한 역할을 한다. 소비자는 자급자족보다는 교환, 즉 구매를 통해 생활을 영위하기 때문에 제품가격은 소비자가 구매하는 제품의 질과 양에 직접적인 영향을 미친다.

셋째, 기업은 원료, 부품, 설비, 임금 등의 원가에 따라 제품가격을 결정하게 된다. 따라서

매출액 증대나 비용의 절감을 실현하지 못한 상황에서 원가가 상승하면 가격을 높이려고 할 것이다. 최근 원화강세로 수출에 의한 매출액이 하락되자 자동차 회사를 중심으로 수출되는 자동차 가격을 높이려는 움직임이 불고 있는 것도 이 때문이다.

마지막으로 가격은 국민경제 측면에서 볼 때 자원배분의 기능을 갖는다. 그래서 정부는 경제정책을 통해 사치품에 대해서는 높은 세금을 부과하여 가격을 높이는 반면, 생활필수품 등에 대해서는 지나친 가격상승을 억제한다.

가격은 다음과 같은 여러 가지 결정요인에 의해 영향을 받게 된다. 따라서 마케터는 이런 요인들을 모두 고려하여 가격을 결정해야 한다.

2 가격결정요인

제품이 수명주기상에서 성장기, 성숙기로 접어들면 시장에서의 경쟁이 치열해지는데, 이때 가격은 가장 강력한 경쟁수단이 된다. 따라서 가격전략은 시장의 환경에 맞게 자사의 마케팅목표에 따라 종합적으로 판단해야 한다. 또한 가격결정은 마케팅믹스의 교환잠재력을 결정짓는 중요한 요소로 인식되기 때문에 그 중요성을 검토해 볼 필요성이 있으며, 따라서 가격을 결정하는 요인은 무엇인지 살펴볼 필요가 있다.

1) 기업의 목표

기업의 가격전략은 가격을 통해서 어떠한 목표를 추구하는지가 제품가격을 결정하는 요인으로 작용하게 된다. 이 상황에서 가격목표를 독자적인 형태로 결정하는 것 보다는 또 다른 마케팅믹스 변수들과의 상관관계를 고려해서 결정하여야 하기 때문에 기업의 마케팅목표에 따라 가격목표가 정해진다.

기업의 가격목표에는 이미지제고, 고급시장점유, 시장에서 선도자 인지확보, 시장의 개척 및 확대, 신상품 확산, 시장점유율 증가, 판매실적 향상, 이윤극대화, 가격경쟁우위, 경쟁기업의 고객유치 등 여러 가지가 있는데, 목표를 어디에 설정하느냐에 따라 가격수준이 달리 조정된다. 예를 들어 가격에 대해 심각하게 고려하는 고객을 표적으로 자사의 제품을 확산하려 할 때에는 가격을 낮춰서 시장에 유통시키는 전략을 구사해야 할 것이다. 반면 나이키나 노스페이스 등 고가격·고급이미지의 용품을 고려하는 고객을 상류시장으로 한정하고, 이러한 이미지를 유지하고자 한다면 당분간 시장의 부분희생을 감수해야 고가격전략을 성공시킬 수 있을 것이다.

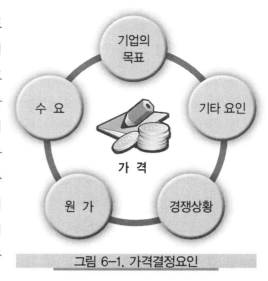

그림 6-1. 가격결정요인

2) 수 요

특정 제품에 대한 소비자들의 수요가 어느 정도냐에 따라 가격경쟁은 달라지게 된다. 또한 기업이 결정한 가격에 따라 수요 역시 민감하게 변화하게 된다. 수요란 소비자들이 제품을 구매하고자 하는 욕구로서, 일반적으로 소비자들은 제품의 가격이 낮아질수록 더 많은 양의 제품을 구매한다고 볼 수 있다.

대체로 고가격은 수요를 감소시키고 저가격은 수요를 증가시킨다. 이처럼 가격의 변화에 따른 수요 변화율을 수요의 가격탄력성이라고 한다. 따라서 수요의 가격탄력성이 어느 정도인가 하는 문제는 가격결정에 직접적으로 영향을 미칠 수 있다.

수요의 가격탄력성은 탄력적, 비탄력적, 단위탄력적의 세 가지 형태로 나눌 수 있다. 탄력적 수요란 가격탄력성의 절대값이 1보다 큰 경우로서, 약간의 가격변화에 대해 수요량이 크게 변화하는 것이다. 탄력적 수요상황에서는 가격을 인하하면 판매량이 증가하여 총수익이 늘어나고, 가격을 인상하면 반대로 판매량이 감소하여 총수익이 줄어들게 된다. 이와는 반대로 비탄력적 수요는 가격탄력성의 절대값이 1보다 작은 경우로서, 가격을 인하하면 총수익이 감소하게 되는 것이다. 단위탄력적 수요란 가격탄력성의 절대값이 1인 경우로서, 가격

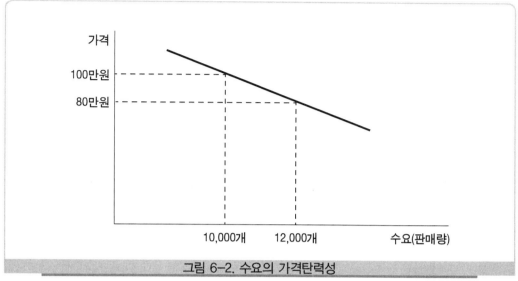

그림 6-2. 수요의 가격탄력성

※ 자료 : 김소영 외(2007), 사례중심 마케팅의 이해. p.229.

의 변화율만큼 판매율이 변화하여 총수익에는 변화가 없다.

　따라서 기업은 매출과 가격에 대한 과거 자료나 소비자를 대상으로 하는 설문과 인터뷰를 통해 자사 제품에 책정된 가격이 얼마만큼의 구매효과를 유발시킬 것인지를 확인함으로써 가격탄력성을 계산할 필요가 있다.

3) 원 가

　기업은 생산, 유통, 판매, 광고 등에 소요되는 제반비용과 투입한 노력과 위험을 고려하여 적정이익이 보장되는 가격을 결정하게 된다. 결국 기업의 원가는 가격의 하한선을 결정하게 한다. 그러나 원가는 기업의 조건 및 상황에 따라 각각 다르며, 생산비의 비중이 경쟁기업보다 큰 기업은 제품가격이 높아지거나 낮은 이익을 감수해야 할 것이다.

　원가의 유형은 고정비와 변동비의 두 가지가 있다. 고정비는 기업이 고정적으로 지불하는 비용으로 직원급여, 임대료, 금융이자, 촉진비용 등이다. 이러한 고정비는 생산 및 판매수입에 관계없이 비용이 발생한다.

　변동비는 생산에 직접 관련된 비용으로 생산수준에 따라 변화한다. 즉 제품을 만드는 데 직접적으로 사용되는 모든 비용을 말한다. 예를 들어 축구공을 만들 때 사용되는 고무, 가죽, 실 등에 쓰이는 비용이다.

결국 고정비와 변동비를 합산한 것이 총비용이다. 따라서 기업은 총비용의 절감으로 경쟁력을 확보하는 데 총력을 기울여야 한다.

4) 경쟁상황

기업은 경쟁제품의 가격과 질적 수준을 파악하고 소비자인지도 분석을 통해 자사의 가격결정의 기준을 설정해야 한다. 즉, 완전경쟁관계에 있는 기업의 가격을 준거로 가격이 결정되기 때문에 경쟁업체들의 특성과 자사의 제품가격에 대한 경쟁업체의 반응을 충분히 고려할 필요가 있다.

경쟁기업의 가격을 평가할 때에는 다음과 같은 점을 고려해야 한다(이우용 외, 2003: p.520).

첫째, 산업 내에 얼마나 많은 경쟁자가 있는가? 여기에는 대체제의 생산업자도 포함하여 분석해야 한다.

둘째, 그들의 시장점유율과 시장은 어떠한가?

셋째, 그들의 자금동원능력 및 경영능력은 어떠하며 지금까지 이 제품에 어느 정도 투자하여 왔는가?

넷째, 자사와 비교하여 그들의 원가구조는 어떠한가?

다섯째, 지금까지 어떠한 가격체제를 유지하여 왔는가?

여섯째, 소비자들은 경쟁제품에 어떠한 반응을 보이는가?

따라서 기업이나 스포츠마케터는 가격을 결정할 때에는 세심한 경쟁분석이 반드시 이루어져야 한다.

5) 기타 외부요인

가격결정은 이외에도 다른 기타 외부요인에 의해서도 영향을 받는다. 제품을 생산·판매

하는 기업은 자율적으로 가격을 정하지만 어떤 품목의 경우에는 정부의 정책이나 법적 규제 때문에 가격결정이 크게 영향을 받을 뿐만 아니라 가격이 완전히 법적 · 제도적 요인에 의해 결정될 때도 있다(채서일, 2003). 예를 들어 기업 간 유사제품에 대한 가격담합 등 부적절한 행위에 대해 정부에서 가격결정에 일정부분 규제를 가하기도 한다.

이밖에도 환율, 인플레이션, 경제변동, 이자율 등의 경제여건 또한 가격결정에 영향을 미치는 중요한 외부요인이 된다. 예를 들어 최근 개통한 서울-춘천 간 고속도로의 경우 원자재가격의 폭등으로 도로공사에 들어간 비용이 크다는 이유로 업체 측에서 통행료를 과도하게 높게 책정하였으나, 고객들의 반발로 가격을 하향조정하여 책정하게 된 경우가 좋은 예라고 할 수 있다.

3 가격결정방법

가격이란 눈에 보이지 않는 무형의 성격이 있기 때문에 소비자의 심리적 측면을 잘 고려해서 책정해야 한다.

제품의 질이 좋고 디자인이 아무리 뛰어나도 가격결정을 제대로 하지 못한다면 제품판매는 저조할 수밖에 없을 것이다. 따라서 가격을 어떠한 기준과 어떠한 요인을 중심으로 책정할 것인지가 중요한 사안으로 지적되고 있다. 여기에서는 가격결정방법에서 중심이 되는 요인들과 그 요인들에 의해 책정되는 가격결정방법에 대해서 알아보기로 한다.

1) 원가중심의 가격결정

가격을 결정하는 가장 단순하면서도 전통적인 방법 중의 하나가 원가중심의 가격결정인데, 이 방법을 원가가산법이라고도 한다. 즉 제품원가에 표준이익을 추가하는 방법을 말한다. 그러나 이 방법은 너무 간단해서 유사종류의 제품에 대한 기업 간 가격결정방법이 같아져 결정가격이 비슷해지는 결과로 인하여 가격경쟁이 최소화될 수도 있다. 이 방식은 공공

서비스와 건설, 하청, 도매, 광고 등의 산업에서 널리 쓰이는 방식이다. 원가중심의 가격결정방식은 다음과 같다.

> **가격 = 직접비율 + 간접비율 + 이익 마진**

원가중심의 가격결정방법이 갖는 장점은 첫째 가격결정이 간단하고, 둘째 동종산업의 대부분 기업들이 이 가격결정방식을 사용하게 되면 가격들은 비슷해지기 때문에 가격경쟁이 최소화될 수 있으며, 셋째 이 방법을 구매자나 판매자 입장에서 볼 때 다 같이 정당화될 수 있다는 데 있다.

그러나 원가중심 가격결정방법은 가격결정의 기본이 되는 원가를 정확하게 계산해 내기가 어렵다는 단점이 있다. 왜냐하면 인플레이션 시기나 환율변동이 급변하는 상황 그리고 고부가가치산업에서 비용을 정확히 산출한다는 것은 쉬운 일이 아니기 때문이다. 따라서 이 방법은 수요와 경쟁상대가 안정된 제품영역에 적합하다.

그림 6-3. 원가중심의 가격결정방법

※자료 : Thomas T. Nagle and Reed K. Holden(1995), The Strategy and Tactics of Pricing, 2nd., p.5.

2) 소비자 중심의 가격결정

소비자 중심의 가격결정은 스포츠제품 및 서비스에 대한 스포츠소비자의 인식 및 선호도 등으로 제품의 가격을 결정하는 방법이다. 즉, 기업의 원가가 아니라 구매자의 가치에 대한 인식(지각)에 근거하여 가격을 결정하는 방법이다. 이 방법은 표적소비자들이 자사제품에 대해 어느 정도 가치를 부여하는지를 검사하여 이에 상응하는 제품가격을 목표가격으로 설

정한 다음 가치실현을 위해 제품 디자인과 생산원가를 계획하는 과정을 갖게 된다.

예를 들어 골프용품의 경우 가격의 차가 심하게 나는 것을 볼 수 있다. 고가 브랜드의 골프용품과 저가 브랜드의 골프용품들이 즐비해 있다. 그러나 실제 고객들의 선호도를 살펴보면 고가의 제품이 잘 팔리고 있다는 것을 알 수 있으며, 이러한 이유는 원가에 상관없이 소비자들이 높은 가격을 지불할만한 가치가 있다고 판단하기 때문이다. 따라서 기업이 스포츠소비자의 인식가치를 기준으로 가격을 결정하려면 기업은 구매자들이 마음속으로 비슷한 경쟁제품들의 가치를 어떻게 인식하고 있는가를 항상 염두에 두어야 한다. 또한 소비자들이 기대하는 가격이 어느 정도인지를 파악하기 위한 사전조사를 통한 가격선정작업이 이루어져야 할 것이다.

3) 경쟁 중심의 가격결정

경쟁자를 고려한 가격결정은 기업이 자사제품의 생산에 소요되는 비용 측정이 어려운 경우나, 시장에서 경쟁기업의 수가 아주 많거나 반응이 불확실한 경우에 주로 경쟁사들의 가격에 의존해서 자사제품의 가격을 결정하는 방식을 말한다. 따라서 기업은 경쟁기업의 가격과 비교한 후 시중가격, 저가격, 중가격, 고가격 중 하나를 택하게 되는데, 여기서 시중가격은 가격변화에 가장 영향력을 미치는 대표적인 선도 기업의 제품가격을 말한다.

이처럼 경쟁중심의 가격결정이 사용되는 이유는(김 봉, 2009) 첫째, 수요탄력성을 측정하기 힘들 때 기업들은 경쟁중심가격이 해당 산업 내에서 적정한 이익을 산출해 낼 수 있는 가격수준이라고 느끼고 있다는 점이다. 둘째, 더 나아가서 기업들은 경쟁중심 가격결정이 어느 누구에게나 도움이 되지 않는 가격전쟁을 막아 줄 수 있다고 느끼고 있다는 것이다.

반면 이 방법은 경쟁사의 가격에 따라 자사제품의 가격결정이 이루어지기 때문에 일관된 마케팅전략의 실행이 어려워진다는 점이 있다. 예를 들어 신규스포츠용품 중 R회사의 국내 골프용품의 경우, 브랜드이미지나 제품의 성능 등을 잘 알지 못하는 소비자들에게 고가의 기존 유명골프용품의 가격을 경쟁가격으로 모방해서 가격을 측정했지만, 소비자들의 반응이 너무 비싸다고 생각함으로써 시장에서 일관된 마케팅전략을 실행하지 못해 실패한 사례라고 볼 수 있다. 따라서 경쟁 중심의 가격결정방법을 실행하기 위해서는 경쟁제품에 대한 철저한 정보수집 및 분석은 물론 소비자들에게 자사제품의 내용을 소상하게 홍보하여 가치인식을 제고시키고, 나아가 합리적인 예상매출이익 등을 정확하게 산출하는 것이 선행되어야 할 것이다.

팔찌형 웨어러블기기 앞다퉈 출시 센서로 운동·건강관리..관련시장 급성장

웨어러블(입는) 컴퓨터 시장 문을 두드리는 것은 삼성전자난 소니 같은 정보기술(IT) 업체 만이 아니다. 스포츠 용품 브랜드 나이키와 아디다스도 운동에 최적화된 시계형 기기를 내놓고 있다. IT 기업들이 자사 스마트폰과 연동성을 강화했다면 스포츠 브랜드 진영에선 달리기를 포함한 건강 관리에 신경을 쓰고 있다.

16일 (현지시간) 슬래시기어 등 IT 전문매체에 따르면 세계 2위 스포츠 의류업체 독일 아디다스는 이날 '마이코치 스마트런(miCoach SMART RUN)'이란 시계형 스마트기기를 공개했다.

아디다스는 이날 IT 전문매체 기가옴이 개최하는 모바일 컨퍼런스에서 이 제품을 소개했다. 스마트런은 운동이나 건강 관리에 최적화된 시계형 단말기다. 센서가 손목 부위의 맥박을 감지해 심박수를 체크한다. 위성항법장치(GPS) 가속 센서를 통해 얼마만큼 뛰었는지, 얼마나 빠르게 달렸는지 확인할 수 있다.

아디다스는 수천가지 운동방법 프로그램을 안내하는 '마이코치'란 인터넷 서비스를 하고 있는데 스마트런을 이어폰과 연결하면 이 프로그램을 이용할 수 있다. 블루투스가 달려 있어 무선 헤드폰으로 음악을 들으며 달릴 수도 있다.

삼성전자의 갤럭시기어가 블루투스 헤드셋처럼 전화 통화를 편리하게 할 수 있는 액서서리라면, 스마트런은 만보기처럼 건강 관리를 돕는 보조기라 할 수 있다. 아디다스는 수년전에도 만보기 형태의 제품을 마이코치라 이름 붙여 내놓은 적이 있다. 이번 스마트런은 시계모양의 후속 제품인 셈이다. 아디다스 관계자는 기가옴과 인터뷰에서 "스마트워치를 만들려 한 것은 아니지만 달리기를 위한 가장 똑똑한 시계일 것"이라고 말했다.

1.45인치 화면크리 TFT LCD를 탑재했으며 안드로이드 젤리빈 운영체제(OS)를 사용한다. GPS와 블루투스 와이파이(Wifi), 가속 센서 등이 내장됐다. 아디다스는 내달 1일부터 399달러(한화 42만원)에 판매할 계획이다.

미국 스포츠 용품 브랜드 나이키도 팔찌 형태의 스마트기기를 내놓았다. 나이키는 지난 15일 '퓨얼밴드SE(second edition)'를 정식 발표했다.

※ 비즈니스 경제, 2013, 10, 17

4   가격결정전략

가격전략은 기업이 경쟁상황분석을 통해 마케팅목표나 마케팅믹스와 연관지어서 어떠한 전략이 가장 효과적인지 결정해야 한다. 가격결정은 기업이익에 커다란 영향을 미치기 때문에 경기변동, 유행의 변화 등의 외적요인과 서비스, 광고, 판매촉진 등의 내적요인 등을 잘 고려해서 전략적 차원에서 결정을 해야 한다. 가격결정에는 다음과 같은 방법들이 있다.

1) 신제품 가격결정전략

기업이 세분시장의 표적고객에게 새로 개발된 제품을 성공적으로 유통시키기 위해서는 초기 고가격전략과 시장침투가격전략 등을 구사해야 한다.

(1) 초기 고가격전략

이 전략은 신제품의 초기에 비교적 높은 가격을 책정해서 고소득층의 구매력을 흡수하고, 그 후 수요가 일반 대중으로 확산될 때에 가격을 점차적으로 내리는 정책이다. 따라서 이 전략을 시행하는 초기단계에는 대부분의 고객들이 신제품의 가격보다는 그 신제품의 가치를 획득하는 데 더욱 관심을 기울이며, 서비스제공자들에게 기꺼이 고가격을 지불하려고 하기 때문에 기업에서는 그러한 고객들을 표적화 할 필요가 있다.

이 전략은 보통 신제품이 매우 독특하거나 차별화되었을 경우에 이용할 수 있으며, 경쟁기업이 저가격의 경쟁상품으로 시장에 침투해 오기 전까지 활용 가능한 전략이다. 예를 들면 스키복의 경우 시즌별로 신제품이 출시되기 때문에 초기에 비교적 고가격으로 책정하여 스키에 관심이 있는 고소득층에게 판매가 이루어지다가 시즌 막바지에는 가격을 점차 내려 일반소비자에게까지 판매하는 전략이 초기 고가격전략이다.

(2) 시장침투가격전략

시장침투가격전략은 새로운 스포츠제품의 인지도 확산 및 폭넓은 사용을 유도하기 위해 낮은 가격으로 출시되는 전략을 말한다. 따라서 이 전략은 초기 저가격전략이라고도 한다. 신제품이 출시될 때 시장에 빠르게 침투하거나 높은 시장점유율을 확보하기 위해 가격을 의도적으로 내리는 전략이다. 그로 인해 경쟁기업들의 시장 내 진입을 막거나 대량생산에 의해 비용절감이 가능할 경우에 사용되는 전략이다. 이처럼 시장침투가격전략이 이루어지는 경우는 다음과 같다(함봉진, 2006).

① 수요의 가격탄력성이 커져 탄력적이며, 높은 가격을 허용하는 시장이 존재하지 않는 경우
② 제품의 차별화가 적고, 독점적 지위가 없어 고가격판매가 불가능한 시장의 경우
③ 기업에서도 단기에 투자자본을 회수하지 않아도 좋으며, 도입기에 저가격으로 품질 및 상표애호도를 높여 그 후 경쟁기업의 진출을 막고, 유리한 지위를 차지하는 경우

최근 인기를 끌고 있는 스크린골프장의 경우 경쟁업체들의 수가 증가하면서 새롭게 오픈하는 업체의 경우 기존 업체의 이용료보다 훨씬 저렴한 가격과 다양한 이벤트 판촉행사 등을 통해 많은 고객을 끌어들이는 효과를 보이고 있다.

2) 할인가격전략

가격할인은 좀 더 신중하게 이루어져야 할 필요가 있다. 왜냐하면 소비자들은 타사 제품에 비해 가격이 현저하게 낮거나 할인이 된 경우 제품에 문제가 있지는 않을까 하는 오히려 부정적인 시각으로 바라볼 수 있기 때문이다.

따라서 가격의 할인전략은 제품의 요소, 소비자나 시장상황을 고려해서 실행해야 할 것이다. 예를 들어 스키장 시즌 개장 초나 폐장 시점에서 이용료를 반값으로 낮춘다거나, 골프연습장의 이용료를 한 달씩 지불하지 않고 일시불로 1년 치를 지불할 경우 가격을 할인해 주는 것이다.

(1) 현금할인

현금할인은 제품구매가 이루어진 직후 현금으로 대금을 지불하는 고객에게 일정금액의

가격을 할인해 주는 전략이다. 이 전략은 판매자의 유동성 개선을 용이하게 해준다.

(2) 수량할인

수량할인은 대량으로 제품을 구입하는 소비자에게 가격을 할인해주는 방법이며, 구매자 및 판매량 확대에 목적이 있는 전략이다. 이 방법은 상품의 제고나 판매, 보관, 수송 등 물적 유통에 관련된 비용을 감소시켜 줄 수 있는 장점이 있다.

(3) 기능할인

기능할인은 제조업자가 판매, 보관, 장부정리 등을 수행하는 판매업자에게 가격을 할인해 주는 방법을 말한다. 이 방법은 자사제품의 판매량 제고를 위한 유통망 확대 차원의 할인 방법으로서 도매, 소매라는 판매경로의 기능상의 지위에 따라 할인폭을 두기 때문에 중간상 할인, 거래 할인이라고도 한다.

(4) 계절할인

계절할인은 특정 제품을 비수기에 구매하는 고객에게 할인 혜택을 주는 방법이다. 이 방법은 판매자가 불필요한 보관비용이나 금리부담을 줄일 수 있고 일년 내 제품생산 및 판매가 가능하다는 장점이 있다. 예를 들어 스키용품을 여름에 구매할 경우 할인혜택을 주는 것 등을 말한다.

(5) 공 제

공제는 새로운 제품을 구매하면서 기존에 쓰던 제품을 반납하면 할인혜택을 주는 방법이다. 새로운 골프클럽을 구매하려는 구매자가 현재 사용중인 오래된 골프클럽을 반환하면 그에 따른 가격을 감면해주는 것이 공제의 예다. 이러한 경우 소비자들은 자신들이 사용하는 제품을 계속적으로 교환할 수 있고 그로 인해 저가격에 제품을 구매할 수 있어 같은 매장을 반복적으로 이용하는 단골고객이 된다.

연구문제

1. 가격의 중요성과 기업이 가격결정 시 고려해야 할 요인을 설명해 보자.

2. 가격결정요인을 비교하고 설명해 보자.

3. 스포츠제품의 시장 도입기에 적합한 가격결정전략을 논의해 보자.

4. 할인가격결정전략의 개념과 사례를 설명해 보자.

5. 가격결정방법 중 소비자 중심의 가격결정방법에 대해서 설명해 보자.

7

장소와 유통

스포츠 산업에서 장소와 유통은 스포츠시설, 스포츠제품의 유통구조, 입장권 발행 시스템, TV나 라디오와 같은 방송네트워크와 밀접하게 관련되어 있다. 이러한 장소와 유통은 한 번 결정되면 그 효과가 매우 오래 지속되고, 특히 다른 마케팅믹스에 비해 변경하기 어렵다는 점에서 그 중요성이 매우 높다. 본 장에서는 장소의 개념과 구성요소, 유통경로의 개념과 유형 및 기능을 살펴봄으로써 그 중요성을 알아본다.

1 장소의 개념

　일반적인 장소와 유통은 서로 구분되어 정의되고 있으나, 스포츠 산업에서는 의미상의 유사성이 많이 내포되어 단일개념으로도 사용된다. 하지만 최근에는 스포츠마케팅에서도 제품의 다양화와 형태의 차별화로 장소와 유통을 구분지어 이해하려는 경향이 많다. 여기에서는 장소와 유통의 개념을 두가지 차원으로 구분하고, 우선 장소에 대한 개념부터 살펴보도록 하겠다.

　장소는 '어떤 일이 이루어지거나 일어나는 곳'이라는 사전적 의미를 가지고 있다. 장소는 특정한 공간적 규모로 존재하는 물리적 실체와 인간행위의 결과물이 결합되어 의미를 갖는 공간적 실체이다. 또한 인간활동이 일어나는 곳인 동시에 인간이 경험을 통하여 의미를 부여하는 대상이기도 하다. 한편 장소는 완전히 결정되어진 곳이 아니라 시간의 흐름에 따라 형성되는 역동적 실체이다.

　일반적 의미로 장소는 사용되는 시기와 상황 및 사용주체에 따라 광범위한 개념으로 사용되고 있으며, 접근방법에 따라 상이하게 해석되고 있다. 장소는 도시와 지역이라는 개념을 포괄한다. 백선혜(2004)는 장소를 입지와 지역사회 및 영역 등으로 나누었는데, 그 내용은 다음과 같다.

　첫째, 지리적 실체로서의 장소이다. 장소를 구성하는 가장 핵심적 요소인 인구와 조직체가 위치·활동할 수 있는 공간을 제공해주는 단위이다.

　둘째, 입지로서의 장소이다. 장소는 사람의 경제적 기능이 작용하고 영향을 미치며, 사회적·경제적·공간적 활동에 의해 형성되고 조직된 현상에 의해 결정된다.

　셋째, 문화적 차원에서의 장소이다. 동일한 장소에서 거주하는 구성원들은 역사적 유산·가치·이념·목적 등을 공유하고 있다.

　이와 같이 장소의 속성을 종합하면 도시 전체와 도시의 일정구역 내에 위치하는 사람들이 사회·경제적 관계를 형성하면서 공유된 가치·신념을 보유하고 있는 곳이다. 마케팅적 관점에서 보면 장소란 일정한 공간 내에서 사회적·경제적 관계를 형성하면서 공유된 가치·신념을 보유한 지방정부·기업·시민 등의 집단이 주체가 되어 자신들의 활동공간을 설계하고, 가치를 부여하여 만족을 이끌어내는 것으로서, 목표구매자들의 기대에 부응하여 성장·발전할 수 있는 곳을 의미한다(이진희, 2006). 그러나 스포츠산업의 관점에서 그 의미를 찾는다면 스포츠제품이나 서비스를 생산·유통시키는 창구나 경로를 장소라고 할 수 있는데, 생산된 제품을 소비자에게 전달하는 과정을 말한다. 스포츠산업에서의 장소 개념에는 다양한 전달방법을 활용하여 스포츠제품이나 프로그램을 소비자의 상황에 적절하게 제공하는 방법을 포함한다(박세혁 외 2, 2000). 특히 지리적 장소는 변경이 어려우므로, 장소에 관한 결정은 그만큼 신중해야 한다(Mullin, Hardy, & Sutton, 1993).

이처럼 스포츠에서의 장소는 스포츠와 다른 분야에서의 의미나 기능이 다르다고 할 수 있다.

따라서 여러 학자들의 정의를 종합해서 스포츠마케팅에서 장소의 정의를 내리자면, 스포츠재화나 서비스를 생산자가 소비자에게 전달하기 위한 시설이나 유통이 이루어지는 특정 공간이라고 할 수 있다.

2 장소의 구성

장소는 시설배치 및 이미지, 지리적 접근용이성 등 중요 요소들을 구성하고 있어야 하며, 마케터는 이러한 요소들이 소비자를 중심으로 잘 구성되어져 있는지를 평가하고 검토해야 한다. 왜냐하면 스포츠마케팅에서 장소는 소비자가 소비를 할 수 있고 그에 따라 만족도를 평가할 수 있는 중요한 마케팅 믹스변인이기 때문이다.결국 소비자는 쉽고 편리하며 이용만족도가 높은 장소를 선호하기 때문에 소비자의 입장에서 여러 측면을 고려해서 장소의 구성을 결정해내야 할 것이다. 따라서 이러한 관점에서 장소구성에 필요한 사항들은 어떠한 것들이 있는지 살펴보기로 한다.

1) 스포츠시설의 배치 및 이미지

(1) 시설배치

경기장을 찾는 관중들이 경기장 내에서 원하는 곳을 쉽게 찾을 수 있도록 각종 시설의 배치도와 안내표지판을 설치해 두는 것은 고객 만족도를 결정짓는 중요한 요소이다. 예를 들어 월드컵이나 올림픽과 같은 빅 스포츠 이벤트에서 자원봉사자들이 경기장 주변이나 경기장 내의 주요위치에 배치되어 안내를 돕는 것을 볼 수 있다. 하지만 국내 프로스포츠나 일반 스포츠시설을 이용할 경우에는 빅 스포츠 이벤트 경기시설만큼의 봉사자들이 없기 때문에 관중들이 편리하게 편의시설이나 부대시설을 이용할 수 있도록 안내표지판이나 시설배치도를 곳곳에 설치해두는 것이 고객의 만족도를 높이는 데 도움이 될 것이다.

시설배치와 관련하여 또다른 측면에서 접근해 보면 안내표지판이나 시설배치도의 설치와 함께 최초 시설의 설계가 보다 효율적이고 고객 편의적이라면 시설경영자 입장에서는 고객만족을 높이는 데 보다 효과적일 수 있다. 따라서 시설의 효율적 설계는 매우 중요하며, 시설을 설계할 때 중요시되는 요소는 다음과 같다.

첫째, 경기장에 입장과 퇴장의 용이성이다.

관중들이 경기장을 찾는 궁극적인 목적은 즐거움이다. 즉 경기장에서 유익하게 스포츠경기를 관람하고 부대시설들을 이용함으로써 일상생활에서의 스트레스를 해소하고 즐거움을 찾는 것이다. 그러나 경기관람을 위해 입장권을 구하고 경기장에 입장하는 시간이 지나치게 길어진다면 관중들의 만족도는 떨어질 수밖에 없다. 단적인 예로 최근에 개장한 국내 월드컵경기장의 경우 경기장 각 구역별로 출입이 용이하게 설계되어 관중들이 쉽게 경기장을 이용할 수 있도록 되어 있다. 반면 과거 80년대에 설계된 프로야구경기장의 경우 관중들의 경기에 대한 관심에 비해 경기장 설계가 비효율적으로 이루어져서 관중들

최근에 건축된 경기장(아래)은 출입이 용이하게 설계되어 원활한 흐름을 보이는 반면, 과거에 건축된 경기장(위)은 한참 줄을 서서 출입해야 하는 불편함을 보여주고 있다.

이 입장을 하는 데 많은 시간을 소비하고 있다. 따라서 경기장시설을 운영하는 경영자 입장에서 고려해야 할 점은 관중들의 줄서기를 최소화 하고 그로 인해 경기장 출입이 용이해질 수 있게 함으로써 관중의 만족도를 높여 재방문의 욕구를 높이는 것이다.

둘째, 부대시설의 접근용이성이다.

매점, 식당, 화장실이나 홈팀 의류판매점과 같은 부대시설은 관람장소와 최대한 가까이 있어야 하며, 반드시 청결을 유지해야 한다. 관중은 경기내용이나 서비스 등에도 반응을 하지만, 이처럼 경기 외적인 부대시설의 접근이 용이할 때 더욱 만족하고 좋아한다. 예를 들어 야구의 경우 공격과 수비가 교대되는 시간이 짧기 때문에 화장실이나 매점이 멀리 있다면 관중은 부대시설로 인해 경기장 전체에 대한 불만족을 갖게 된다.

셋째, 대규모 관중들의 관리와 통제이다.

대규모 관중들의 관리와 통제는 특히 입장과 퇴장할 때의 질서유지를 위해 매우 필요하다. 프로스포츠나 각종 스포츠 이벤트의 빅 매치인 경우 수많은 관중들이 몰려 입장과 퇴장 시 관리와 통제가 이루어지지 않는다면 크고 작은 불상사가 생기게 될 것이다.

Anderson(1991)은 테니스장이나 헬스클럽 등에서의 계단은 최소화 하고, 가능하면 경사로를 만들어야 한다고 강조하였다. 또한 시설관리자가 출입상황과 기타 부대시설의 상황을 한눈에 볼 수 있는 곳에 통제실을 배치해야 함을 강조하였다.

넷째, 경기장 활용의 극대화를 위한 시설의 유연성이다.

경기장시설은 프로축구나 프로야구처럼 전용경기장을 목적으로 설계된 경우가 많다. 그러나 스포츠시설의 경우 다양한 스포츠 행사를 할 수 있는 유연성을 가지고 있어야 한다. 예를 들어 겨울철 스포츠를 중심으로 하는 전국동계체육대회의 경우는 각 지역별로 순회하는 특성으로 인해 지자체에서의 시설 설비에 대한 예산 투자의 어려움이 있으며 이러한 이유로 경기장시설이 턱없이 부족한 것이 사실이다. 따라서 그러한 대안으로 빙상장이 없는 지역은 종합운동장의 트랙을 얼려 스피드 스케이팅을 진행하는 사례가 여기에 해당될 것이다.

(2) 시설이미지

스포츠시설의 이미지는 소비자들의 심리적 인지도에 커다란 영향을 미친다. 다시 말해 스포츠시설은 그 나름대로의 독특한 상징성이 있기 때문에 소비자들이 해당 이미지에 대해 어떻게 받아 들이냐에 따라 긍정적 혹은 부정적 이미지로 각인되어 재방문에 대한 의사결정에 커다란 영향을 미치게 된다.

그러나 국내 프로스포츠 구단의 경우 일부 경기장을 제외하고 시설이미지를 바꾸는 데 주력하고 있지는 않다. 프로야구는 과거 1980년대 설립되어 노후화된 경기장시설을 그대로 이용하고 있다. 프로축구의 경우 2002년 한일월드컵을 계기로 전국 10개 지역에 경기장이 새롭게 건립되어 각기 독특하고 다양한 이미지를 보이고 있다.

전주월드컵경기장 : 한국 고유의 전래행사인 답교놀이(그해의 재액을 물리친다 하여 정월 대보름날 밤에 다리를 밟는 일)의 개념을 도입하여, 경기장 부지를 관통하는 조촌천이 경기장 외곽을 돌아 흐르게 하고, 관객들이 이 하천 위의 다리를 건너 경기장에 입장하도록 설계하였다.
※ 자료 : http://www.hyundai-motorsfc.com

결국 스포츠소비자들은 선수들의 경기력이나 경기장의 서비스, 안전, 접근용이성 등에 의해 재방문 의사결정이 이루어지지만, 이와 더불어 시설의 이미지 역시 스포츠소비자들의 의사결정에 직접적인 영향을 미친다.

2) 스포츠시설의 지리적 접근용이성

프로스포츠 시장의 발달과 더불어 국내 스포츠산업이 비약적으로 발전함에 따라 스포츠소비자들 역시 스포츠에 대한 기대와 요구가 다양해지고 있다. 과거의 스포츠시설은 단순히 경기를 운영하는 곳으로 여겨져 운영자들이 소비자들의 편리성과 욕구충족에 대한 중요성을 인식하지 못한 상태에서 경영이 이루어졌으며, 지리적 장소와 접근의 용이성 역시 고려하지 못한 것이 사실이다. 그러나 결국 지리적 장소나 접근의 용이성은 소비자들의 경기장 유입의 주요요인이 된다고 할 수 있다.

따라서 스포츠시설의 설비단계에서 스포츠소비자들이 집이나 직장에서 스포츠시설까지의 거리, 주차장의 크기, 주차장에서 경기장 입장까지의 시간과 편리성 등은 스포츠소비자들이 스포츠시설을 선정하고 방문할 때 빠트릴 수 없는 주요 고려사항들이다. 즉, 얼마만큼 지리적으로 접근이 용이한가를 평가해서 결정하게 된다.

구체적으로 살펴보면 스포츠시설은 대중교통수단의 이용이 편리한 곳에 위치해야 한다.

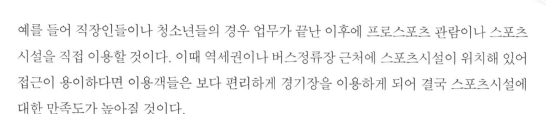

예를 들어 직장인들이나 청소년들의 경우 업무가 끝난 이후에 프로스포츠 관람이나 스포츠 시설을 직접 이용할 것이다. 이때 역세권이나 버스정류장 근처에 스포츠시설이 위치해 있어 접근이 용이하다면 이용객들은 보다 편리하게 경기장을 이용하게 되어 결국 스포츠시설에 대한 만족도가 높아질 것이다.

또한 충분한 주차장시설을 갖추고 있어야 한다. 대중교통을 이용하는 소비자들과 함께 자가용을 이용해서 경기장을 찾는 소비자들이 많아지고 있는 추세이다. 따라서 충분한 주차공간이 확보되어 있지 않다면 소비자들의 불만은 커지게 된다. 예를 들어 스포츠센터를 이용하는 소비자들은 의류나 스포츠 용품을 차에 싣고 다니는 경우가 많다. 그러나 주차장시설이 턱없이 부족하면 소비자들의 불만은 커질 수밖에 없고 결국 다른 스포츠시설로 눈을 돌리게 된다.

뿐만 아니라 충분한 주차시설이 확보되어 있더라도 주차장에서 경기장이나 시설까지의 이동시간이 터무니없이 길고 이로인해 편리성이 떨어진다면 이 또한 역시 소비자들의 불만은 더욱 커질 수밖에 없을 것이다.

마지막으로 주변환경 역시 접근용이성에 큰 비중을 차지한다. 주변의 위험시설로 인해 소비자가 위험을 지각한다면 대부분 시설이용을 꺼리게 될 것이다. 예를 들어 교통사고가 빈번히 일어나거나 사건사고가 자주 일어나는 우범지역에 시설이 위치해 있을 경우 소비자들은 쉽게 접근하지 않게 된다. 따라서 이러한 주변환경도 접근용이성에 영향을 미친다고 할 수 있다.

이상을 종합해 보면 스포츠시설이 소비자의 지리적 접근을 용이하게 하기 위해서는 교통이 편리한 곳에 위치하고, 주차시설을 충분히 확보해야 하며, 주차장에서 경기장이나 시설까지의 이동시간이 짧고 편리해야 하며, 주변환경과 조화를 잘 이루는 곳에 위치하고 있어야 한다.

주차장시설이 잘 갖춰진
미국의 다저스타디움

그러한 성공적 예로써 서울월드컵경기장을 보면 지하철 출구로부터 경기장 입구까지가 잘 연결되어 있어 쉽고 편리하게 경기장에 입장할 수 있게 되어 있다. 주변에는 내부순환도로와 강변북로와 같은 서울 시내 주요 간선도로가 있어 자가용 이용도 편리하게 되어 있으며 주차장시설 또한 월드컵과 같은 대형 스포츠 이벤트의 개막전을 치룰 만큼의 규모에 맞게 충분히 확보되어 있다. 더욱이 주차장에서 경기장까지 접근이 용이해서 관중들의 만족감을 높여주고 있다. 뿐만 아니라 주변에 있던 보기 흉한 난지도를 매립해서 공원화함으로써 가족단위의 관람객들이 대거 유입되는 효과를 가져오게 되었다.

Leve(1980)는 스포츠시설 이용객의 90%가 스포츠시설에서 집까지 20분 이내의 거리에 거주하고 있으며, 프로스포츠와 같은 관람스포츠의 경우 경기관중의 90% 정도가 경기장에서 집까지 1시간 이내의 거리에 거주하고 있다고 하였다. 따라서 스포츠마케터나 시설경영자는 시설의 지리적 위치가 접근의 용이성에 크게 영향을 미친다는 것을 염두에 두어야 할 것이다.

이밖에도 장애인들이 시설을 이용할 때 불편을 최소화할 수 있는 측면과 심리적으로 편안하게 움직일 수 있고, 비단 스포츠경기뿐만 아니라 시설 내에서 부대시설이나 편의시설을 충분히 즐길 수 있는 공간을 갖추는 것도 중요한 요인이라고 할 수 있다.

3 유통경로의 개념

유통은 스포츠제품 생산자가 목표시장인 소비자에게 스포츠상품 및 서비스를 편리하게 접근할 수 있는 지점에 도달시키는 활동이다. 유통에는 장소와 유통경로가 모두 포함되어 있다. 우선 여기에서는 유통경로의 개념적 의미와 필요성을 살펴보겠다.

1) 유통경로의 의의

유통경로는 스포츠제품을 최종 고객이 쉽게 구입할 수 있도록 만들어주는 과정이며, 마케팅경로 또는 판매경로라 한다. 유통경로에 관한 의사결정은 기업의 중요한 의사결정 중 하나이며, 기업이 선택한 경로는 직접적으로 모든 마케팅의사결정에 영향을 미친다.

Kotler(2001)는 유통경로를 "생산자로부터 소비자에게 특정 제품이나 서비스를 이전함

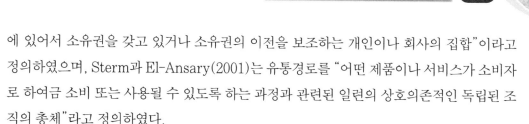

에 있어서 소유권을 갖고 있거나 소유권의 이전을 보조하는 개인이나 회사의 집합"이라고 정의하였으며, Sterm과 El-Ansary(2001)는 유통경로를 "어떤 제품이나 서비스가 소비자로 하여금 소비 또는 사용될 수 있도록 하는 과정과 관련된 일련의 상호의존적인 독립된 조직의 총체"라고 정의하였다.

이들의 정의를 종합해보면 유통경로란 "제품이 생산자로부터 소비자에게 이전되는 과정에 관여하는 개인이나 기업의 총체"라고 말할 수 있다. 대부분의 생산자들은 제품을 시장에 효율적으로 전달하기 위해 중간상을 이용한다. 중간상들은 유통경로의 중요구성원이며, 이를 세 가지 형태로 분류하면 다음과 같다(신지용, 2005).

첫째, 상인 중간상은 제품을 구입하여 소유권을 가지고 재판매하는 중간상으로 도매상, 소매상이 여기에 해당된다.

둘째, 대리 중간상은 생산자를 대신하여 고객을 탐색하는 중간상으로 거간(broker), 제조업자의 판매대리인 등이 여기에 속한다.

셋째, 촉진 중간상은 유통의 집행을 지원하는 중간상으로 제품의 소유권이나 판매협상을 하지 않는다. 수송회사, 은행, 광고대행사 등이 여기에 속한다.

일반적으로 스포츠제품의 유통경로는 스포츠용품을 제외하고 생산자에서 소비자에게 직접 전달되는 경로를 갖게 된다. 왜냐하면 참여스포츠의 경우 스포츠시설에 직접 찾아가 시설이나 서비스를 이용하고, 관람스포츠 역시 경기장에 직접 찾아가 입장권을 구입한다거나 경기를 직접 관람하기 때문에 중간상 없이 소비자에게 직접 전달되는 과정을 갖게 된다.

2) 유통경로(중간상)의 필요성

우리는 생산자에게서 소비자에게로 직접 제품을 전달하기란 어렵다는 것을 잘 알고 있다. 예를 들어 대기업에서 생산되었거나 외국에 공장이 있는 스포츠의류나 용품의 경우 국내 중간상들을 통해 소비자에게 전달(거래)됨을 쉽게 알 수 있다. 이처럼 중간상은 유통시스템이 더욱 효율적으로 운영되게 하므로 반드시 필요하다고 할 수 있다.

다음 면의 그림 7-1에서도 볼 수 있듯이 중간상이 없다면 네 명의 생산자들의 상품을 네 명의 소비자들에게 전달하기 위해 16번의 거래가 이루어져야 한다. 그러나 이들 사이에 중

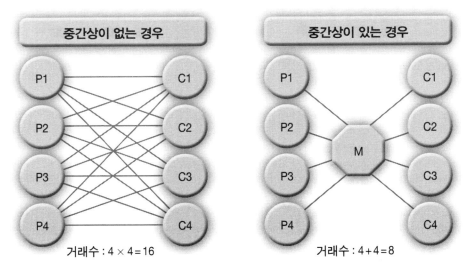

주 : P = 생산자, M = 중간상, C = 소비자

그림 7-1. 총거래수 최소의 원칙

※자료 : 김소영 외(2007). 사례중심 마케팅의 이해. p.254에서 편집됨.

간상 한 명이 있으면 필요한 거래의 수는 8번으로 줄어든다. 이러한 원리를 '거래수 최소의 원칙'이라고 한다(김소영 외, 2007). 결국 중간상이 있음으로 생산자와 소비자의 거래 횟수가 줄어들어 거래비용의 감소를 가져올 수 있다. 또한 중간상은 시간효율, 장소효율, 소유효율, 구색효용 등을 제공하는 효용을 가지고 있다. 따라서 유통의 효율성을 높이고 비용감소 측면에서 중간상이 필요하다.

4 유통경로의 유형

유통경로는 상황에 따라 다양한 형태와 유형이 존재한다. 일반적인 유통경로의 유형에는 소비재 유통경로와 산업재 유통경로가 있는데, 여기에서는 스포츠상품의 유통경로에 대해서도 알아보기로 한다. 즉, 스포츠제품이 어떤 유형의 유통경로를 거쳐 소비자에게 이동하는지를 알아보도록 한다.

1) 소비재 유통경로

유통경로의 형태(조직)는 제조업자가 생산하는 제품의 특성에 따라 달라지는데, 크게 소비재 유통경로와 산업재 유통경로로 나눌 수 있다. 그리고 소비재 제조업자가 이용할 수 있는 유통경로는 크게 네 가지 유형으로 나누어진다(이동휘 외, 2004).

유통경로의 네 가지 유형은 첫째, 제조업자에서 소비자에게 직접 판매되는 경우 둘째, 소매상 하나를 둔 유통경로를 거치는 경우 셋째, 도매상과 소매상을 거치는 경우 넷째, 도매상과 중간도매상, 소매상을 경유하는 경우로 분류할 수 있다. 자세한 내용은 그림 7-2에 잘 나타나 있다.

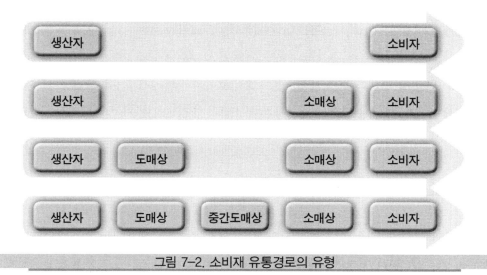

그림 7-2. 소비재 유통경로의 유형

2) 산업재 유통경로

산업재 유통경로는 대부분이 직접 판매이지만, 중간상이나 산업재 유통업자들을 이용하기도 한다. 산업재 유통경로의 유형은 그림 7-3에서 보는 바와 같이 크게 네 가지로 나누어 볼 수 있다.

첫번째 경로는 생산자가 소비자에게 직접 판매하는 경우이고, 두번째 경로는 생산자가 산

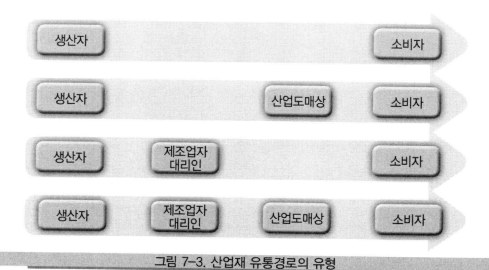

그림 7-3. 산업재 유통경로의 유형

업재 공급업자(산업도매상)에게 판매하고 산업재 공급업자는 이것을 소비자에게 판매하는 경로이다. 세 번째 경로는 생산자가 제조업자 대리인이나 판매사무소를 통해 소비자에게 판매하는 경우이며, 네번째 경로는 생산자가 제조업자 대리인을 거쳐 산업도매상에게 판매하면 산업도매상이 소비자에게 판매하는 경로이다.

3) 스포츠상품 유통경로

스포츠상품은 크게 참여형태와 관람형태, 그리고 미디어형태의 상품을 소비자들이 구매하는 것으로 분류된다. 그림 7-4에서 보는 바와 같이 참여형태의 스포츠상품 유통경로를 살펴보면 대부분 생산자와 소비자가 직접 유통하는 경로로 이루어져 있다고 볼 수 있다. 왜냐하면 참여형태의 스포츠상품은 생산하는 순간 동시에 소비가 이루어지기 때문이다. 예를 들어 수영장이나 골프장을 이용하는 소비자는 각각의 시설을 직접 찾아가서 제품을 이용하기 때문에 중간상없이 바로 소비가 이루어지는 형태이다.

관람형태의 스포츠상품 유통경로 역시 직접유통경로의 형태를 띄는 것이 일반적이다. 왜냐하면 스포츠를 관람하기 위해서는 미디어형태가 아니고서는 경기장에 직접 찾아가야 입장권이나 경기장 내의 각종 부대시설을 이용하고 구매할 수 있기 때문이다.

마지막으로 미디어형태의 스포츠상품 유통경로는 직접 유통구조보다는 중간성을 거쳐 이루어지는 유통경로형태라고 할 수 있다. 왜냐하면 TV나 인터넷을 통해 스포츠를 시청하는 경우 경기장에서 TV까지 중계하는 방송사에게 수신료를 부담해야만이 경기를 관람할 수 있기 때문이다. 따라서 방송사라는 중간상을 거치는 유통경로의 유형이 이루어진다고 볼 수 있다.

결론적으로 참여형태와 관람형태에서는 중간상 없는 직접 소비형태이고 미디어형태에서는 중간상을 거치는 소비형태라는 특징이 있다.

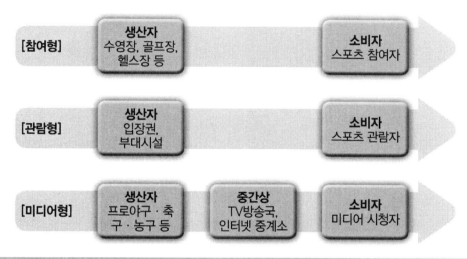

그림 7-4. 스포츠상품 유통경로의 유형

연구문제

1. 장소와 유통경로의 개념에 대해 알아보자.
2. 장소를 구성하는 중요요소 중 스포츠시설의 지리적 접근 용이성에 대해서 논의해 보자.
3. 유통경로의 필요성에 대해 예를 들어 설명해 보자.
4. 제조업자들이 중간상을 이용하는 이유를 논의해 보자.
5. 소비재와 산업재에 대해서 비교 분석해 보자.
6. 스포츠상품의 유통경로에 대해서 설명하고 적절한 예를 제시해보자.

8

스포츠와 촉진믹스

기업은 표적시장에서 자사제품의 판매를 성공적으로 이끌기 위해 다양한 방법의 마케팅활동을 통해 소비자에게 다가간다. 즉, 기업은 자사제품을 소비자에게 긍정적이고 호의적인 태도를 갖도록 해 구매활동을 유도하는 촉진활동에 노력을 경주해야 하는 것이다. 따라서 본 장에서는 기업이 자사의 제품 판매를 위해 노력을 기울이는 촉진활동의 개념과 기능을 살펴보고 촉진활동의 효과적인 수단인 광고, 홍보, 인적판매, 판매촉진 등에 대해 알아본다.

1 촉진의 개념

기업은 소비자들에게 자사의 제품을 구매하도록 제품을 알리고 설득시키며 태도를 바꿀 수 있도록 정보를 제공하는 등의 마케팅 노력을 기울인다. 기업이 실행하는 마케팅 노력의 형태는 광고, 홍보, 인적판매, 판매촉진 등이 널리 사용되고 있다.

기업이 여러 형태의 촉진활동을 사용하는 것은 품질이 우수한 제품을 생산하여 적절한 가격과 유통경로를 통해 소비자에게 가져다 놓는 것 이상으로 중요하기 때문이다. 또한 기업이 효과적으로 마케팅 활동을 수행한다는 것은 품질이 우수한 제품을 생산하여 적절한 가격에 소비자들에게 유통시켜주는 것만으로 끝나서는 안 된다. 결국 마케팅 활동이 가장 효과적으로 마무리되기 위해서는 자사의 제품이 타사의 제품보다 우수하다는 것을 소비자들에게 알려 주는 촉진 활동을 끊임없이 전개해야 한다.

촉진이란 제품에 대한 소비자의 관심과 인지, 구매를 자극하도록 계획된 수많은 마케팅 노력을 포괄한 개념이다(Mullin, Hardy와 Sutton, 1993). 이러한 촉진은 목표로 하는 소비자들의 잠재력을 향하여 기업의 의사를 전달하는 모든 수단을 포함한다. 즉, 촉진이란 제품과 관련된 정보를 소비자에게 전달하기 위해 다양한 수단을 활용하는 활동을 말하는데 여기에는 광고, 홍보, 인적판매, 판매촉진 등이 포함된다. 스포츠 기업은 기존고객뿐 아니라 잠재고객까지 고려해서, 언제 어디서든지 소비자가 원할 때 상품을 제공할 수 있도록 해야 하며, 스포츠제품 구매로 얻게 되는 해택을 알리고, 그로인해 지속적으로 자사의 스포츠 제품을 선택하게 만들어야 한다. 즉, 소비자에게 자사의 제품정보를 제공함으로써 긍정적 이미지를 가질 수 있도록 설득한다는 것은 경쟁 브랜드가 아닌 자사의 제품을 구매하고 사용해서 만족과 효율을 이끌어 내는 것이다. 결국 아무리 좋은 스포츠 제품이라고 하더라도 소비자들에게 좋은 이미지로 잘 알려지지 않는다면 판매가 어려울 것이다. 따라서 스포츠기업은 효과적인 촉진 활동으로 스포츠소비자의 마음속에 호소하고 그로인해 자사 제품의 구매를 유발시키는 데 노력해야 한다.

봄바람 타고 아웃도어 시장 '훨훨' 전년 대비 39% 매출 증가

봄 기운이 올라오면서 아웃도어 시장이 기지개를 켜고 있다.

지난 2월 마지막 2주간 포근한 날씨가 이어지면서 G마켓 등 온라인몰에서는 등산용품뿐만 아니라 골프, 자전거 등 야외스포츠 관련상품 수요가 급증한 것으로 나타났다.

국내 최대 전자상거래 사이트 G마켓의 경우 최근 2주간(2.15~28) 아웃도어 용품 판매량이 전년 동기대비 34% 증가했다. 같은 기간 골프와 자전거 관련 제품 판매도 각각 18%, 13%씩 늘어난 것으로 조사됐다.

야회스포츠나 레저활동의 경우 시즌 영향을 많이 받는데 작년 같은 기간과 비교해도 판매량에 큰 차이를 보였고, 2030 젊은층 고객이 늘면서 패션을 강조한 제품이 인기를 끌고 있는 것으로 보인다.

옥션은 최근 2주간 등산, 자전거, 골프 등 레저용품이 인기를 모으며, 전년 동기 대비 판매량이 39% 증가했다고 밝혔다. 특히 등산화, 배낭, 스틱 등 등산용품들이 인기 검색어 급상승, 상위권에 진입하는 등 판매량이 전년 대비 63% 가량 크게 증가했다.

인터파크에서도 같은 기간 아웃도어 관련제품 판매량이 전년 동기 대비 20% 증가한 것으로 나타났다. 리복이지톤 워킹화와 트렉스타 안나푸르나 고어텍스 등산화, 삼천리 FX-1 하운드 픽시 자전거 등이 대표 상품.

롯데닷컴도 최근 2주간 아웃도어 용품 판매량이 전년 동기 대비 89% 가량 증가했다. 특히 등산의류 중 바람막이 재킷, 기능성 티셔츠가 가장 인기가 높다.

같은 기간 AK몰(www.akmall.com)은 등산화 판매량이 전년대비 165% 가량 높은 신장률을 보였다.

아웃도어 제품 수요가 급증함에 따라 온라인몰들은 관련 기획전을 선보이며 할인 판매에 나섰다.

G마켓은 'G마켓 정기세일 레저관'을 열고 아웃도어 및 레저, 야외스포츠 용품을 최대 50% 저렴하게 선보인다.

옥션은 등산의류, 장비 등을 최대 36% 할인된 가격에 선보이는 '산울림 기획전 4탄'을 오는 13일까지 진행한다.

롯데닷컴은 3월 말까지 '등산웨어 브랜드 봄상품 특가 판매전'을 열고 라푸마, 머렐, 웨스트우드, 코오롱액티브 등 아웃도어 유명 브랜드 신상품을 판매한다.

아이스타일 24도 '아웃도어 브랜드위크 기획전'을 갖고 푸마, 코오롱, 노스페이스 등 인기 아웃도어 브랜드의 의류, 등산화 등을 최대 86% 할인가에 선보인다.

G마켓 관계자는 "봄 날씨와 함께 등산이나 골프 등 야외스포츠를 즐기는 고객 연령대가 기존 40~50대 중심에서 20~30대까지 넓어지면서 판매량이 크게 증가하고 있다"며 "올해는 기능뿐만 아니라 디자인이나 색상 등 패션이 한층 강화된 제품이 인기를 끌 것으로 보인다"고 말했다.

※ 출처 : 뉴스홈, 2013. 3. 2

2 촉진의 기능

기업이나 마케터가 소비자에게 자사의 제품을 구매 할 수 있도록 다양한 정보를 제공하는 것이 촉진이라고 하였다. 그렇다면 이러한 촉진활동은 어떠한 기능을 수행하는지 알아보기로 한다.

1) 정보 제공

잠재고객이 특정의 제품을 구매하려면 우선 그 제품에 대한 지식을 필요로 하기 때문에 정보 제공은 촉진의 가장 기본적이고 중요한 목표이며 기능이 될 수 있다(김성용, 2006 ; 김소영 외, 2007).

즉, 정보제공 측면에서 촉진기능은 기업이 자사의 새로운 제품에 대한 기능과 성능을 기존고객과 잠재고객에게 알려 수요를 창출하고자 하는 경우에 특히 중요하다. 왜냐하면, 기업은 새로운 제품을 출시하게 되면 제품의 구매를 촉구하기 보다는 그 제품의 존재가치나 특성 또는 경쟁제품보다 우수하다는 것을 알려주는 촉진활동을 하는 것이 중요하기 때문이다.

2) 설 득

설득기능이란 구매행동에 영향을 미칠 목적으로 긍정적이고 호의적인 소비자태도를 개발하여 재 강화하기 위해 노력하는 촉진활동을 말한다(김 봉, 2009).

즉, 설득기능은 비슷한 시장에서 경쟁기업들이 자사의 제품과 유사한 제품을 공급하는 경쟁적 상황에서 자사제품의 비교 우위적 특성을 부각시켜 표적고객들로 하여금 자사제품을 구매하도록 설득하는 촉진활동이다. 특히 스포츠 시장에서 기업들 간의 경쟁이 치열할 경우 선도기업과는 차별화된 촉진전략을 보일 때 보다 효과적이라 할 수 있다.

3) 회 상

정보제공과 설득 기능을 통해서 소비자들이 자사 제품에 대해 긍정적이고 호의적인 태도를 보일 때 적절한 회상적 촉진목표를 전개해야 한다. 소비자들이 아무리 긍정적이고 호의적인 태도를 가지고 제품을 구매했다 하더라도 여전히 경쟁업체의 표적이 될 수 있기 때문이다. 따라서 기존 소비자들에게 과거의 구매 만족감을 회상시키는 것은 지속적으로 자사제품을 구매하는 고객으로 만드는 기능을 한다.

소비자의 꿈·동경을 동화시킨 스포츠 브랜드

Nike - Just do it

성공한 브랜드 뒤에는 스토리가 있다. 수십 개의 브랜드가 론칭하고 사라지는 치열한 시장경쟁에서 기업들은 살아남기 위해 소비자의 감성을 자극할 수 있는 브랜드 스토리를 내세우고 있다.

나이키가 1988년 시작한 '저스트 두 잇(Just Do It)' 캠페인은 나이키가 세계적인 브랜드로 발돋움하는 데 중요한 터닝포인트를 만들었다. 도전과 승리를 추구하는 스포츠 정신을 세계적으로 영향력 있는 유명 선수들을 통해 풀어내 고객들에게 나이키가 추구하는 브랜드 철학을 표현하고 공감을 이끌어냈다.

또한 동일한 콘셉트의 캠페인을 지속적으로 진행해 나이키를 스포츠용품 제조회사에서 스포츠 정신을 판매하는 글로벌 기업으로 탈바꿈할 수 있게 해줬다.

※ 출처 : 포커스신문, 2013. 10. 29

3 촉진의 수단

기업은 소비자에게 가장 효과적인 방법으로 자사의 제품을 알리려고 노력한다. 소비자는 수 없이 많은 기업들로부터 다양한 방법의 촉진 활동에 노출되어 있다. 따라서 소비자들이 가장 호의적으로 인식할 수 있는 촉진수단에 대해서 알아보도록 하겠다.

1) 광 고

(1) 광고의 정의

현대사회는 고도의 정보화 시대로 대중매체를 통하여 고급정보를 접할 기회가 갈수록 늘어나고 있다. 광고는 각종 신문, 잡지, TV, 인터넷, 라디오 등 각종 매체를 통해 아주 다양하게 접하고 있으며, 우리 생활 속에 깊숙이 자리를 잡았고 정치, 경제, 사회, 문화 등 여러 분야에서 중요한 역할을 하고 있다. 즉, 요즘은 광고의 홍수 속에서 살고 있다고 해도 과언은 아니다.

기업은 자사 상품의 수익을 극대화시키고 브랜드가치를 높이기 위한 수단으로 광고를 하고 있다. 특히 최근 들어 기업들이 스포츠를 활용한 광고 마케팅 활동에 많은 관심을 보이고 있다.

우선 광고에 대한 어원을 살펴보면, 영어로 'advertising'이고 라틴어 'advertere'에서 유래되었는데, "마음을 어디로 향하게 한다", "주의를 돌아본다", "돌아보게하다"라는 뜻을 가지고 있다. 또한 독일어와 불어에서는 'Die Reklame'와 'Re clame'라고 하는데, 이 말의 뜻은 "부르짖다"라는 의미의 라틴어 'Clamo'에 그 어원을 둔 것으로 "반복하여 부르짖다"라는 말로 해석 된다. 따라서 광고의 어원적 의미는 "상대의 마음을 나에게 기울도록 하는 하나의 과정"이라고 설명할 수 있다.

우리나라말로 광고의 사전적 의미를 살펴보면 "널리 알리는 것"이라는 뜻을 지니고 있다. 하지만 좁은 의미로는 광고작품 또는 광고 메시지를 지칭하는 것으로 'advertisement'의 의미로 쓰이기도 하고 광고활동, 광고행위라는 넓은 뜻의 'advertising'으로 쓰이기도 해 흔히 광고라고 지칭할 경우 이 두 가지의 이중적인 뜻을 가지고 있다고 할 수 있다.

광고에 대한 정의는 광고를 보는 시각에 따라 또는 학자들에 따라 다양하게 정의되고 있다.

먼저 미국마케팅학회(1982)에서는 광고란 "명시된 광고주에 의한 아이디어, 상품 및 서비스에 관한 유료형태의 비대인적인 제시 및 촉진"이다고 정의하였다. 또한 Pride & Ferrel(1989)는 "대중매체를 통해 표적청중에게 전달하기 위한, 조직이나 제품에 관한 유료의 비대인적 커뮤니케이션"이라고 정의하였다. 이후 William(1999)은 광고란 "확인 가

표 8-1. 광고에 대한 정의

학자 및 학회	정의
한국광고학회(1994)	광고주가 청중을 설득하거나 영향력을 미치기 위해 대중매체를 이용하는, 유료의 비대면적인 의사전달형태
Nylen(1993)	특정제품, 서비스, 신념, 행동에 관한 정보를 제공하거나 사람들을 설득시킬 목적으로 대중매체에 대가를 지불하고 싣는 메시지
Russel & Lane(1990)	명시된 광고주가 대중매체를 이용하여 전달하는 유료메시지
Bovee & Arens(1989)	대가를 지불하고 다양한 매체를 통해 제품, 서비스, 아이디어에 관한 정보를 전달하기 위한 설득적·비대인적 커뮤니케이션
Pride & Ferrel(1989)	대중매체를 통해 표적청중에게 전달하기 위한 조직이나 제품에 관한 유료의 비대인적 커뮤니케이션의 한 형태
Wells & Bumett(1989)	명시된 광고주가 대중매체를 이용해 청중을 설득하거나 영향력을 행사하려고 하는 유료의 비대인적 커뮤니케이션의 한 형태
Dunn & Barban(1986)	어떠한 방법으로든 광고메시지 가운데 명시된 기업이나 비영리조직 또는 개인이 다양한 매체를 통해 특정집단의 청중에게 정보를 제공하거나 설득하고자 하는 유료의 비대인적 커뮤니케이션
Wright(1977)	대중매체를 이용한 통제된 명시적 정보 및 설득
미국광고대행사협회(1976)	소비대중에게 자기제품의 판매나 서비스의 이용을 궁극적인 목표로 삼고, 이에 필요한 정보를 미디어를 통해 유료로 전달하는 모든 행위
Tilman & Kirkpatrick (1972)	매스미디어를 통해 전달하고 원하는 바를 이루기 위하여 설득하는 것을 목적으로 하는 유료의 상업적 촉진형태
미국마케팅학회(1963)	광고주를 위해 사람이 직접 개입하지 않으면서 대가를 지불하고 제품 서비스, 아이디어를 촉진시키고 알리는 것을 목적으로 하는 일체의 모든 형태

※ 자료 : 이명천·김요한(2005). 광고학개론. p.27.

능한 광고주(스폰서)가 다양한 미디어를 통해 제품이나 서비스 또는 아이디어에 관하여 통상적 유료의 사실상 설득적인 정보를 제시하는 비대인적인 커뮤니케이션이다"라고 정의하였다. 그 밖의 광고에 대한 정의는 표 8-1에서 보는 바와 같이 다양하게 제시되고 있다.

이처럼 광고에 대한 정의는 기업과 밀접한 관계를 가지고 있고 마케팅 도구로서의 광고, 커뮤니케이션으로서의 광고, 크리에이티브, 사회현상으로서의 광고, 경제제도로서의 광고, 정보와 설득과정으로서의 광고 등의 특성들로 정의되어지고 있다고 볼 수 있다(양영종 외, 2007).

이와 같은 학자들의 주장과 특징들을 바탕으로 광고에 대한 정의를 내려 보면, 광고란 "

어떠한 대상에게 자기(자사 · 단체)의 주장 · 의견과 관련된 정보를 강력하게 전달하거나 판매촉진을 위한 수단"으로 이해할 수 있다.

(2) 광고의 형태

21세기에 들어와 광고의 중요성은 점점 더해가고 있으며, 그 방법 및 유형 또한 다양하게 나타나고 있다. 이들을 체계적으로 분류하기 위해서는 송신자, 메시지의 내용 및 형태, 사용 매체, 장소, 광고가 노출되는 지역, 시간, 횟수, 광고목표, 목표시장 등의 기준이 활용되어야 한다. 즉, 이와 같은 기준 등을 활용하는 것은 광고주 혹은 광고의뢰 주체가 자사의 제품이나 전하고자하는 메시지를 경쟁사 보다 우위에서 널리 알리기 위하여 다양한 형태로 전개될 수 있기 때문이다.

① 일반적 광고 형태

최근 우리는 광고를 ATL(Above The Line) 즉, TV나 신문 또는 라디오, 잡지에서 흔히 접할 수 있는 사회적 현상에 놓여있다. 이러한 현상은 자사의 상품 판매수단으로 활용하고 있는 광고주나 이러한 정보에 노출되어있는 소비자들에게도 아주 중요한 역할을 한다. 왜냐하면 광고는 소비자들에게 기업이 제공하는 서비스나 신제품 등을 순식간에 많은 사람들에게 알리고, 설득시키며, 기억에 오래 남을 수 있도록 하기 때문이다.

예를 들어 MBC sports plus에서 미국 메이저리그를 중계할 것이라고 TV에 광고, 홍보하는 행위 또는 축구 국가대표평간전을 KBS난 SBS에서 중계하기위해 광고하는 행위를 들 수있다. 또한, 라디오나 잡지를 통해 한시즌 시즌권판매를 위해 광고하는 활동들이 일반적인 광고형태라 할 수 있다.

한편 나이키는 자사의 제품과 직접적으로 연관성이 없는 '저스트 두 잇(Just do it)'이라는 광고로 단순히 소비자들의 활동을 지원한다는 의사전달을 암시함으로써 더 많은 운동화, 의류 등 스포츠용품의 매출이 향상 되었다. 즉, '나이키'라는 브랜드의 특징은 한마디로, 일관성(consistency)으로 소비자 기억 속에 오래 남게 되었으며 로고와 'Just do it'이라는 캠페인 슬로건이 대표적이라고 할 수 있고, 결국 나이키의 컨셉은 강력한 브랜드 아이덴티티(identity)를 구축하였다.

이와 같이 일반적인 광고형태에서는 독자적인 강력한 브랜드를 가지고 전개하는 방법과

Nike의 'Just do it'이라는 광고

표 8-2. 광고매체의 특성

	이 점	한 계
신문	신뢰성이 높으며, 지역에 따라 분할이 가능하다. 잡지에 비하여 독자층이 광범위하며 시의적절한 광고 원고의 제출이 가능하다.	매체가치가 하루만에 상실하며, 정독률이 낮다. 잡지에 비해 지질과 색상의 구현이 취약하며, 인구에 따른 분할이 어렵다.
잡지	인구의 수명주기에 따른 분할이 가능, 장기기간에 걸쳐 매체가치를 보유하고, 색상구현의 우수성이 높으며, 정독률 또한 높다.	시의적절한 광고원고의 제출이 어렵다. 신문에 비해 독자층이 낮으며, 게재할 지면의 지정이 어렵다.
TV	시청각의 감각에 호소가 가능하며, 광범한 시청자와 주목도가 높다.	비용이 많이 소요되며, 많은 정보의 전달이 어렵다.
라디오	지역·인·수명주기에 의한 분할이 가능하다.	시각적 호소가 어려우며 청취자 또한 한정적이다.
옥외광고	지역에 따른 분할이 가능하며, 큰 공간의 사용이 가능하고 반복 접촉률이 높다.	인구·수명주기에 따른 분할이 어려우며, 광고표현의 잦은 변화가 어렵다.
비행선 광고 (실내외)	이벤트 행사장 및 시내 주요 상공을 비행하는 광고방법으로 넓은 지역으로 홍보가 가능하다. 실내체육관에서는 무선으로도 조종이 가능하다.	비교적 높은 비용, 날씨에 영향을 받기 쉽다. 또 다양한 광고표현이 어렵다.

※ 자료 : 박주희(2007). 스포츠마케팅. p.203.

빅 스포츠이벤트와 협력하여 파트너십을 형성하는 전개 방법도 있다. 그러나 주로 이용되는 것이 매체 활용이다. 자사가 타깃으로 하고 있는 소비자 계층들이 어떠한 대중매체를 이용하고, 어느 정도로 정보에 노출되어 있는가 등에 따라 광고주는 광고아이디어, 비용, 광고테마, 컨셉 등에 초점을 맞추어 소비자들에게 전하고자 하는 의사전달 활동을 적극적으로 전개한다.

광고는 광고주가 소비자들에게 어떻게 하면 좀 더 가깝게 접근하여 전달하고자 하는 메시지를 빠르고, 기억에 오래 남게, 그리고 더 나아가 자사 상품의 매출에 좋은 영향을 미치

[슈퍼볼] 30초 광고료 350만 달러, 월드컵 16배

미국프로풋볼(NFL)의 결승전인 슈퍼볼은 단일 경기로는 세계 최대 규모를 자랑한다. '전 세계인의 축제'로 일컬어지는 여름 올림픽이나 국제축구연맹(FIFA) 월드컵과 비교해도 폭발력에서는 단연 앞선다.

미국 경제전문지 포브스는 슈퍼볼의 경제적 가치를 4억 2,500만 달러(약 4,750억)로 계산했다. 반면 여름 올림픽과 월드컵의 경제적 가치는 각각 2억 3,000만 달러, 1억 4,700만 달러로 봤다. 단순 계산만으로 슈퍼볼의 경제적 가치가 월드컵의 3배에 이른다.

슈퍼볼은 입장 관중 수에서도 다른 스포츠 이벤트들을 앞선다. 지난해 슈퍼볼에는 9만 1,060명이 경기장을 찾았다. 2010년 남아공 월드컵 결승전(8만 4,490명)과 지난해 전남 영암에서 열린 F1 코리아 그랑프리 결승전(8만 4,174명) 관중 수를 앞섰다.

중계권료도 상상을 초월한다. 독점 중계권을 가지고 있는 미국 폭스채널은 2006년부터 2013년까지 8년 동안 총 57억 6,000만 달러(약 6조 5,000억원)에 중계권 계약을 맺었다. 1년 단위로 환산해도 7억 달러가 넘는 액수다. 중계권 계약 시즌이 되면 미국 내 주용 방송사들이 경쟁적으로 달려들어 액수는 천정부지로 뛰고 있다.

꾸준히 증가하던 광고료는 올해 들어 부쩍 올랐다. 지난해 30초짜리 TV 광고료는 300만 달러였으나 올해는 350만 달러(약 40억원)까지 뛰어 올랐다. 매년 10만 달러 전후로 증가하는 추세를 감안했을 때 올해 유독 많이 올랐다. 올해 슈퍼볼의 TV 광고료는 2010년 남아공 월드컵 결승전의 TV 광고료(25만 달러)보다 16배나 높은 수치다. 1초에 1억 3,000만원이라는 천문학적인 액수를 내는데도 기업들은 너도나도 슈퍼볼 광고를 잡으러 달려든다.

스포츠 빅이벤트 비교해보니

	슈퍼볼(2011년)	FIFA월드컵 결승(2010년)	F1그랑프리(2011년)	세계육상선수권(2011년)
관중	9만 1,060명	8만 4,490명	8만 4,174명 (F1코리아 그랑프리 결승)	7만 1,194명 (대구세계육상선수권 첫날)
시청자	1억 1,000만 명	10억 명	6억 명	9억 명
중계권료	57억 6,000만 달러 (미국폭스채널 8년 계약)	27억 달러 (대회 전 경기합산)	39억 달러 (시즌 19개 대회 합산)	비공개

※ 자료 : 중앙일보, 2012. 2. 7

게 할 것인가를 항상 생각한다. 그러한 수단의 하나로서 표 8-2에서 제시한 광고매체의 특성, 그리고 그 장·단점을 잘 이해하여 어느 매체를 어떻게 이용하는 것이 성공적인 광고인가를 깊이 인식해야 한다.

② 새로운 광고 형태

최근에는 새로운 형태의 광고가 등장하면서 신문과 같은 기사의 광고와 TV 프로그램, 인터넷의 배너 광고, 옥탑광고 등과 같은 소비자들에게 보다 효과적으로 접근할 수 있는 다양

표 8-3. 광고의 분류

분류기준	분 류	설　　　명
송신자	상업적 광고	생산자, 도매상, 소매상이 광고주인 광고
	비상업적 광고	종교집단, 정치집단, 노조, 정부, 학교 등이 광고주인 광고
매 체	인쇄광고	신문, 잡지에게 게재된 광고
	방송광고	TV, 라디오로 전달되는 광고
	옥외광고	야외(포스터, 간판)와 이동(버스, 지하철)광고
	기타 매체의 광고	케이블 TV, 직접우편(DM), 전화번호부 등의 광고
지 리	지역적 광고	해당 동네 혹은 해당 도시에만 하는 광고
	권역적 광고	여러 해당 지역을 포괄하는 광고
	전국적 광고	해당 국가의 상당지역을 포괄하는 광고
	국제적 광고	해당 국가의 국경선을 넘어 외국을 포함하는 광고
광고목표	상품광고	상품이나 서비스 판매를 목표로 하는 광고
	기업이미지 광고	비상품광고의 대표적 유형으로 기업 자체를 광고
	의견광고	사회적으로 논란이 되는 이슈에 영향력을 행사하는 광고
	공익광고	사회적으로 대의명분이 있는 내용을 광고
	전반적 수요광고	한 상품범주의 수요촉진을 목표로 하는 광고
	선택적 수요광고	특정 브랜드의 수요촉진을 목표로 하는 광고
목표시장	소비자 광고	개인 소비자나 가정을 대상으로 전개되는 광고
	비즈니스 광고	사회적인 이유로 상품을 구매하는 사람을 대상으로 하는 광고
	산업광고	기업에 판매하기 위해 구매하는 사람을 대상으로 하는 광고
	유통점 광고	소비자에게 판매하기위해 구매하는 도매상 또는 소매상등 중간 상인을 대상으로 하는 광고
	전문직 광고	의사, 변호사와 같이 전문 직종의 면허를 취득한 사람을 대상으로 하는 광고

※ 자료 : 김광수(2000). 광고학.

슈퍼볼 TV광고비 초당 1억원, 아깝지 않은 이유?

현대·기아차 '슈퍼볼'광고 전세계 브랜드 알리기

북미지역 최고의 스포츠이벤트는 단연 미국 프로미식축구 결승전인 '슈퍼볼'이 꼽힌다. 매년 경기가 개최되는 일요일 당인은 '슈퍼 선데이'로 불린다. TV 중계방송으로 미국내 시청자만 4,000만 명이 넘고 전세계 200여개국에서는 1억 명 이상이 시청한다.

폭발적인 광고 효과를 거둘 수 있다는 점에서 슈퍼볼의 TV광고 단가는 초당 무려 1억 원을 넘는 것으로 알려진다. 현대·기아차는 국내 기업 중 처음으로 슈퍼볼 광고를 시작해 올해 까지 6년 연속 진행했다. 업계에서는 "광고 단가가 1초에 1억 원이라면 엄청난 금액 같지만 사실 이정도의 돈으로 전세계의 브랜드를 알릴 다른 방법은 없다"고 말한다.

최근 스포츠 마케팅은 단순한 브랜드 노출을 넘어서 커뮤니케이션 수단으로 발전하고 있다. 최근 각광받고 있는 소셜네트워크서비스(SNS)를 활용해 스포츠 팬들의 관심을 높여 홍보효과를 배가시키고 있다.

삼성은 내년 소치 동계올림픽을 SNS와 삼성전자의 혁신적인 기술과 제품을 연계한 '소셜올림픽'으로 만들 계획이다. '삼성 글로벌 블로거 프로개름'을 운영해 전 세계에서 선발된 젊은이들이 소치를 방문해 선수들의 생생하고 감동이 있는 이야기를 SNS를 통해 공유할 수 있도록 할 예정이다.

주요 기업 스포츠팀·마케팅 운용형태

삼성		
국내	종목	야구·축구·농구·배구·여자농구 등 6개 프로구단
	운영	삼성스포츠단(지원업무 수행)
해외	종목	올림픽·아시안게임·국제육상·국제하키·영국 첼시 FC(팀) 등
	운영	삼성전자 GMO 스포츠마케팅 그룹
LG		
국내	종목	야구(LG트윈스)·농구(LG세이커스) 등 2개 프로구단
	운영	(주)LG스포츠(전문운영법인)
해외	종목	코파아메리카·F1·크리켓·스노보드·아르헨티나 보카주니어스(팀)
	운영	그룹 GMO 마켓팅 총괄 산하 전담팀
현대·기아차		
국내	종목	야구(기아 타이거즈)·축구(전북 현대) 등 2개 프로구단
	운영	현대차·기아차 각각의 별도 조직
해외	종목	월드컵·호주오픈테니스·자동차레이싱·프랑스 지롱댕보르도FC(팀)
	운영	해당지역의 마케팅 담당 조직

삼성전자 스포츠 마케팅 효과

단위 : 억 달러, ( )안은 휴대폰시장 점유율, %

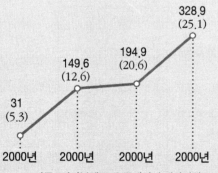

※ 자료 : 인터브랜드, 스트래티지 애너리틱스

※ 자료 : 이데일리, 2013. 8. 2

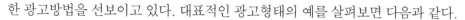

한 광고방법을 선보이고 있다. 대표적인 광고형태의 예를 살펴보면 다음과 같다.

첫째, 애드버토리얼(advertorial) : 신문광고나 잡지광고에서 언뜻 보기에 편집 기사처럼 만들어진 논설 · 사설 형식의 광고형태이다.

둘째, 인포머셜(informercial) : information과 commercial의 합성어로, 30초 이내에 짧게 이루어지는 일반 TV광고와 달리 10, 20, 30분 단위로 상품을 집중적으로 광고하는 방식으로 광고와 사설의 합성어로 신문 기사 같은 광고를 뜻한다. 요약하여보면 애드버토리얼(advertorial)이 신문기사를 흉내 낸 것 이라면, 인포머셜(informercial)은 프로그램 흉내를 낸 것이다(김동식, 2003).

셋째, 배너광고(baner advertisement) : 인터넷 인구가 기하급수적으로 늘어나면서 인터넷이라는 특성을 잘 활용한 광고이다. 인터넷 이용자가 배너광고를 클릭하면 자동적으로 이동하게 되는 형태이다.

넷째, 스폰서십광고(sponsorship advertisement) : 특정사이트에 자사의 로고 및 홍보물을 게시함으로써 사이트를 방문한 소비자들은 의무적으로 볼 수 있도록 하여 자사 브랜드가치를 높이려는 것이다. 한편 스폰서십으로는 금전 혹은 각종 물품을 제공하는 것이 일반적이다.

(3) 광고모델의 유형

광고모델은 광고주를 대신하여 브랜드에 대한 특정 이미지를 제공함으로써 목표한 소비자의 시선을 끌어 인지도를 높이고 브랜드에 대한 관심과 이해를 높여 브랜드를 기억시키고 구매까지 유발하게 하는 역할을 한다(채보라, 2008).

광고모델은 여러 기준에 의해 분류가 가능한데 광고주의 판단에 따라 크게 성별, 연령, 인종, 유명인, 일반인 등으로 나눌 수 있고, 이 외에도 동물, 환경, 목표상품 등 다양하다. 즉, 광고에서 광고 메시지를 소비자들에게 전달하는데 누가, 무엇을 가지고 전달하느냐가 중요하다.

Freiden(1984)은 광고모델 유형을 유명인 광고모델, 최고경영자(CEO), 전문가, 일반소비자로 나누어 광고효과를 조사 한 결과 유형별로 광고모델 속성이나 상품의 질 등의 반응에 있어서 차이점을 발견하였다. Ostrowski(1999)는 광고모델 유형을 유명인 광고모델과 직업적 전문가 광고모델, 일반소비자 광고모델로 구분하여 그 효과를 연구한 결과 세 가지 유형의 모델 중 유명인 광고모델이 가장 효과적임을 발견하였다.

또한 신경화(2007)에 의하면, 광고모델 중에서 유명인 모델이 제품광고에 등장할 때 소비자들의 광고반응에 긍정적인 영향을 미치며, 여러 모델 유형 중에서 유명인들의 광고 설득력이 가장 높은 것으로 나타났다. 따라서 여러 학자들의 연구결과를 바탕으로 광고모델을 유명인 모델, 일반소비자 모델, 외국인 모델로 그 유형을 구분하여 알아보도록 하겠다.

① 유명인 모델

유명인이란 일반적으로 널리 알려진 공적 인지도가 높은 인물로서 대개는 스포츠 스타, 연예인, 정치인, 언론인, 대기업CEO 등 전문직업인, 외국 저명인사 등이 포함된다. 유명인 모델이란 제품과 전혀 다른 분야에서 이룩한 업적으로 인하여 대중들에게 널리 알려진 개인이나 단체로서 그의 명성은 일종의 보증, 신뢰, 친밀감을 더해주며, 손쉽게 소비자들에게 다가갈 수 있다. Assael(1998)은 이러한 현상을 기업이 권장하고자 하는 제품에 대한 소비자들의 긍정적인 연상을 유발할 수 있다는 가정에 기초하여 유명인을 광고모델로 이용하는 것이라고 하였다.

② 일반소비자 모델

일반소비자란 평범한 일반 대중을 말한다. 즉, 모델로서 전문지식을 가지고 있지 않고 인지도가 낮은 집단이다. 그러나 때로는 일반소비자가 모델로 기용되어 오히려 서민계층이라는 공감대를 형성하고 정직과 신뢰성 등이 높게 평가되기 때문에 의외로 의사전달이 아주 쉽게 되는 경우도 있다.

본아이에프, 일반이 모델 선발한다

소비자 참여 마케팅은 '프로슈머(producer+consumer=prosumer)', '모디슈머(modify+ consumer=modisumer)' 등 신조어와 함께 기업에서 중요한 마케팅 수단으로 활용된다.

특히, 소비자가 직접 브랜드를 알리고 홍보하는 것을 의마하는 이른바 '퍼블리슈머(publicze+ consumer=pulisumer)'는 자연스럽게 신뢰도와 친밀도를 높일 수 있어 효과적인 홍보활동으로 주목받고 있다.

※ 자료 : 뉴스토마토, 2013. 10. 5

일반인 광고모델 기용…소비자 직접 마케팅 활발

GJ제일제당의 컨디션 헛개수는 열정이 많은 젊은이들의 끼를 마음껏 펼칠 수 있도록 일반인을 대상으로 '헛개수 스타'를 공모하고 있다.

예쁘고 잘 생긴 사람을 뽑는 천편일률의 미인대회가 아닌 뜨거운 열정과 톡톡 튀는 개성을 가진 사람을 뽑을 계획이다.

※ 자료 : 연합뉴스, 2013. 6. 19

외식업계, 스타 대신 '농부'를 광고모델로 기용한 이유?

SPC그룹의 파리바게트는 올가을, 영천 미니사과와 국내산 사과를 원료로 한 제품 7종을 출시하면서 실제 해당 사과를 재배하는 농부 최병혁씨를 가을 시즌 모델로 발탁했다. '사과돌이'라는 별명을 가지고 있을 정도로 사과에 남다른 애정을 갖고 친환경방식으로 미니사과를 재배해 온 최씨는 파리바게트에 사과 납품을 하게 되면서 이번 모델로 선정됐다. '농부'라는 이미지가 주는 우직함, 진정성을 담고 있을뿐 아니라 직접 재배한 농부가 인증하는 제품이라는 신뢰성까지 얻을 수 있다는 것이 회사의 설명이다.

※ 자료 : 아시아경제, 2013. 9. 3

---

③ 외국인 모델

최근에는 소비자들에게 좀 더 효과적이고 독창적으로 접근하여 자사 제품에 대한 브랜드 인지도를 높이기 위한 방법의 하나로 인기 있는 외국인 모델을 사용하거나 공감대를 형성하기 위한 방법으로 평범한 외국인을 활용하기 시작했다.

우리나라 경우 1989년 CF에 처음으로 외국 광고모델을 주연으로 등장시킨 우유탄산음료가 청소년층을 중심으로 큰 호응을 얻었는데, 롯데칠성의 〈밀키스〉와 해태음료의 〈크리미〉는 똑같이 홍콩의 인기배우를 기용한 CF를 제작, 광고업계뿐만 아니라 소비자들의 큰 반향을 불러일으켰다(naver. com. 2008. 2. 20). 이러한 현상은 우리의 소득수준이 점점 높아

현대증권 able Campaign 광고

    극심한 업황 불황에도 증권사들이 '몸값'이 비싼 인 기스타를 광고 모델로 등장시켜 눈길을 끈다.

    국내 증권사는 물론 세계와 경쟁하는 증권사로서 의 도약 및 이미 변신을 위해 장기간 공을 들여본 able 캠페인은 현대를 떠올리면 딱딱하고 올드한 이미지 가 생각났으나, 광고자체가 세련되고 감각적이어 서 젊어진 이미를 갖고 호감도가 상승했다는 평가를 받고 있다.

※ 자료 : 경제풍월, 2013. 10. 30

블루원워터파크 광고 모델 제시카 고메즈

※ 자료 : 블루원워터파크, 2012. 5. 24

지면서 외국정보가 여과 없이 들어왔고, 또한 막연한 동경의 대상으로 유명 스타가수나 영 화배우 등을 메스미디어를 통하여 가까이서 접하게 된 영향도 있다.

    1988년 광고시장 개방과 더불어 최근에는 자연스럽게 이러한 외국인 모델들이 자주 등장 하는 광고를 어렵지 않게 볼 수 있다. 그러나 이러한 외국인 모델의 과감한 기용이 실현되기 까지는 적잖은 반발에 부딪혔다. 그 이유는 국내모델의 보호 측면과 출연료의 과중한 부담 으로 인한 외화낭비 및 신사대주의를 조성한다는 여론 등에 밀려서 한때는 외국인 모델 사 용 불가방침이 내려지기도 하였다. 김병희(2006)에 의하면, 1994년 6월부터는 외국인 모델 을 광고에 사용할 수 있도록 허용하자 기업들은 자사 광고에 외국인 모델을 쓰기 시작 하였

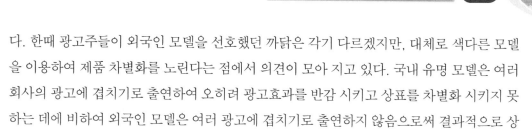

다. 한때 광고주들이 외국인 모델을 선호했던 까닭은 각기 다르겠지만, 대체로 색다른 모델을 이용하여 제품 차별화를 노린다는 점에서 의견이 모아 지고 있다. 국내 유명 모델은 여러 회사의 광고에 겹치기로 출연하여 오히려 광고효과를 반감 시키고 상표를 차별화 시키지 못하는 데에 비하여 외국인 모델은 여러 광고에 겹치기로 출연하지 않음으로써 결과적으로 상표를 차별화시키기 때문이다.

글로벌 시대에 맞추어 현재 많은 제품에서 외국어 표기를 자주 볼 수가 있고, 이러한 외국어에 익숙해져가고 있는 현실에 비추어볼 때 외국인 모델에 대한 거부감이 적어지고, 소비자들에 오랫동안 자사의 광고가 기억에 남을 수 있도록 영향력을 미친다고 생각하여 광고주는 외국인 모델을 선호하는 경향도 있다.

한편 이두희(2001)는 외국인 모델을 활용하는 경우 다음과 같은 장점이 있다고 설명하고 있다.

첫째, 외국어로 표기된 상품명과의 연결감을 강화한다.

둘째, 제품의 수명주기가 짧은 경우 단시간 내에 소구 하고자 할 때 외국인 모델은 강한 충격효과를 가져다 준다.

셋째, 제품의 국제적 이미지를 높일 수 있다.

넷째, 비유사성으로 인한 차별성을 부각시킬 수 있어 주의를 집중시킬 수 있다.

다섯째, 소비자에게 이야기 거리를 제공함에 따라 구전효과를 기대할 수 있다.

(4) 스포츠스타와 광고모델

광고주나 광고의뢰인(단체)이 거금을 투자하여 좋은 모델을 섭외하여 광고를 하는 목적은 소비자들로 하여금 자사 브랜드에 대하여 긍정적 이미지를 갖도록 변화시키고, 미래 고객으로서 제품의 수익극대화를 꾀하는데 있다. 특히 광고주를 대신하여 전하고자하는 이미지를 잘 전달할 모델로서 최근에는 사회적 인지도가 높은 스포츠스타 모델이 붐을 타고 있으며, 특히 각종 국제대회에서의 좋은 성적을 올린 선수들이 집중적으로 섭외를 받고 있다. 과거 메이저리거인 박찬호에서 최근에는 김연아나 손연재선수가 자주 등장하고 있다. 김동식(2003)은 스포츠인으로 단지 인지도가 높다고 하여 누구나 광고모델로 될 수 는 없으며 가장 이상적인 사람은 다음과 같은 몇 가지 중요조건을 갖추어야만 한다고 하였다.

첫째, 높은 인지도 둘째, 높고 지속적인 우승경력 셋째, 카리스마적인 모습 넷째, 모든 사람들의 애호성 다섯째, 잘생긴 외모 여섯째, 미디어에 적합적인 태도 및 풍모 일곱째, 스포츠 선수가 행하는 스포츠 종목의 높은 미디어 현실성 등이다.

이상의 조건을 갖춘 대표적 스포츠스타 모델로는 일반 대중들에게 높은 신뢰감을 주는 미국의 마이클 조던을 들 수 있는데 그는 오늘날까지도 나이키사의 심벌로서 자리 잡고 있다. 또한 김연아는 과거 톱 모델이나 유명 연예스타들을 밀어내고 광고모델로서 최고의 가치를 나타내고 있는 추세이다.

그렇다면 이런 스포츠스타들이 스타덤에 오를수 있게 만드는 결정적변수는 무엇인지 살펴보면 다음과 같다. 스포츠스타의 가치를 알 수 있는 것은 가장 손쉬운 방법은 미디어의 노출 빈도와 미디어의 영향력이다. 개인의 스타덤을 결정하는 변수는 개인의 재능과 노력, 운, 실적 등으로 얼마나 많은 사람들에게 노출되어 있는가이다. 따라서 앞으로 스포츠스타는 박지성 선수가 실력을 인정받아 질레트 브랜드 100년 역사상 첫 한국인을 광고모델로 섭외된 것처럼 개인종목이나 단체종목과 관계없이 수준 높은 기량과 전문성을 공인받아야 한다. 그

손연재 단발머리 화제…"물 오른 성숙미"

'한국 리듬체조의 간판' 손연재 단발머리가 화제다.

LG전자는 지난 24일 자사 홈페이지를 통해 '뷰3' 광고모델 손연재가 출연한 '뷰3' 스페셜 영상을 공개했다.

공개된 영상 속의 손연재는 긴 머리로 등장해 마지막에는 단발머리로 변신, 여자로서의 다양한 매력을 선사해 눈길을 끈다.

체조 요정답게 매끈한 몸매를 자랑하며 자세도 취했다가 '뷰3'를 가지고 놀며 스마트한 생활의 면모를 보여주기도 한다.

손연재 사진=LG전자 제공

※ 자료 : MK스포츠, 2013. 10. 25

'기성용 손연재 손흥민'…3세대 스포츠 스타 광고계 접수

▶ 파워슈터 기성용, 스포츠음료 파워에이드 모델로 발탁되는 등 본격적인 광고계 접수 스타트

올해부터 스포츠 음료 파워에이드 모델로 활약을 시작한 한국의 간판 축구 스타 기성용(스완지시티)은 미녀 리듬체조 스타 손연재와 함께 3세대 스포츠 스타의 양대 축을 이루는 광고계 블루칩으로 손꼽힌다.

▶ 손연재, 귀엽고 사랑스러운 매력으로 3세대 스포츠 스타 중 가장 눈부신 활약 펼쳐

손연재는 자타공인 최고의 스포츠 스타 김연아의 아성을 위협 할만큼 급성장하며 3세대 스포츠 스타들 중에서도 발군의 활약을 펼치고 있다.

세계 최정상의 실력에 우아함과 성숙함을 모두 갖춘 김연아의 매력과 달리 손연재는 이제 막 성과를 내기 시작한 '미완의 대기'에 앳되고 귀여운 외모 등이 매력이다. 5월 들어 월드컵 4개 대회 연속 메달을 수상하는 등 본업의 성적표도 나날이 좋아지는 만큼 손연재의 활약상은 앞으로도 더욱 눈부시게 전개될 것으로 업계는 전망하고 있다.

▶ 손흥민, 아디다스 캠페인 광고 출연과 함께 광고계 다크호스로 부상

아디다스는 올 봄 'adidas is all in(열정, 그 하나로 all in)' 캠페인으로 리오넬 메시, 케이티 페리, 데릭 로즈 등과 함께 한 감각적인 글로벌 영상을 선보인 데 이어 국내 모델로 손흥민과 2NE1을 발탁해 한국에서 태어나 세계적인 스타로 성장하는 스타들의 열정 스토리를 영상에 담아 화제를 모았다.

함부르크 구단 사상 최연소 득점자로 분데스리가의 역사를 바꾼 '아디다스 손흥민 편'은 "8살 때 축구를 시작해 첫 시합을 뛰기까지 8년이 걸렸고 매일 1시간씩 볼을 몸에서 떨어뜨리지 않는 훈련을 거듭해오던 어느날 날아드는 공에 무의식적으로 반응하는 자신을 발견했다"는 손흥민의 멘트를 통해 '열정은 기본에서 시작된다'는 브랜드 메시지를 구현, 감동을 자아냈다.

※ 자료 : MK스포츠, 2013. 6. 3

LG유플러스, 메이저리그 류현진 깜짝 CF모델 화제

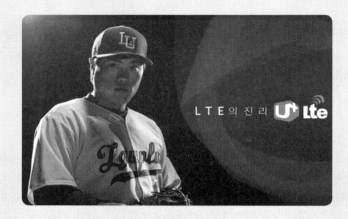

LG유플러스가 메이저리그 LA다저스의 류현진(26)선수를 무제한 요금제의 광고 모델로 기용하고, '류현진 선수 10승 기원 특별 이벤트'를 연다.

LG유플러스는 세계 최초 LTE전국망, 국내 최초 LTE 무제한 요금제를 출시한 자사와 국내 프로야구 선수 최초로 메이저리그로 직행한 류현진 선수 간 '최초' 이미지가 부합하고, 무제한 요금제로 통신사간 벽을 깨고 모든 국민에게 통신생활의 자유를 제공하는 측면에서 자신의 한계를 뛰어넘어 세계무대로 당당하게 진출한 류현진 선수와 일맥상통해 광고 모델로 기용했다고 밝혔다.

LG유플러스는 미국 LA를 방문해 촬영을 진행했으며, 류현진 선수의 역동적인 모습을 담기 위해 영화 '매트릭스' 특수 촬영팀과 함께 최첨단 촬영 기법을 이용해 스펙터클한 영상미를 담아냈다. 광고는 23일부터 온에어(on-air)한다.

LG유플러스는 이번 광고와 함께 오는 24일부터 5월 31일까지 '무한자유 69' 이상 요금제에 가입한 고객들을 대상으로 류현진 선수가 메이저리그 경기에서 1승을 거둘 때마다 모든 고객들에게 데이터를 1GB씩 선물하는 '류현진 선수 10승 기원 데이터 이벤트'를 진행한다.

류현진 선수가 경기 후 승리투수가 확정되면 매월 승수에 따라 2승 시 2GB, 4승 시 4GB데이터가 다음 달 초 추가로 제공돼 LG유플러스 고객들은 야구를 보면서 응원하는 재미와 함께 데이터 선물까지 받을 수 있게 된다.

한편, LG 유플러스는 가입자간 무제한 음성통화는 물론, 특정 이동통신 사업자 및 유선전화 사업자에 구애받지 않고 음성과 문자뿐 아니라 데이터도 완전 무제한으로 이용할 수 있는 'LTE 음성 무한자유 요금제'를 15일부터 가입을 받고 있다.

※ 자료 : 통신일보, 2013. 4. 23

손연재 광고모델 변신

'이러니 손연재 손연재 하지!'

역시 손연재는 내세녀였다. 지난 20일 인천대 체육관에서 열린 전국체전에서 4년 연속 우승이 라는 대기록을 달성한 '리듬체조여왕' 손연재의 인기가 안방극장으로 고스란히 옮겨지고 있다.

이탈리안 스포츠 브랜드 휠라(FILA, www.fila.com)는 자사 전속 모델이자 국가대표 리듬체조 선수인 손연재, 신인 연기자 조윤우의 러브 스토리를 테마로 한 '테라 다운(TERRA DOWN) 재 킷' TV 광고를 선보였다.

이번에 공개된 휠라의 TV 광고는 스무살 손연재의 수줍은 러브스토리에 초점을 두었다. 상반기 휠라 워킹화 광고에서는 체조선수로서 손연재의 퍼포먼스를 중점으로 담았다면 이번 광고는 스무 살이 된 손연재의 풋풋한 러브 스토리를 담아 냈다.

휠라 관계자는 "이번 광고를 통해 소비자에게 사랑의 감정이 녹아 든 기분 좋은 짧은 단편 영화 를 보는 듯한 느낌을 전하고자 했다"며, "다운 재킷의 단순한 상품 정보를 나타내기보다 첫 사랑의 아련한 추억을 떠올릴 수 있는 따뜻한 느낌으로 소비자의 겨울 감성을 자극할 수 있도록 표현했다" 고 기획의도를 밝혔다.

※ 자료 : 스포츠한국, 2013. 10. 21

래야 만이 스타덤에 오를 수 있는 기회를 잡을 수 있기 때문이다.

최근에 스포츠스타들이 출연하는 광고는 갈수록 늘어가고 있다. 과거 탁구의 현정화는 자사인 한국화장품 모델로서, 하이트맥주는 홍명보, 박지성을 기용하였고, 박찬호는 컴퓨터를 필두로 각종 용품 모델로, 박세리는 삼성에서 그를 위한 스포츠마케팅을 본격적으로 추진하는 계기를 만들었다. 또 김연아, 박태환 등은 최근에 인기연예인이나 유명배우 등을 능가하는 광고스타로 자리 잡았다. 그 이유는 소비자들에게 스포츠스타의 땀 흘리는 모습이 매력적으로 다가섰고, 열심히 뛰는 신뢰할만한 사람이라는 메시지를 공개적으로 전달하는 힘이 대중들에게 전달되었기 때문이다.

2) 홍 보

홍보란 대가를 지불하지 않고 TV, 라디오, 신문, 매체 등의 비대인적 매체를 이용하여 제품 및 서비스에 관한 소식을 고객에게 제공하는 활동을 말한다(김성용, 2006). 즉, 기업이 제품이나 서비스에 관한 정보를 매체회사에 제공하여 그 정보가 매체회사 측의 입장에서 뉴스로서의 가치가 있다고 인정 될 때 특정 뉴스로서 게제 또는 방송되는 것을 말한다. 따라서 메시지전달에 사용되는 지면이나 시간에 대해 요금이 지불되지 않는다(김 봉, 2009).

홍보는 광고와 달리 다음과 같은 특징이 있다(김소영 외, 2007).

첫째, 비용을 기업이 부담하지 않고 매체회사가 부담함으로써 무료로 홍보가 이루어진다.

둘째, 매체회사의 주관 하에 뉴스형태로 정보가 제공되기 때문에 광고보다 훨씬 신뢰성이 있다.

셋째, 매체의 사정에 따라 모든 것이 결정되고 진행되기 때문에, 뉴스형태로 제공되는 자사관련 기사의 내용이나 정보 제공기간 등에 대해 통제 할 수 없다.

따라서 스포츠 기업은 매체회사들과의 관계를 좋은 쪽으로 꾸준히 유지하고, 자사의 긍정적이고 공신력 있는 기사거리를 지속적으로 제공해야 할 필요가 있다.

광고와 홍보의 차이

	광고	홍보
비용	있음	없음
송신자	광고주	미디어
특징	메시지표현에 자유로움	수용도, 신뢰도가 높음

3) 인적판매

인적판매란 판매원이 직접 스포츠소비자를 찾아서 대화를 통해 구매를 유도하는 일체의 활동으로 스폰서십을 확보한다거나 경기장 내 1등석 판매 또는 단체 입장권 판매 등 다양하게 이용 된다(강호정 외, 2005).

인적판매는 다음과 같은 특성을 갖는다(이동휘 외, 2004).

첫째, 판매원들은 기업과 소비자 양사의 욕구를 만족시켜야하는 어려움을 갖는다.

둘째, 판매촉진의 경우 단시간에 매출액의 변화를 가져오지만 인적판매는 촉진의 시간이 대부분 길어 구매계약을 하는데 까지 오랜 시간이 경과되는 특징을 지니고 있다.

셋째, 다른 촉진의 수단들에 비하여 각 구매과정에 적합한 대응을 융통성 있게 할 수 있으므로 각 구매자들의 구매 단계(주의, 선호, 확신 등)에 일치하는 효과적 커뮤니케이션을 할 수 있다.

넷째, 인적판매는 고객 1인당 커뮤니케이션 비용이 다른 촉진 수단에 비해 고가이다.

인적판매는 위에서 언급한 네 가지의 특성과 함께 다음 그림 8-1과 같이 판매원의 판매과정이 크게 준비단계, 설득단계, 거래 및 고객 관리단계의 3단계로 구성 되어 있다(김성용, 2006).

먼저 준비단계는 예상 고객을 탐색하고 이들에 대한 사전정보를 수령한 후 이들에게 접근하는 방법을 도식하는 단계이다. 판매원은 시간과 노력을 전략하기위해 예상고객을 사전에 가능한 한 정확하게 선별하는 것이 중요하다. 그러나 사전에 구매가능 고객을 선별하는 것이 결코 용이한 일은 아니다(김소영 외, 2007). 설득단계는 잠재고객에게 접근하여 제품을

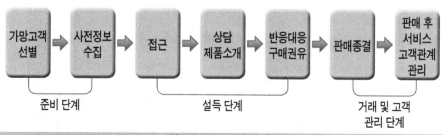

그림 8-1. 인적판매과정

자료: Philip Kotler and Gary Amstrong(2001). Principles of Marketing, 9th ed., p.600.

소개하고, 구매를 설득하는 단계이며, 거래 및 고객관리단계에는 고객과의 거래를 성사시키고 고객이 구매 후 만족하도록 지속적으로 고객을 관리하는 단계를 말한다(김성용, 2006).

4) 판매촉진

(1) 판매촉진의 개념

판매촉진이란 판매하고자 하는 제품, 서비스 등을 빠른 시일 내에 소비하기 위해 촉진전략을 구사하는 것이라고 할 수 있다.

Mcneol(1982)는 "판매촉진은 제품에 대한 직접적인 권유, 추가적 가치 제공 또는 유임의 제공과 같은 활동을 하는 행위나 요소이다"라고 하였다. 더욱 중요한건 "촉진과 판매촉진은 개념적인 측면에서 갖는 의미가 다르기 때문에 혼돈해서는 안된다"고 하였다. 즉 판매촉진은 보다 포괄적인 촉진영역의 한 부분이고, 인적판매, 관리와 같은 다른 촉진 수단들과 함께 시도되기도 한다. 대표적으로 세일, 할인, 무료쿠폰 등을 들 수 있다. 이러한 판매촉진이 중개되는 이유는 소비자들의 상표 애호도가 갈수록 줄어들고 가격과 가치 및 편리성에 의해서 구매하는 경향이 있는 동시에, 많은 소비자들은 쿠폰제공이나 할인을 할 때 구매하는 경향이 나타나기 때문이다(김 봉, 2009).

2014년 월드 랠리 챔피언십에서 판촉행사를 하고 있는 현대자동차

부산 유통가, 아웃도어·스포츠상품 판촉전

야외활동을 하기 좋은 봄철을 맞아 부산지역 유통가에 서 전개하는 아웃도어와 스포츠 상품의 판촉전이 뜨겁다.

13일 부산지역 유통업계에 따르면 롯데백화점 부산본 점의 경우 지난해 아웃도어와 스포츠(의류·신발) 매출이 거의 비슷한 400여억원에 달했다.

레저와 스포츠 상품이 박빙을 보이면서 서로의 상품 영 역을 뛰어넘는 등 공격적인 상품 마케팅으로 매출 극대화 에 나서고 있기 때문이다.

현재 부산지역 유통가에서는 스포츠화 매장에 런닝화 가 아닌 등산용 트레킹화가 매장 앞자리를 장식하며 판촉전에 나서고 있다.

아웃도어는 20~30대를 잡기 위해 스포츠 스타일의 상품들을 눈에 띄게 늘리고 있다.

노스페이스, 코오롱스포츠, 컬럼비아 등에서는 경량 런닝화를 연상시킬 만큼 화려한 색상과 디 자인의 등산화를 출시해 산행은 물론 일상 생활에서도 운동화처럼 신을 수 있도록 했다.

아웃도어 의류도 스포츠 바람막이 같은 재킷, 라운드형 티셔츠, 트레이닝복 느낌의 등산바지 등 기존의 아웃도어에서 탈피해 젊은 고객들이 좋아하는 디자인의 상품을 속속 출시하고 있다.

스포츠업계에서는 기능성을 추가하면서 아웃도어보다 20~50%까지 저렴한 가격으로 고객을 끌어들이기 위한 전략을 펼치고 아웃도어 업계에서는 40~50대 주 고객을 비롯, 젊은 고객층까지 흡수하기 위한 마케팅을 펼치며 치열한 접전을 벌이고 있다.

이같은 트렌드에 발맞춰 부산지역 롯데백화점에서는 15~21일 스포츠와 아웃도어가 한치의 양 보없는 판촉행사를 동시에 전개한다.

롯데백화점 부산본점 지하 1층과 센텀시티점 3층 행사장에서는 스포츠 대표 브랜드인 '나이키· 아디다스' 라이벌전'을, 롯데백화점 부산본점 지하 1층과 광복점 8층 행사장에서 노스페이스, 컬럼 비아, 에이글 등 인기 브랜드가 참여하는 '유명 아웃도어 대전'을 펼친다.

롯데백화점 부산본점 남성우 남성스포츠팀장은 "아웃도어와 스포츠 상품은 운동이나 야외활 동이 많아지는 봄에 특히 많이 찾는 상품"이라며 "활동에 필요한 비슷한 상품군의 특성으로 업계 에서는 저마다 고객을 유치하기 위해 상품과 디자인을 확대하는 등 마케팅 경쟁이 치열해지고 있 다"고 말했다.

※ 자료 : 파이낸셜 뉴스, 2013. 3. 13

하지만 이러한 판매촉진은 소비자를 자극해서 단기적인 판매를 하는데 매우 효과적인 수 단이지만, 마케터나 기업이 판매촉진에만 의존할 경우 브랜드 자산의 가치를 떨어뜨릴 수 있다는 단점을 염두해 두어야 한다. 왜냐하면 소비자들은 지나치게 저렴하거나, 지나치게 판촉행사에 의존하는 브랜드는 제고가 많거나 제품에 문제가 많지는 않을까 하는 의심을 할 수 있기 때문이다. 따라서 스포츠기업들은 이러한 판매촉진의 장·단점을 충분히 검토하고 그중에 가장 효과적인 방안을 선택해서 전략을 세울 필요가 있다.

(2) 판매촉진의 장·단점

판매촉진은 단기적으로 조기 또는 다량 구매를 유도하기 위해 설계한 다양한 방법들을 의미한다. 그러나 이러한 판매촉진 전략은 소비자들의 구매를 촉진시킬 수 있지만 장·단점을 정확히 파악하지 않고 이 전략에만 의존하는 것은 브랜드 자산 가치를 떨어뜨리는 오류를 발생할 수 있다. 따라서 장·단점 파악이 우선시 되어야 할 것이다.

판매촉진의 장점은 제조업자들 측에서 단기간에 수요와 공급을 조절가능케 한다는 것이다. 이유는 각종 할인을 통해서 제품을 단기일 내에 소비자에게 다량으로 판매하기 때문에 제조업자나 기업측에서 제고정리와 같은 수요, 공급의 조절을 가능케 해준다. 또한 판매촉진은 소비자들에게 구매를 설득하는 효과가 있기 때문에 광고나 인적판매에서 명시한 설득효과에 부합해 부수적인 설득 효과를 나타낼 수 있다. 마지막으로 판촉행사는 새롭게 출시된 제품의 구매를 유도할 수 있다. 소액할인, 상품제공, 경품 등을 통해서 소비자들의 구매위험을 감소시켜 신제품에 대한 시험사용을 촉진할 수 있다.

판매촉진의 단점으로는 브랜드에 대한 애호도가 강한 고객을 확보하기 어렵다. 브랜드에 대한 애호도가 강한 소비자는 판촉행사를 통해 구매패턴을 변경하기란 어렵기 때문이다. 또한 경쟁업체와 판매촉진경쟁으로 기업의 수익구조를 악화시킬 수 있다. 즉, 동종업체 간 유사제품의 판매의 효율성을 위해 판매촉진 전략에 경쟁을 하게 되면 너무나 지나친 할인이나 쿠폰 등을 제공함으로써 기업의 수익구조에 악영향을 미칠 가능성이 있다. 마지막으로 판매촉진은 기존 브랜드 자산 이미지에 악영향을 끼칠 수 있다. 기존 브랜드 인지도에 판촉행사를 통한 세일이나 인적판매 등은 소비자들의 인식 저급 등의 이미지를 갖게 할 우려가 있기 때문에 브랜드 자산가치를 떨어뜨릴 수 있다.

인천 실내·무도 아시안게임, 입장권 가두판매 시작

2014 인천아시아경기대회조직위원회가 25일 앞으로 다가온 제4회 인천실내·무도아시안게임 입장권 판매를 위해 거리로 나섰다.

조직위는 5일부터 오는 23일까지 19일간 인천시내 대중들이 쉽게 접근할 수 있는 장소에 입장권 판매소를 설치하고 본격적인 판매에 들어간다.

일단 인천버스터미널 내 관광안내소에 상설판매소를 마련해 현장 판매를 시작하고 프로야구 SK 와이번스 홈경기가 열리는 문학구장(6월7일~9일, 18일~23일)에서도 인천실내·무도아시안게임 입장권을 판매한다.

조직위는 인천버스터미널 판매 첫 날인 6월 5일 직원들이 직접 현장판촉행사를 펼쳐지며, 현장에서 입장권을 구매하는 사람들에게는 5%의 할인혜택과 기념품을 제공한다.

입장권 가격은 개·폐막식 1등석 20만원, 2등석 10만원, 3등석 5만원이며 종목별로는 댄스스포츠 1등석 3만원, 2등석 1만원, E스포츠 1만원, 무에이, 킥복싱 7천원, 풋살(송도글로벌캠퍼스), 카바디, 크라쉬 5천원이다.

입장권을 구입하면 대회기간 강화군 11개 유적과 전시관, 인천시립박물관, 송암미술관, 검단선사박물관, 이민사박물관 등을 무료로 관람할 수 있다. 또 현대해양레저 5개 노선 승선권을 반값에 구매할 수 있고 현대유람선, 월미테마파크, 인스파월드, 월미도 비너스유람선 등도 할인된 가격에 이용이 가능하다.

한편, 2013 인천 실내·무도 아시안게임은 6월 29일부터 7월 6일까지 열리며 당구, 볼링, 체스·바둑, 풋살 등의 종목에 2400여명의 선수와 임원이 참가한다.

※ 자료 : 파이낸셜 뉴스, 2013. 6. 4

연구문제

1. 촉진믹스와 광고의 개념을 구분하여 알아보자.

2. 판매촉진의 장·단점에 대해서 논의해 보자.

3. 일반적 광고의 특성과 새로운 광고형태의 특성을 비교해서 설명해 보자.

4. 광고모델의 유형을 구분하고 적절한 예를 들어 알아보자.

5. 스포츠스타가 광고모델로 각광받고 있는 이유를 논의해 보자.

6. 광고와 홍보의 차이점을 설명해 보자.

9

스포츠 스폰서십

스포츠 스폰서십은 기업 마케팅활동의 궁극적 목적인 이미지제고와 이윤창출이라는 목표를 해결하기 위해 스포츠조직이나 스포츠이벤트에 자금을 투자하는 마케팅 수단이라고 할 수 있다. 스포츠 스폰서십은 빅 스포츠 이벤트와 함께 성장해 왔으며, 또한 다양한 형태와 종류를 보이고 있다. 본 장에서는 스포츠 스폰서십의 이해와 발전과정을 우선 이해하고 스폰서십의 종류를 파악하고 스폰서 획득, 매니지먼트 과정을 이해할 것이다. 이와 더불어 스포츠 스폰서십을 평가하고 그에 따른 스폰서기업의 효과를 알아본다.

1 스포츠 스폰서십의 개관

스포츠 스폰서십은 스폰서와 피스폰서 상호간의 이익을 위해 각종 서비스, 즉 인적·물적·재정적 자원을 주고받는 일체의 행위이다. 따라서 스포츠 주관자나 기업 모두의 목표달성을 위해 가장 효과적인 수단으로 부각되고 있다. 여기에서는 기업의 목적이나 마케팅 목적을 달성하기 위해 스포츠조직이나 스포츠이벤트 등에 전반적으로 투자하는 스포츠 스폰서십(sports sponsorship)에 대해 살펴보고 이해할 것이다.

1) 스포츠 스폰서십의 정의

최근 TV나 경기장 그리고 각종 스포츠 관련 포스트 등에서 기업이나 기업의 상품명이 노출되는 것을 우리는 쉽게 확인할 수 있다. 다시 말해 스포츠 이벤트나 각종 경기장의 A보드, 간판, 선수유니폼 등에서 기업명이나 기업의 상품명을 홍보하는 것을 볼 수 있다. 이러한 활동은 기업이 기업목적이나 마케팅목적의 달성을 위해 스포츠조직이나 스포츠이벤트에 투자하는 것으로, 이러한 활동 모두를 스포츠 스폰서십이라고 한다. 즉 스포츠 스폰서십은 기업이 여러 가지 측면에서 스포츠이벤트나 스포츠팀을 경영하는 스포츠조직과 그 조직의 선수를 후원하는 스폰서가 되어 자금이나 자원을 투자 또는 지원하는 기업과 스포츠조직 간의 상호교환관계라고 할 수 있다.

전 세계적으로 스포츠조직과 기업들은 각자의 목적달성을 위하여 서로를 지원하는 파트너십을 맺기 시작하였다. 이러한 파트너십의 한 형태가 바로 스포츠 스폰서십이다. 스포츠조직에 있어서 스폰서십은 스포츠 이벤트나 프로그램을 운영하기 위해 기업으로부터 자금을 지원받는 노력이며, 기업의 입장에서는 상품을 소비자에게 인지시킬 수 있는 기회이다.

기업은 인종에 대한 편견이나 국가적 이기심 또는 종교적 차별을 버리고 인류 전체의 복지증진을 위하여 온 인류가 서로 평등하게 사랑하여야 한다는 박애주의적 목적으로 스포츠

행사나 체육프로그램에 재정적 지원을 하였으나, 오늘날 기업은 광고효과에 더욱 자극받고 있다(Irwin, 1993).

스폰서는 상업적인 목적으로 행하는 것이기 때문에 자선과는 명백하게 구분되어야 하며(Copeland, Frisby, 1996), 후원자는 단순한 은혜를 베푸는 것이 아니라 오히려 고객이나 사업파트너로 간주되어야 한다.

1931년「옥스퍼드사전」에 처음으로 등장하는 스폰서십의 사전적 의미는 기업체나 기업인이 상업적인 제품에 대한 소개를 이끌어내기 위해 방송프로그램에 비용을 지불하는 것이라고 정의되어 있는데, 이것은 미국적 상업주의의 시각에서 보는 정의라고 볼 수 있다(Grason & Townely, 1984).

스폰서십에 대한 정의는 학자들마다 표현상의 차이가 있다. 하지만 기본적으로 상호이익을 위한 교환이론이 작용한다는 기본 전제하에 스폰서십을 정의하였다. 교환이론은 두 당사자 간에 가치교환이 발생해야 하는 것이다. 두 당사자 간에 발생되는 교환은 물질적, 비물질적, 혹은 두 가지 요소가 결합된 형태로 나타나고 있다(Copeland, 1991). 전통적으로 이들 당사자들은 스포츠조직과 기업이며 이들이 스포츠 스폰서십의 주체이다. 스포츠조직은 스포츠를 통해서 기업노출과 연상의 기회를 제공하며, 기업은 비용, 장비, 물품, 서비스 등을 부담하게 된다. 이때 당사자들 간의 이해가 불균형을 이루면 교환이론은 성립하기 어렵게 된다(Sawyer, 1997).

McCarville과 Copeland(1994)는 이러한 교환이론은 기업이 스폰서십을 통해 달성하게 될 목표에 대한 기대를 분석하는 기초적인 배경이론이 된다고 하였다. 특히 스포츠 스폰서십에서의 교환이론은 합리주의, 한계효용, 공평성 등의 세 가지 원칙이 적용되며, 모든 이해 당사자들 간의 관계는 혜택의 최대화와 위험의 최소화라는 기본원리에 입각하게 된다고 하였다.

많은 연구자들은 이벤트 조직들이 기업의 스폰서 목적을 충족시킬 필요가 있음을 강조하고 있다. 즉 스포츠이벤트 조직의 입장에서는 스포츠 스폰서에 참여하는 기업 또한 스포츠이벤트 조직의 소비대상이기 때문에 일반 소비자들과 마찬가지로 기업에 대한 필요와 욕구를 충족시켜주기 위한 노력이 필요한 것이다.

물론 스포츠 스폰서십은 스포츠단체와 기업이 상호 협력적인 관계를 형성해야 효과를 높일 수 있지만, 대부분의 경우 기업이 선택적인 입장을 취하며 스포츠단체의 스폰서십 프로그램에 대해 관심을 갖게 된다. 이에 따라 대부분의 스폰서십에 대한 정의는 기업적 시각에서 주로 다루어지고 있다.

Meenaghan(1984)은 스폰서십을 "상업적 목표를 가지고 있는 영리조직으로부터 금전이나 물품 후원을 받는 것"이라고 하였으며, Sandier & Shani(1989)는 "어떤 조직이 이벤트나 활동과 직접적인 관련을 맺기 위해서 이벤트나 스포츠활동에 대한 교환수단으로 재원을 제공하는 것"이라고 정의하였다. 같은 맥락에서 Sleight(1989)는 스폰서십을 "금전이나 용역을 제공하는 자와 그 대가로 상업적 이익을 목적으로 권리를 부여받거나 제휴를 하는 개인, 이벤트, 혹은 단체와의 사업적 관계"라 하였다.

Schaaf(1995)는 "기업이나 관련 당사자들이 스포츠경기를 통해 소비자들에게 침투함으로써 홍보효과 및 이익을 창출해내는 프로모션 메커니즘"으로 정의내리고 있다. Shank(1999)는 스폰서십을 "조직의 목적, 마케팅 목표, 및 프로모션 전략을 위하여 스포츠 실체(선수, 리그, 팀, 혹은 이벤트)에 투자하는 행위"로 개념화시키고 있다.

한편 Brooks(1994)를 비롯한 일부 연구자들은 기업적 관점에서 현재 스포츠마케팅이란 용어를 스폰서십이라 바꾸어 말해야 한다고 강조하면서, 기업적 측면에서 스폰서 비용을 지불하는 것이 곧 스포츠마케팅이라고 하였다. 그러나 이러한 개념은 스포츠마케팅이라는 단어가 지칭하는 대상의 구조적인 복잡성이 혼돈과 오해, 그리고 남용으로 이어지게 하는 원인이라고 할 수 있다.

즉, 스포츠 스폰서십이 곧 스포츠마케팅은 아니며, 스포츠 스폰서십은 스포츠를 통한 마케팅이라고 말할 수 있지만 스포츠마케팅은 그렇게 단순한 것이 아니라 더 복합적이며 미묘한 것이다.

이와 같이 스폰서십 개념은 대부분 기업의 측면에서 정립되어 왔으므로, 이제는 스포츠 이벤트조직의 입장에서 정의가 필요하다 하겠다. 이에 따라 스포츠 이벤트 조직 차원에서 정의를 내리면 "스포츠 선수, 팀, 시설물, 이벤트, 조직 등 스포츠 자산의 주체가 재원을 확보하고 수익을 창출하기 위해 기업들에게 스포츠 자산을 마케팅 커뮤니케이션수단으로 활용할 수 있는 권리를 부여하고 이에 상응하는 현금, 물품, 서비스 등을 제공받는 행위"로 볼 수 있다.

종합해보면 스포츠 스폰서십은 기업이 스포츠를 마케팅수단으로 활용하기 위해 스포츠에 참여하는 개인과 팀 또는 집단이나 단체 그리고 행사에 대한 재정적 · 인적 · 물적 지원을 하는 활동이라고 할 수 있다.

2) 스포츠 스폰서십의 역할

스포츠 스폰서십은 스포츠 조직과 기업 모두의 목표달성을 위한 가장 효과적인 수단으로 인식되고 있다. 스포츠 주관자는 성공적인 이벤트의 개최와 조직의 확대라는 측면에서 필요하고, 기업은 촉진커뮤니케이션 효과라는 측면에서 필요하며, 미디어는 재원확보라는 측면에서 스포츠 스폰서십을 필요로 한다.

이처럼 기업은 여러 가지 이유에서 스포츠 스폰서십에 참여하지만 궁극적으로는 그들만의 독특한 마케팅목적과 기업의 철학에 부합되는 이득이 얻어지도록 스폰서십을 추구한다. 결국 소비자들에게 기업의 이미지를 효과적으로 전달하는 것이 중요시되어 왔고 그 충족요건으로 스포츠를 활용한 스폰서십을 실행하게 되었으며 지금까지 이어져 오고 있다.

결국 기업들은 각종 행사나 스포츠경기에서 자신들의 기업이미지 제고와 인지도를 높이기 위해 스포츠 참여자나 관람자에게 스포츠를 통해 여러 가지 방법으로 스폰서 역할을 하면서 그 효과를 증대시키려 노력하고 있다. 결국 스폰서십은 스포츠이벤트를 통해 기업들과 소비자 사이에 친밀한 관계를 심어주는 역할을 한다. 강기두(2005)는 스포츠 스폰서십이 수행하는 역할을 크게 두 가지로 설명하고 있다.

첫째, 커뮤니케이션의 제고이다.

소비자들은 하루에 약 5,000여 개의 광고에 노출되어 있고, 그중에서 15개 정도밖에 기억하지 못한다. 따라서 대중매체나 인쇄물들을 통한 광고활동과 같은 커뮤니케이션은 기업들의 요구를 충족시킬 정도로 의미가 제대로 전달되는 경우가 많지 않거나 왜곡될 우려가 있다.

따라서 기업의 입장에서는 자사의 제품에 대한 이미지를 소비자에게 보다 정확히 전달하고자 노력을 해왔고 보다 강력한 메시지 전달을 위해 스포츠를 활용한 마케팅 커뮤니케이션 활동을 필요로 했다. 왜냐하면 스포츠가 기본적으로 주는 가치는 즐거움이고 대중들의 빅 스포츠이벤트에 대한 관심이 강하기 때문에 소비자들로부터 주목을 받을 가능성이 매우 크기 때문이다. 결국 스폰서십을 통해 스포츠소비자들은 개인적으로 스포츠와 자신들을 동일시하려 하고, 이로 인해 스포츠와 연계된 상품에 대한 브랜드충성을 제고시킬 기회를 제공하기 때문에 스포츠 스폰서십의 중요성과 역할이 훨씬 더 커지고 있다.

둘째, 홍보의 창출이다.

기업이 스포츠선수에게 스폰을 할 경우 선수, 팀 또는 대회명칭 등에 스폰서의 로고나 이

'류현진 효과' MBC스포츠플러스 상반기 시청률 1위 달성

케이블 스포츠 전문채널 MBC스포츠플러스가 '류현진 효과'를 톡톡히 보고 있는 것으로 나타났다.

MBC스포츠플러스는 상반기 평균 시청률 0.400%(AGB 닐슨미디어 리서치 기준)으로 경쟁 채널인 SBS ESPN(0.282%)과 KBS N SPORTS(0.279%)를 큰 차이로 누르고 스포츠 채널 중 시청률 1위를 기록 중이다.

시청률 수훈갑은 역시 새로운 '코리안 특급'으로 급부상중인 류현진과 추신수가 맹활약 중인 메이저리그와 8년 연속 중계 시청률 1위를 기록 중인 프로야구.

특히 메이저리그의 경우, 류현진 등판 생중계는 평균 시청률이 1.943%에 달하며 지난 4월 14일 시즌 2승 달성과 함께 3안타를 기록한 애리조나 전은 2.839%을 기록해 그 인기를 입증했다.

올해로 9년 연속 중계 시청률 1위를 노리는 프로야구의 경우, 중계 시청률 뿐 아니라 김민아, 김선신 아나운서의 노련한 진행이 돋보이는 하이라이트 프로그램 '베이스볼 투나잇 야'도 평균 시청률 0.752%로 경쟁 채널 프로그램인 KBS N 스포츠의 '아이 러브 베이스볼'(0.689)과 SBS ESPN의 '베이스볼S'(0.555)를 제치고 1위를 차지했다.

MBC스포츠플러스는 "K리그 클래식, 4월까지 중계된 프로농구에서도 차별화된 중계 시스템과 중계 해설진의 안정된 진행으로 경쟁 채널 중 1위를 기록 전체 시청률 1위를 견인하고 있다"고 '선두 질주'의 배경을 밝혔다.

이와 관련해 MBC스포츠플러스 관계자는 "메이저리그의 인기가 실로 대단하다. 코리안 리거가 없는 경기도 프로야구 못지않은 시청률을 보이는 경우가 종종 있다"라며 "특히 7월 말에는 류현진과 추신수, 두 코리안리거의 맞대결이 예상되고 있어 당분가 메이저리그 특수가 이어질 전망이다"라고 관측했다.

※ 자료 : 마이데일리, 2013. 7. 2

름 등을 어떠한 방식으로든 노출시키게 한다. 나이키가 마이클 조던을 상대로 벌였던 스폰서 활동 역시 대표적인 사례라고 할 수 있는데, 조던은 시합 때마다 나이키 로고가 새겨진 농구화를 신고 나와야 하기 때문에 기업의 홍보효과는 대단하다 할 수 있다. 또한 타이틀 스폰서라는 유형으로 스포츠를 활용해서 스폰서 활동을 하는 경우, 경기가 열리는 경기장이나 입장권 그리고 방송화면에 스폰서기업의 로고나 제품명이 항상 나타나도록 광고판을 배치하는 것도 그러한 예이다.

결국 이러한 스폰서십을 이용하게 되면 평소 광고를 통해 메시지를 전달할 때보다 스폰서기업의 메시지가 객관적으로 소비자들에게 전달된다. 또한 시청자들의 집중도가 가장 높은 시간 때 방송을 통해 기업의 메시지나 이미지가 전달되는 기회도 얻을 수 있게 된다. 최근의 박태환, 김연아 선수를 활용한 스포츠 스폰서십은 좋은 사례가 된다.

2 스포츠 스폰서십의 발전

스포츠 스폰서십의 최초 시작에 대한 주장은 여러 가지가 있어서 정확하게 추정하기란 쉽지 않다. 일반적으로 스포츠 스폰서십은 1985년 미국 뉴잉글랜드 철도회사가 하버드대와 예일대 스포츠 팀에 무료 교통편을 제공하고자 자사를 홍보한 것이 시초가 되었으며, 이때가 기업의 홍보를 목표로 스포츠 팀에 대한 일시적인 후원이 시작된 시기이다.

즉, 초기에는 스포츠의 인기를 의식한 소수 기업의 실험적 시도에서 출발되었기 때문에 이 당시의 스폰서 형태는 최근 여러 학자들이 주장하고 있는 스포츠 스폰서십과는 분명한 차이가 있는 것은 사실이다.

기업들이 스포츠에 관심을 갖게 된 시점에 대해 Stotlar(2001)는 코닥(Kodak)이 1896년 최초의 근대올림픽 공식 프로그램에서 광고를 한 것과 코카콜라가 1928년 암스테르담 올림픽대회에서 시음회를 하면서부터로 파악하고 있다. 코닥은 1928년 암스테르담 올림픽에서 올림픽경기를 제품화할 수 있다는 가능성을 인지하고 각 경기에 대한 초상권을 사들여 다른 경쟁업체와 모든 개인에게 사진 촬영을 금하게 하는 독점적 권한을 행사하기 시작

'기아자동차, 프로야구와 협력 마케팅 활동 활발'

프로야구 자동차부문 공식 후원사 기아자동차(주)
가 2세대 쏘울 출시를 기념하여 가을 야구를 기다리
는 많은 야구팬들을 위해 2013 프로야구 플레이오프
및 한국시리즈 티켓을 제공하는 이벤트를 실시한다.

기아차가 추첨을 통해 제공하는 티켓은 플레이오프
(최대 5경기)와 한국시리즈(최대 7경기)의 내야 지정
석 티켓 360장으로, 매 경기마다 15명씩 추첨하여 총
180명에게 인당 2매의 티켓을 증정한다.

다만, 경기 성적에 따라 시즌이 조기 종료될 경우에는 남은 경기의 티켓을 사용할 수 없다. 또한
기아차는 한국시리즈 MVP에게 준대형 럭셔리 세단 K7을 증정하고, 2세대 쏘울을 유명시구자들
과 함께 한국시리즈 시구행사에서 야구팬들에게 공개하는 등 다양한 프로야구 포스트시즌 마케
팅을 펼칠 예정이다.

기아차 관계자는 "이번 가을 시즌에 대한 프로야구 팬들의 기대가 큰 만큼 기아차 역시 2세대 쏘
울에 큰 기대를 걸고 있다"며, "아이코닉한 디자인과 넘치는 볼륨감으로 새롭게 태어난 쏘울에 대
해 많은 관심 부탁드린다"고 밝혔다.

※ 자료 : 마이데일리, 2013. 10. 6

하였다(박찬혁, 2003).

이러한 사실로 미루어 볼 때 스포츠 스폰서십은 올림픽이라는 거대 스포츠 이벤트와 함
께 시작되었음을 알 수 있다. 올림픽이 스포츠 스폰서십과 역사를 함께하는 데는 대중매체
나 매스미디어의 발달이 있었기 때문이다. 결국 스포츠가 매력적인 미디어 컨텐츠로 부상
하면서 스폰서십 기업들의 미디어 노출효과가 높아지게 된 것이다. 이에 따라 기존 프로모
션 수단에 비해 스포츠 스폰서십의 효과성을 인지한 기업들이 경쟁적으로 스포츠이벤트에
참여하게 되었다.

스포츠 스폰서십은 1984년 LA올림픽을 계기로 급성장하게 되었다. LA시는 올림픽 개최
에 요구되는 재원 마련을 위해 기업들에게 자사 제품을 광고하도록 하고 그 대가로 이벤트
비용을 지불하게 한 결과(Irwin & Sutton, 1995), 백여 개의 기업들이 9천여만 달러를 지
불하면서 이벤트에 참여했으며, 약 2억2천5백만 달러의 이익을 가져왔다(Stotlar, 1993).

1984년 LA올림픽은 기업들의 스폰서 참여로 올림픽 재정에 큰 공헌을 했으며, 그로 인해 스포츠 스폰서십이 더욱 강조되게 되고, 결국 국제올림픽위원회(IOC)는 그 이듬해인 1985년 기업의 스폰서십을 제도화한 TOP(The Olympic Partner) 프로그램을 도입하게 된다.

　이후 미국올림픽위원회(USOC: United States Olympics Committee)는 기업의 스폰서십에 더욱 의존하게 되었다. TOP 프로그램이 처음 시행된 서울올림픽에서 코카콜라 등 9개 업체를 통해 총 9,500만 달러(TOP Ⅰ), 1992년 바르셀로나올림픽에서는 12개 기업으로부터 17,500만 달러(TOP Ⅱ), 1996년 애틀랜타올림픽에서는 10개 기업으로부터 35,000만 달러(TOP Ⅲ), 그리고 1998년 나가노동계올림픽과 2000년 시드니올림픽의 TOP Ⅳ에

TOP 프로그램

TOP	개최지	기업	참여수
I	1988년 서울올림픽	Coca-Cola, Kodak, Visa, 3M, Philips, Time Federal Express	7개사
II	1992년 바르셀로나올림픽	Coca-Cola, Kodak, Visa, 3M, Philips/Matsushita, 한국체신부, Broter, Ricoh, Sweet&Salty, Time, 35mm Cameras&optical, Xerox	12개사
III	1996년 애틀란타올림픽	Coca-Cola, Kodak, Visa, Mastusita, Time, UPS, Bausch&Lomb, IBM, Xerox	9개사
IV	2000년 시드니올림픽	Coca-Cola, Kodak, Visa, Matsusita, Time, UPS, IBM, Xwrox, Mcdonald's, John Hancock, Samsung	12개사
V	2004년 아테네올림픽	Coca-Cola, Atos, Sports Illustraed/Time, UPS, Mcdonald's, Omega, Panasonic, Samsung, Visa, Kodak, John Hancock, Xerox, Timing, Scoring systems, Swatch	14개사
VI	2008년 베이징올림픽	Coca-Cola, Acer, Atos, Dow, GE, Mcdonal's, Omega, Panasonic, Samsung, Visa, Volkswagen, John&Johnson, Ienovo, Manulife, Air China, Bank of China, China Mobile, CNC, CNPC, PICC, Sinopec	21개사
VII	2012년 런던올림픽	Coca-Cola, Acer, Atos, Dow, GE, Mcdonald's, Omega, Panasonic, Procter&Gamble, Samsung, Visa, Adidas, BMW, BP, BT, EDF, BRITISH AIRWAYS, Lloyds TSB	18개사
VIII	2016년 리우데자네이루올림픽	Coca-Cola, Acer, Atos, Dow, GE, Mcdonal's, Omega, Panasonic, Procter&Gamble, Samsung, Visa	11개사

서는 11개 기업이 참가하여 55,000만 달러의 수입을 창출하였다(최희용, 2000). 이처럼 올림픽에서 기업들의 스폰서 참여로 인한 성공사례는 스포츠 스폰서십이 더욱 강조되고 성장하게 되는 계기가 되었으며, 더 나아가 월드컵이나 세계육상선수권대회 등 국제적 메가 스포츠이벤트에 그대로 반영되어 고부가가치와 수익을 올리는 기업들의 마케팅 수단이 되었다.

한편 올림픽 스폰서십이 성공을 이룬 이후 주류와 담배회사들이 스폰서십에 참여하게 된다. 1970년대 초 미국에서는 주류와 담배회사에 대한 TV와 라디오 광고를 금지하게 되었고 그로인해 광고홍보에 한계를 느낀 기업들이 새로운 대안으로 스포츠 스폰서십을 선택하게 된다. 결국 TV와 라디오 광고를 금지한 정부의 정책이 주류와 담배회사들의 스포츠 스폰서십 참여를 독려하게 된 결과라 할 수 있다. 이를 계기로 주류와 담배회사들은 대부분 NASCAR와 같은 모터스포츠를 중심으로 스포츠이벤트 스폰서로 참여하였다.

최근들어 스포츠 스폰서십에 영향을 미치게 된 또 하나의 요인으로 엔터테인먼트 기업과 스포츠 관련기업들의 합병을 들 수 있다. 1996년 많은 합병이 이루어졌는데, TNT 스포츠와 Timewarner, Disney sports와 ABC, Capital Cities와 ESPN 등의 사례가 있다(박찬혁, 2003). 결국 이러한 합병은 스포츠 시장에 막대한 영향력을 미치게 되었고, 스포츠와 엔터테인먼트의 간격이 좁아지고 스폰서시장이 더욱 확대된 계기가 된 것이다.

이처럼 스폰서십의 활성화로 전반적인 스포츠 산업의 성장이 두드러졌는데 1986년부터 1988년 사이에 약 7%의 성장을 보였으며, 이는 타 산업분야에 비해 대단한 성장이라 할 수 있다. 최근에는 올림픽이나 월드컵 등과 같은 메가 스포츠이벤트를 비롯한 프로축구나 프로농구 등과 같은 프로스포츠에도 관심을 보이고 있으며, 신종 뉴스포츠들 또한 기업의 관심을 모으고 있다.

이처럼 양적 팽창과 더불어 이벤트의 성격도 다양해짐을 알 수 있는데 MBC Sports Plus, SBS ESPN , KBS N Sports 등 새로운 스포츠에 대한 TV 중계를 위한 전문채널이 생겨날 정도이다. 이밖에도 스포츠 스폰서십은 빅 스포츠이벤트만 가능한 것이 아니고 소규모의 이벤트 등의 소비자층을 타깃으로 실시하는 경우도 늘어나고 있다. 예를 들어 e-스포츠의 경우 게임 전문 방송 채널이 생겨났고, 각 기업에서는 스폰서로 참여해 팀을 구성하고 있으며, 이것은 젊은 청소년층을 목표로 시장을 공략하는 경우라고 볼 수 있다. 최근에는 중 · 고교, 대학 및 지역 스포츠이벤트에까지 스폰서십이 이루어지고 있는 추세이다.

결국 스포츠이벤트와 기업들의 스폰서십 참여가 서로 공생관계를 취하며 발전을 거듭해오고 있으며, 이와 함께 기업들은 스폰서십을 소비자들과 커뮤니케이션하는 마케팅수단으로 인정하게 되었다.

'한국 프로야구 중계권료 변천사 -2억 8,820만원에서 108억 3,000만원에 이르기까지'

지난 시즌 사상 최고의 관중으로 인기몰이를 한 한국 프로야구가 올 시즌에는 수월하게 TV 중계권료 협상을 앞두고 있다. 지난해에는 시즌 개막을 하고도 방송사와 협상이 완료되지 않아 진통을 겪기도 했지만 올해는 다른 양상이 전개될 전망이다. 벌써부터 중계를 원하는 방송사들이 줄을 이으면서 높은 중계권료가 예상된다. 시즌 개막이 다가오면서 어느 때보다도 중계권료가 높아질 것으로 보이는 현시점에서 한국 프로야구의 중계권료 변천사를 살펴본다.

프로야구 발전에 토대가 된 중계권료 수입

한국프로야구는 1982년 출범 후 29년을 이어오는 동안 양적으로, 질적으로 비약적인 발전을 이뤘다. 명실상부한 한국 최고의 프로스포츠로 인기를 굳건히 했음은 물론 관중 600만명 시대를 눈앞에 두고 있다. 출범하던 해 140만 명대였던 관중이 지난해 590만 명대로 늘었고 올 시즌은 사상 최초로 600만 명대를 돌파를 목표로 하고 있다.

이처럼 프로야구는 눈부신 성장을 거듭하고 있다. 프로야구를 즐기는 팬층이 갈수록 두꺼워지고 있는 것과 함께 수익구조도 나아지고 있다. 특히 TV 중계권료를 살펴보면 프로야구가 얼마나 크게 발전하고 있는 지를 한 눈에 알 수 있다.

1982년 프로야구가 출범하던 해 중계권료 전체 수입은 2억8820만 원이었다. 방송사인 MBC가 서울을 근거지로 해서 'MBC 청룡'으로 참가하며 프로야구와 TV 중계를 떼려야 뗄 수 없는 구조로 출발했다. 안정적인 TV 중계와 함께 프로야구 발전에 토대가 되는 중계권료 수입이 불어나기 시작했다.

프로야구 초창기인 1980년대에는 한 자리수 수입에 머물렀다. 도약기인 1989년 드디어 총수입이 11억 원이 되면서 두자리 수 수입으로 늘어났다. 이때부터 중계권료도 KBO의 중요 수입원으로 인식되기 시작했다.

서서히 탄력이 붙기 시작한 중계권료는 프로야구의 인기가 폭발할 즈음인 1993년 20억 원대로 올라섰고 사상 첫 관중 500만명 시대를 돌파한 1995년 30억 원대로 치솟았다. 인기 및 관중 증가와 함께 중계권료도 덩달아 상승효과가 나타났다. 1996년 39억 원대, 그리고 1997년 40억 원대를 돌파했다. 1990년대 후반에는 한국인 첫 메이저리거인 박찬호의 한국내 중계권료가 마구 뛰기 시작하면서 한국 프로야구 중계권료도 가치 재인식의 기회가 생겼다. 2000년 50억 원대로 올라선 중계권료는 박찬호 중계권 쟁탈전과 더불어 방송사간 경쟁이 불붙으면서 2001년 새로운 전기를 맞았다.

2001년 MBC가 높은 가격에 메이저리그 중계권을 단독 계약으로 체결했고 이에 KBS는 한국 프로야구 독점 계약권을 따내며 대항했다. KBO와 KBS는 2001년부터 2004년까지 독점 계약을 맺었다. 4년간 총 320억 원대로 연평균 80억 원대로 수입이 늘어났다. 2004년 90억 원까지 올라갔던 중계권료는 프로야구 인기가 주춤하면서 2005년 78억8700만 원대로 내려서기도 했다. 하지만 프로야구가 인기 중흥의 계기 마련을 위해 전력을 다함과 동시에 중계권료 판매의 패러다임을 바꾸는 변화가 생겼다.

이전까지 방송사에 귀속돼 있었던 영상물 재판매권을 2006년 방송3사(KBS, MBC, SBS)와 총 100억 원에 재계약을 체결하면서 재판매권도 KBO 소유임을 분명히했다. 이 때는 인터넷, DMB 등 뉴미디어가 본격화한 시기로 재판매권을 갖고 있어야 부가 수입을 창출할 수 있는 상황이었다.

방송 중계 다양화와 수입 증대

중계권료 수입을 극대화하기 위해 KBO는 다시 한 번 변화를 줬다. 이번에는 중계권료 협상 대행사를 선정, 방송사와 불필요한 오해를 피하면서 수입을 늘릴 수 있는 여건을 마련했다. 2008년 중계권 대행사인 에이클라와 3년 계약을 체결, 방송사와 중계권료 협상을 하도록 했다. 덕분에 KBO는 2007년 방송광고 집행 등으로 98억 원대로 내려갔던 수입을 2008년부터 다시 100억 원대로 회복시켰고 매년 꾸준한 상승기조를 유지하고 있다. 더불어 중복중계를 막는 한편 프로야구 전경기 중계가 가능토록 했다.

재판매권과 판매 대행사로 인해 KBO는 수입기반을 탄탄히 했다. 방송사는 지상파, 케이블, 위성 TV만 중계권을 갖고 인터넷, DMB, IPTV 등 뉴미디어 재판매권은 KBO가 권리를 갖고 대행사를 통해 판매할 수 있게 됐다. 2008년은 방송사와 중계권료를 놓고 잠시 갈등을 빚기도 했지만 두 가지 효과로 수입은 늘어났다. 지난해 인터넷 등 뉴미디어 중계권료 수입이 16억 원이었다.

※ 자료 : 한국야구위원회, OSEN 2012. 3. 17

3 스포츠 스폰서십의 종류

스포츠의 종류나 제품의 종류가 다양하듯이 스폰서의 종류 역시 다양하다. 스포츠상품은 빅 스포츠이벤트로 꼽히는 월드컵이나 올림픽, 세계육상선수권대회 등과 국내 프로경기나 소규모의 경기대회 등 그 종류가 다양하다. 이와 함께 스포츠 스폰서십의 종류 또한 다양하게 나타난다. 여기서는 스폰서의 여러 종류를 구분하여 이해하도록 하겠다.

1) 공식스폰서

공식스폰서는 현금을 지불하는 대가로 등록된 마크를 광고와 판매촉진활동에 이용할 수 있는 권리를 부여받는 기업을 말한다(전호문 외, 2006). 즉 해당 대회조직위원회에 일정금액을 지불하고 자신들의 상품 신뢰도를 높이고자 원하는 기업과 대회조직위 간의 계약형태로 볼 수 있다. 여기에서는 공식스폰서를 독점스폰서와 타이틀스폰서로 나누어 설명하도록 하겠다.

(1) 독점스폰서

독점스폰서는 스포츠이벤트, 팀, 선수 또는 스포츠상품의 모든 권리를 독점하는 것으로 스폰서가 오직 하나뿐이라는 것이다. 강기두(2005)는 독점스폰서에는 다음과 같은 세 가지 역할이 있다고 하였다.

첫째, 스폰서는 자신들의 이름을 이벤트의 이름이나 팀의 이름에 집어넣을 수 있게 해준다.

둘째, 스폰서기업은 자신들의 촉진활동을 위해 스폰서를 받는 스포츠 구성요소들을 독점적으로 이용할 수 있다. 특히 이러한 촉진은 기업으로 하여금 광고 및 기타 커뮤니케이션활동의 효과를 극대화시킨다.

셋째, 독점적으로 스폰서를 한다는 명성을 얻음으로써 결과적으로 스폰서기업의 제품가

치를 높이는 역할을 한다. 하지만 이러한 독점스폰서는 스폰서를 한 기업이 독점하기 때문에 비용이 많이 든다는 부담이 뒤따른다.

독점 스포츠가 되는 프로스포츠 구단은 기업이 구단주가 되고, 팀 이름에도 기업이름을 사용하며 선수들이 사용하는 용품이나 유니폼에도 특정 기업의 이름 또는 제품광고가 부착된다.

독점스폰서의 장점은 스폰서기업이 독자적이기 때문에 스폰서활동에 대한 범위가 다양하고 소비자들에게 보다 강하게 인식될 수 있다. 그러나 독점스폰서는 비용이 많이 들기 때문에 스포츠이벤트가 흥행에 실패하고, 팀이나 선수가 계속 경기에서 지는 경우 스폰서 기업의 이미지가 부정적으로 전달될 수 있고 그 피해가 독점스폰서 기업에 까지 미칠 수 있다.

(2) 타이틀스폰서

타이틀스폰서는 각종 경기대회 명칭이나 대회홍보물에 회사의 이름이나 로고, 브랜드명을 사용하는 댓가로 그 경비를 전액 제공하는 경우를 말한다. 또한 타이틀스폰서에게는 VIP 좌석이 제공되고, 경기장 안내를 할 때 회사명칭을 사용한다. 오늘날 스포츠의 다양한 종목별 경기 및 경기외적 이벤트는 각자의 참여동기와 목표가 다른 기업과 소비자, 언론매체와 그 수용자들이 스포츠의 모든 행사에 직·간접적으로 다양한 형태로 관여하여 그들의 마케팅목표에 최대한 도달할 수 있도록 하고 있다.

즉, 비상업적 상황에서 특수표적집단(고객)을 겨냥한 커뮤니케이션을 펼칠 수 있어 스포츠의 이미지 및 스포츠에 대한 관심을 직접적으로 기업 커뮤니케이션의 목적에 이용할 수 있다. 이를 통해 경쟁에서 우위에 설 수 있고, 기업의 인지도 향상과 이미지 개선을 할 수 있으며, 회사를 대내외적으로 선전하게 됨으로써 제품판매로 이어지는 장점이 있다.

타이틀스폰서와 달리 대회경비를 협찬사끼리 분할하여 분담하는 것을 협찬스폰서라고 한다. 타이틀스폰서 후원금의 평균 25%를 지불하는 프리젠팅 스폰서는 경쟁상품을 배제하여 상품의 인지도를 높이기 위한 목적으로 이용된다. 공식스폰서는 타이틀스폰서 후원금의 평균 10%를 지불하여 경기장 광고나 프로그램 광고에 참여한다.

국내에서는 프로축구·프로농구·프로야구·프로배구경기 등에서 타이틀 스폰서를 도입하고 있다. 프로축구의 경우 1993년에 도입되어 스폰서에 따라 정규리그 명칭이 하이트코리안배, 라피도컵, 현대컵K-리그, 삼성디지털K-리그, 삼성파브컵 K-리그 등으로 이어졌다.

'헤지스 무한질주, LG트윈스 덕 봤다'

2002년 이후 11년 만에 처음으로 가을야구 무대에 나서는 LG트윈스의 후광효과를 톡톡히 누리고 있다. LG패션 헤지스는 지난해부터 LG트윈스의 메인 스폰서로 활약하며 2년 간 협찬 및 제품 후원을 하고 있다.

같은 기간 LG트윈스의 올해 관중 누적수는 지난해 125만 9,480명 보다 2% 늘어난 128만 9,297명을 기록해 최다 관중 1위에 올랐다. 반면 롯데는 44%, 두산 11%, SK 15%, 삼성 17%, 넥센 20%, 한화 23% 등 LG를 제외한 7개 구단 모두 관중 수가 줄었다.

업계는 폭발적 증가세는 꺾였지만 여전히 600만명 이상 관중을 기록하고 있고, 성적이 급 상승한 LG트윈스로 인해 LG패션이 후원 규모의 몇 배 효과를 볼 것으로 예상했다. LG패션도 당장의 매출 상승을 기대할 수는 없지만 브랜드 이미지 제고 등의 효과는 클것으로 내다봤다.

국민체육진흥공단에 따르면 프로야구의 경제 파급 효과는 1조원을 넘는다. 이는 국내 4개 스포츠리그(축구·농구·배구·야구) 파급 효과의 52.9%에 해당하는 수치다.

업계 관계자는 "프로야구와 관련된 각종의 후원이 매출로 직결되는 것은 아니지만 장기적으로 이미지 개선 등 수치화하기 어려운 효과가 있는 건 분명하다"며 "프로야구의 대중적인 인기상승과 함께 야구를 직접 즐기려는 사회인팀도 늘고 있어 패션업체들의 후원참여도 점차 늘것"이라고 전망했다.

※ 자료 : 이데일리 2013. 10. 15

2) 공식공급업체

공식공급업체는 물자나 용역 등을 지원하고 등록된 마크를 광고와 판매촉진 활동에 이용할 수 있는 권리를 부여받는 기업을 말한다(전호문 외, 2006). 즉, 올림픽 등의 대형 스포츠 이벤트에 필수적인 정보시스템 개발이나 각종 서비스 분야 등에 직접 또는 간접적으로 참여하는 댓가로 홍보효과를 얻는 것을 말한다. 공식공급업체는 크게 용구 및 용품제조업체와 장비 및 기술제공업체로 나누어 설명할 수 있다.

(1) 용구 및 용품제조업체

스포츠경기에 필요한 용구 및 용품을 제공하는 업체로 기업이 제공하는 분야에 한해 독점권을 가진다. 예를 들어 2013년 국내 프로야구는 스카이라인, 맥스, 빅라인 업체가 공식용품 공인구 공급업체로 참여하였다.

제조업체는 같으나 공의 형태가 변화하고 있는 월드컵 공인구

(2) 장비 및 기술제공업체

장비 및 기술제공업체는 스포츠경기를 치르는 데 필요한 기술이나 서비스를 제공하고 이벤트와 관련된 스포츠상품을 이용할 수 있는 권리를 부여받은 후원사를 의미한다. 대부분이 통신, 전산, 대회운영에 필요한 소프트웨어 분야의 기업들이다. 뿐만아니라, 올림픽과 같은 다양한 종목을 치루는 대회에서는 종목마다 방송 중계기술이 뛰어난 국가에게 중계를 위탁하는 경우가 있는데 이와같은 형태 역시 장비와 기술을 동시에 제공하는 경우이다. 예를 들어 2008년 베이징올림픽 당시 양궁중계를 한국기술진이 야구중계를 쿠바기술진이 중계한 사례와 같다.

"스포츠 채널 '티빙'에서 모아보세요"

CJ헬로비전의 N스크린 방송서비스 '티빙(www.tving.com)'이 다양한 스포츠 콘텐츠와 편의 기능으로 무장했다.

CJ헬로비전(대표 변동식)은 언제 어디서나 다양한 단말기로 스포츠 생중계를 즐길 수 있게 해주는 '티빙 스포츠팩'을 출시했다고 16일 밝혔다.

'티빙 스포츠팩'은 '티빙'의 130여 개 채널 가운데, 15개 이상의 스포츠 및 게임 관련 채널 만을 모아서 보다 편리하게 이용할 수 있게 한 서비스다.

CJ헬로비전에 따르면, 스포TV 4개 채널과 KBS스포츠, SBS ESPN 등 스포츠 전용 채널을 통해 생중계하는 실시간 프로야구 중계 방송은 130여 개 채널 중 시청 점유율 10% 이상을 기록해 동 시간대 평균 시청률 1위를 차지하는 등 킬러콘텐츠로 자리매김하고 있다.

※ 자료 : ZDNet Korea

통신 3사, 특색있는 모바일 프로야구 중계 제공

SK텔레콤의 T베이스볼은 야구 팬들에게 큰 호응을 얻고 있는 서비스다. HD화질 프로야구 중계는 물론이고 잠시 한눈을 팔거나 통화를 한 사이 놓친 장면을 되돌려서 볼 수 있는 기능도 제공한다. 중계를 계속 볼 수 없는 상황이라면 '실시간 알림' 기능을 사용하면 좋다. 홈런, 득점찬스, 투수교체 등 원하는 장면을 설정해두면 이를 실시간으로 알려준다.

LG유플러스는 프로야구 전용 애플리케이션 HDTV프로야구와 U+박스, U+HDTV 등을 통해 프로야구 중계 서비스를 제공 중이다. LG유플러스의 가장 큰 강점은 4개 화면 동시서비스, 프로야구 정규시즌에는 4개 구장에서 펼쳐지는 전 경기를 동시에 시청할 수 있다는 강점이 있다. 포스트시즌에도 방송사들의 서로 다른 화면과 해설을 동시에 감상할 수 있다.

KT도 모바일 IPTV 올레TV모바일을 통해 프로야구 중계 서비스를 제공중이다. KT프로야구 중계의 특징은 '편파중계'다 자신의 응원하는 팀 위주의 해설을 듣는 재미가 쏠쏠하다.

통신 3사는 모두 프로야구 중계를 고객들에게 제공한다. 특히 LTE 가입자의 경우 TV화면과 다를 바 없는 고화질 HD화질을 제공하기 때문에 모바일로도 선수들의 플레이 하나하나를 세세히 볼 수 있다.

※ 자료 : 아이뉴스24, 2013. 10. 8

4 스포츠 스폰서십의 획득

스포츠 스폰서십은 단순한 광고활동이 아닌 마케팅전략이다. 따라서 스폰서 획득도 국내의 스폰서십 매니지먼트 과정에 의해 결정되는 것이 바람직하다. 이 과정에서 중요하게 고려해야 할 점은 스폰서를 우선적으로 획득하려고 하는 목표기업에 대한 분석과 결정이다. 또한 스폰서십 계약을 통해 후원을 하려는 기업의 획득은 자사제품이나 서비스를 판매하기에 위하여 스포츠 이벤트 대회장이나 스포츠팬과 같은 표적과 일치하는 기업을 선정해야 한다.

예를 들면 국내 프로야구 관중들의 경기장 내 선호식품을 조사한 결과 78%가 맥주를 마시면서 경기를 관람하는 것으로 나타났으며, 또한 66%가 인터넷을 통해 관전을 하는 것으로 조사되었다. 이러한 결과를 파악한 맥주회사나 인터넷 관련 회사가 프로야구 관중을 타겟으로 한 스폰서 활동에 집중한다는 것을 예상할 수 있다. 따라서 스포츠조직은 이 두 가지 업종의 기업이 파트너로서 적절하다고 판단할 수 있는 것이다.

그밖에 스폰서 획득에서 분석해야 할 것은 스포츠조직과 스포츠이벤트가 갖고 있는 이미지와 기업이 추구하려는 이미지가 일치하는지와 기업의 시장과 경쟁기업의 존재 여부, 스포츠 스폰서십의 계약경험, 최근 경영전략의 동향 등 잠재적 목표 기업에 관한 정보를 획득해서 파트너로서 가장 어울리는 기업 즉, 스포츠조직이 가장 큰 이익을 제공받을 수 있는 기업을 선정해야 한다.

스포츠조직과 스폰서 기업은 양측 모두 가치를 공유하는 것에 의해 관계가 성립되고 그로 인해 파트너가 될 수 있다. 즉, 스포츠조직이 획득해야 할 스폰서는 돈을 가지고 있는 기업이 아니고 파트너로서 가장 적합한 기업이다. 목표기업에 대한 분석이 이루어지고 난 후 반드시 실행해야 할 과정은 스폰서십 패키지 작성이다. 스폰서십 패키지에는 기업이 스폰서가 되면서 얻을 수 있는 이득이나 마케팅기회들이 모두 포함되어 있다. 예를 들어 TV중계의 빈도, 대회장 내의 간판 수와 크기, 프로그램 편수에 따른 광고 수 예상, 입장 관객 수, 무료티켓의 수, 주차장티켓의 수 등이다. 이와 같은 스폰서십 패키지는 스폰서기업의 마케팅믹스

박인비 'KB' 모자 쓴다

4년 메인 계약…年 10억 추정
서브스폰서 합치면 최대 20억원
국내 최고액은 박세리 年 20억

여자 골프 세계랭킹 1위 박인비(25)가 KB금융그룹과 4년간 메인스폰서 후원 계약을 맺었다. 후원 계약 규모는 정확히 밝혀지지 않았지만 메인스폰서 후원금에 용품·의류 스폰서인 던롭스포츠와 휠라 등으로부터 받는 후원금까지 합치면 연간 최고 20억원에 육박하는 수입을 올릴 것으로 전해졌다.

박인비의 매니지먼트사인 IB스포츠 관계자는 2일 "박인비가 2016년 브라질 리우데자네이루 올림픽까지 KB금융그룹과 메인스폰서 계약을 맺었다"고 밝혔다. 박인비는

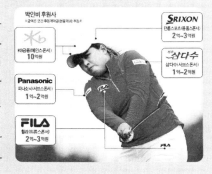

3일(한국시간) 미국 버지니아주 윌리엄즈버그 킹스밀 리조트에서 열리는 미국 LPGA투어 킹스밀 챔피언십부터 KB금융그룹 로고가 새겨진 모자를 쓰고 출전한다.

KB금융그룹 관계자는 "연초부터 관심을 갖고 박인비 선수를 지켜보다가 세계랭킹 1위 골퍼가 외국 기업의 용품 후원을 받는 게 개인이나 국익 차원에서 바람직하지 않다고 생각해 후원을 결정하게 됐다"고 말했다. 계약금과 관련해서는 "후원 금액은 상호 협의하에 공개하지 않기로 했으며 후원금과 인센티브 등에 있어 선수 위상에 적합한 수준에서 결정했다"고 설명했다.

박인비가 받은 금액은 연간 계약금 3억5,000만원에다 성적에 따른 인센티브 최대 5억원, 훈련 지원비 등을 포함해 연 10억원을 넘지 않는 것으로 알려졌다. 인센티브는 우승 시 상금의 50%, '톱5' 진입 시 30%, '톱10' 진입 시 20%를 받는다.

박인비의 후원 금액은 여자 선수 가운데 박세리, 신지애에 이어 역대 세 번째로 높은 금액이다. 국내 여자프로골프 역대 최고 후원 계약금은 박세리가 2003년 CJ에서 받은 연간 20억원(서브 스폰서 제외)으로 아직까지 깨지지 않고 있다. 신지애는 2009년 2월 계약하면서 계약금 10억원과 성적 인센티브 최대 5억원 등 연 15억원을 5년간 받기로 했다.

박인비는 메인 스폰서외에 서브 스폰서로부터 연간 8억~9억원의 후원을 받고 있다. 용품 스폰서인 던롭스포츠(브랜드명 스릭슨)로부터 연간 2억~3억원을 받고 의류 후원사인 휠라로부터 2억원 안팎의 금액을 지원받는 것으로 알려졌다. 오른팔에 로고가 붙은 파나소닉으로부터는 연간 1억~2억원, 삼다수 로고를 왼팔에 부착하는 조건으로 제주개발공사로부터 1억~2억원을 받고 있다.

※ 자료 : 한국경제, 2013. 5. 2

를 최대한으로 활용한 마케팅전략과도 함께 전개할 수 있도록 고려해야 한다. 또한 스폰서십 패키지는 스폰서가 되기를 원하는 기업의 특성에 의해 독자적으로 개발되어야 할 것이다.

결론적으로 기업이 스폰서십을 통해 가장 관심을 갖는 것은 기업의 이익이나 마케팅 기회를 통해 기업이 가지고 있는 업종이나 취급제품, 서비스, 표적시장에 의해 다르게 나타난다. 예를 들어 스포츠음료 상품이라면 시설이나 경기장 내에서의 독점 판매에 관심을 나타낼 것이고, 신규 서비스를 개발한 기업이라면 자사의 서비스명의 노출정도를 중시할지 모른다. 따라서 스폰서 획득과정에서 특히 중요하게 고려해야 할 점은 목표기업의 분석과 스폰서십 패키지 작성이라고 할 수 있다. 스폰서 획득과정에서 알 수 있듯이 스폰서는 적극적으로 획득하는 것이고, 그 방법은 파트너로서 가장 잘 어울리는 업종이나 기업을 목표로 하는 표적마케팅이다. 표적이 된 기업은 성공적 마케팅을 위해 패키지를 개발하고 투자액에 대한 충분한 이득과 마케팅기회가 있음을 설명하는 스폰서십 제안서를 활용하는 것도 하나의 중요과정이다.

5 스포츠 스폰서십의 효과

스포츠조직에 투자하는 기업은 스폰서가 됨으로써 얻게 되는 다양한 효과를 기대하고, 스폰서를 획득하려고 하는 스포츠조직은 기업이 요구하는 효과를 파악하고 이해하는 것이 중요하다. 기업이 아무런 문제없이 스포츠조직의 스폰서가 되기 위해서는 여러 가지 측면에서 준비해야 할 사항들이 많이 있다. 예를 들어 인지도 향상, 이미지의 개선 및 향상, 시험판매나 적정판매기업의 확보, 접대기회의 확보 등을 들 수 있다.

한편 Mullen(2000)은 기업의 의사결정에 영향을 미치는 기준으로 기업과 상품서비스, 인지도향상, 이미지개선, 특정시장 세분화와의 관계강화, 지역과의 관계구축, 관련기업이나 고객과의 우호적 관계구축, 미디어에서의 노출증가, 제품이나 서비스판매향상, 타사와의 경합 우위성 구축, 접대나 오락기회의 확보권리 등을 지적하였다. 뿐만 아니라 IEG(1996)에 의하면 기업의 스폰서십에 관한 의사결정 전의 조사에서 스포츠에 한정한 기업이 이벤트 중에 스폰서로서 참여를 결정할 때에는 브랜드 로열티의 향상, 지명도의 향상, 이미지의 개선이나 향상 순으로 스폰서로서 얻는 효과를 확인해 보아야 한다. 최근에는 기업이나 상품, 서비스의 브랜드 자산구축 등이 스포츠 스폰서십 효과로 주목되고 있다.

　또한 기업이 스폰서할 때 중요시하는 포인트는 브랜드로열티 향상, 지명도 향상, 이미지 개선 및 향상, 판매업자와의 거래확장, 상품서비스의 이용, 판매의 촉진, 상품서비스의 전시나 제공, 지역사회화의 공헌, 잠재고객의 유치, 대회장에서의 상품서비스, 판매의 기회 등을 들 수 있다.

국내 프로축구를 후원하는 기업명이 A보드 광고를 통해 일반시청자들과 관람객들에게 노출되고 있다.

　이 중에서 가장 주목해야 하는 것이 브랜드자산 구축이다. 브랜드자산이란 브랜드 그 자체의 이름이나 심볼과 연결된 브랜드자산과 부채의 집합과 브랜드인지, 지각, 품질, 브랜드로열티, 브랜드연산 등으로 구성되어 있다.

　Aaker(1994)는 스포츠 스폰서십이 스폰서 기업의 브랜드자산에 미치는 영향에 관한 연구를 통해 스폰서십의 효과에 대해 분석하였다. 예를 들어 팬들의 스폰서십명의 인지도를 시즌 전 후로 비교한 결과 스폰서에 의해 차이가 있고 전체적으로 효과가 높다고 하였으며, 장기적으로 스폰서가 인지효과를 높인다고 하였다. 또한 경기장 내의 광고가 다수 혼란하게 배치되어 있는 상태는 인지효과에 부정적인 영향을 미친다고 하였다.

　Keller(1993)는 올림픽 스폰서가 다른 동종기업과 비교해 브랜드 인지도 수준이 높고 좋은 브랜드 이미지를 가지고 있는 것으로 나타났다고 하였다. 또한 프로스포츠의 기업 스폰서는 동업종의 경쟁기업과 비교해 봤을 때 팬들의 인지수준이 높다는 것을 지적하였다. 기업이나 상품, 서비스, 브랜드가치가 소비자의 구매행동에 커다란 영향을 주기 때문에 브랜드자산 구축이 기업에서 가장 주목하는 경쟁전략 중 하나로 꼽히고 있다.

[골프女帝 박인비] 내가 '甲'이다... 스폰서 업체 대박

박인비(25.KB금융그룹)의 미국여자프로골프협회(LPGA) 투어 메이저 3연승으로 스폰서 업체가 웃음을 감추지 못하고 있다. 한마디로 '대박'났다.

박인비는 얼마전까지만 해도 '乙'의 입장이었다. 하지만 바뀌었다. US여자오픈 우승을 기점으로 '甲'이 됐다.

스폰서 업체들은 졸지에 '乙'이 됐지만 그래도 좋아 죽는다. 박인비의 메이저 3연승을 포함한 시즌 LPGA투어 6승으로 어마어마한 홍보효과를 거뒀기 때문. 돈으로 '계산 불가'다.

메인 스폰서인 KB금융은 언론 노출로 인한 홍보효과에 대해 '말로 할 수 없다. 계산하기 힘들다'며 입을 다물지 못하고 있다.

KB금융은 박인비가 시즌 첫 메이저대회인 나비스코챔피언십 우승 직후 메인스폰서로 뛰어 들어 시점도 절묘했다. 골프전문가들은 박인비의 메이저 3연승 효과를 5000억원 이상으로 보고 있다. 스포츠마케팅을 전혀 모르더라도, 꼭 5000억원이 아니더라도 짐작은 간다. 그게 그냥 엄청날 것으로.

서브 스폰서업체인 던롭 스릭슨과 휠라코리아도 엄청난 홍보효과에 정신을 차리지 못하고 있다.

던롭 스릭슨은 박인비에게 클럽부터 골프화 장갑, 볼 등을 용품 일체를 공급하고 있다. 박인비의 메이저 3연승 이후 매출이 20% 이상 늘었다고 한다. 또 박인비 용품'에 대한 문의도 쇄도하고 있다.

휠라코리아는 박인비에게 의류를 지원하고 있다. 휠라는 경쟁업체의 부러움을 사고 있다. 앞서서 홍보효과를 봤기 때문.

또 매출도 25% 정도 늘어났다는 게 휠라코리아의 설명이다. 이 회사는 유소연(23.하나금융그룹)에게도 의류를 지원하고 있다.

업계에서는 두 선수의 활약으로 휠라코리아가 '1년 장사'를 다 했다는 말까지 나오고 있다.

사실 박인비는 KB금융과 메인스폰서 계약을 맺기 전까지 만해도 철저한 '乙'이었다. 메이저 1승을 포함해 시즌 3승을 거둘 때까지 메인 스폰서가 나타나지 않았다. 그렇다고 박인비는 초조해 하지 않았다. 매달리지 않았다.

박인비의 상품성을 알아보고 메인스폰서를 찾은 곳은 스포츠마케팅업체 IB월드와이드. 유소연 등 굵직한 선수들을 관리하고 있는 IB월드와이드는 박인비를 KB금융그룹과 연결시켜 주는데 성공한다.

물 만난 박인비는 KB금융을 만나 뒤 메이저 3연승이라는 대기록으로 메인스폰서에 답했다.

※ 자료 : Newspim, 2013. 7. 4

연구문제

1. 스포츠 스폰서십의 정의에 대해서 알아보자.

2. 스포츠 스폰서십이 수행하는 두 가지 역할을 설명해 보자.

3. 스포츠 스폰서십이 최초로 시작하게 된 과거 상황을 설명하고 당시의 스폰서 형태와 지금의 스폰서 형태의 차이점을 논의해 보자.

4. 스포츠 스폰서십의 종류를 구분하고, 각각의 종류의 형태에 대해서 설명해 보자.

5. 현재 진행 중인 프로스포츠 경기를 바탕으로 타이틀스폰서에 대해 예를 들어 설명해 보자.

6. 스포츠 스폰서십의 획득에 있어 중요 결정요인에 대해 설명해 보자.

7. 스포츠 스폰서십의 효과에 대해 구체적으로 논의해 보자.

10

스포츠 에이전트

스포츠를 통한 경제적 효과는 국가나 기업뿐만 아니라 스포츠업에 종사하는 관계자 개개인에게도 큰 영향을 미친다. 최근 가장 각광받고 있는 스포츠업종 중 하나가 에이전트이다. 프로스포츠가 활성화되고, 국내 선수들이 해외로 진출하면서 에이전트의 역할과 업무, 그리고 수익에 대한 이해가 확대되어 넓어져 가고 있다. 본 장에서는 스포츠 에이전트의 역할과 업무, 그리고 현황 등을 알아본다.

1 스포츠 에이전트의 개념

스포츠가 거대한 비즈니스로 발전하면서 스포츠를 하나의 사업적 수단으로 간주하고 그 속에서 다양한 이윤을 창출하려는 노력들이 많이 나타나고 있다. 최근 스포츠와 관련된 직종 중에서 가장 주목을 받고 있는 것 중 하나가 스포츠 에이전트이다. 그러나 스포츠 에이전트는 우리가 생각하는 것만큼 쉬운 직업은 결코 아니다. 에이전트에 대한 개념적 이해없이 직업을 선택한다면 크게 후회하게 될 것이다.

1) 스포츠 에이전트의 의의

사전적 의미로 에이전트란 다른 사람을 대신하여 업무나 교섭을 대행하도록 권한이 부여된 사람을 의미한다(송기성, 1998). 원래 에이전트는 연예계에서 더 보편화된 직업이었으나 최근에는 프로스포츠의 발달로 인하여 스포츠 에이전트가 직업으로 발달하게 되었다.

스포츠 에이전트(sports agent)란 "선수를 대신해서 연봉협상, 광고출연 등을 처리하는 사람으로, 오늘날은 더 나아가 선수의 훈련 프로그램이나 의료 혜택, 법률 서비스 등을 지원하고 선수의 재산관리, 팬과의 교류, 주거의 알선 및 은퇴 후 대비책까지 마련해 주는 등 포괄적인 개념의 업무를 수행하는 자"로 정의되고 있다. 따라서 스포츠 에이전트는 프로선수가 구단이나 대기업과 입단 연봉계약 또는 스폰서 계약을 할 때 선수에게 최대의 이익을 확보해 주기 위해 선수를 대신해 계약 테이블에 나서는 선수의 대리인이라고 할 수 있다(김용만, 박세혁, 전호문, 2000).

2) 스포츠 에이전트의 업무

스포츠 에이전트의 주요업무는 연봉계약 서비스 외에 투자자문이나 자금관리, 인도스먼

트의 유치 및 계약, 선수활동과 관련된 상담, 은퇴 후의 생활설계, 기타 일상생활의 카운셀링 등 여러가지 서비스를 선수에게 제공하는 것이다. 즉 선수들이 안심하고 경기에만 전념할 수 있도록 모든 것을 관리해 주며 프로선수가 구단이나 대기업과 입단 연봉계약 또는 스폰서 계약을 할 때 선수에게 최대의 이익을 확보해 준다. 이들은 선수의 잠재능력을 파악하여 상품가치를 높여주는 것에서부터 계약을 맺은 선수의 훈련 프로그램과 의료혜택 지원에 이르기까지 전반적인 서비스를 지원한다. 뿐만 아니라 선수의 재테크와 팀을 옮길 경우 팬과의 교류, 새 주거지 알선은 물론 은퇴 후 대비책 등 각종 도움을 준다(김용만, 박세혁, 전호문, 2000).

에이전트의 업무는 크게 선수 관리와 선수를 활용한 엔터테인먼트 사업의 두 가지로 분류할 수 있다. 에이전트가 선수를 관리하는 내용으로는 입단 및 연봉계약 대행, 부대수입원의 개발 및 계약, 투자자문, 수입관리, 법률 및 세무 자문 등의 일을 하는 것이다. 그리고 에이전트는 이러한 일을 처리해 주고 구단과 선수 간의 계약금액의 4~8% 수준의 수수료를 받으며, 상업광고계약에서는 총계약액의 통상 15%의 수수료를 받는 것으로 알려져 있다(김용만 외, 2000).

그러므로 에이전트의 수입은 전적으로 선수의 수입에 달려 있다. 구체적으로는 선수의 수입에 따른 정액제와 정율제가 혼용되는데, 정율제에서는 대개 선수연봉에서 5% 미만의 수수료를 받지만 광고계약은 별도이다. 이 수수료는 선수회의 제재를 받기도 한다. 실제로 NFL 선수회는 NFL의 팀 샐러리캡이 2001년 4,150만 달러에서 2002년 현재 5,240만 달러로 약 10% 올랐기 때문에 에이전트 수수료를 연봉의 4% 선에서 3% 선으로 낮춘다는 새로운 규정을 발표하였다. 슈퍼스타들을 거느리고 있는 슈퍼에이전트들은 이러한 선수회의 제재에도 끄떡없지만 영세 에이전트는 타격을 입을 수도 있다. 이와 별도로 광고계약의 수수료는 계약금의 20%까지 받는 경우도 있다.

(1) 연봉계약 대행

연봉계약 대행서비스는 연봉, 계약금, 성과급 보너스, 출전료 등 선수활동에 따른 온갖 계약을 대행해 주는 업무로서 스포츠 에이전트의 능력을 가늠하는 잣대가 된다. 일반적으로 연봉협상에서 선수는 자신을 높이 평가하고 구단은 선수를 낮게 평가하는 것이 상례인데, 이러한 과정에서 서로 얼굴을 붉히게 되는 경우도 다반사이다.

축구 노조, 에이전트 활성화로 필요성 못 느껴

프로 야구계가 선수 노조 설립 문제로 한바탕 회오리를 일으키고 있는데 반해 프로 축구, 농구, 배구 등 타 종목은 노조 설립운동은 물론 선수협의회 조차없어 대조적이다 . 그 이유는 서로의 환경이 야구와 크게 다르다는 게 업계 관계자들의 공통된 시각이다 .

프로축구연맹의 양태오 운영부장은 축구계에서 선수 노조 문제가 공론화되지 않는 이유로 활성화된 에이전트 제도와 FIFA(국제축구연맹)의 통제를 꼽는다 . 전문적인 에이전트들이 축구선수들의 매니지먼트에 깊숙히 관여하다 보니 굳이 선수 노조의 힘을 빌리지 않더라도 몸값 협상 등에서 불리할 게 없기 때문이다. FIFA(국제축구연맹)에 공식 등록된 한국인 에이전트만 73명으로 오히려 국내 시장 규모에 비하면 공급 과잉상태라는 지적까지 일고 있을 정도로 활성화돼 있다 .

또 가장 국제화된 스포츠인 축구를 관장하는 FIFA의 힘이 세서 국제적인 수준으로 선수들을 보호하고 있고, 갈등발생 시 중재하기 때문에 선수들의 권익과 주장이 구단에 의해 일방적으로 묵살될 여지가 상대적으로 적은 편이다 .

반면 프로농구는 제도적 환경이 다소 열악하다 . 프로농구기구인 KBL 우준희 홍보팀 과장은 "프로 농구는 야구·축구와 달리 샐러리캡(연봉총액상한제)내에서 선수들의 연봉이 결정되고 있다. 선수협의회는 없지만 구단들이 경기와 물가상승률을 샐러리캡에 반영한다"며 "샐러리캡은 단점도 있지만 선수들의 연봉격차가 적고 연봉 인상에도 한계가 있어서 선수 간 위화감이 적다는 장점을 갖고 있다"고 설명했다. 그러나 선수들은 구단에 대한 제어장치가 없어, 연봉계약 시 옵션을 다채워야 모든 연봉을 받는 계약을 강요받고 개인 연봉상한선 일방 변경결정이 내려질 때도 아무런 대응을 하지 못했다 .

2005년 출범한 프로배구의 경우, 지난 2007년 미디어데이 행사 때 현대캐피탈의 김호철 감독과 주장 후인정이 선수협의회 결성에 대한 얘기를 꺼내면서 공론화될 조짐을 보였지만 구체적인 성과없이 흐지부지됐다. 이와 관련해 한국배구연맹(KOVO)의 한 관계자는 "당시 행사에서의 발언은 돌발성이었을 뿐, 선수들의 의견 차이가 커서 선수협의회 설립추진이 쉽지 않았던 것으로 안다"고 설명했다.

※ 자료 : 스포츠서울, 2009. 5. 15

대부분의 선수들은 평소에 자신들의 능력을 아주 잘 설명할 줄도 알고 때로는 과장할 줄도 알지만, 협상테이블에서 오가는 도가 넘치는 혹독한 비평 앞에서 침착하게 상대방의 말을 경청할 줄 아는 선수는 거의 없다. 그러므로 연봉 협상 과정의 혹독한 비평이 오갈 수밖에 없는 자리에서 스포츠 에이전트는 선수를 대신하여 긍정적인 협상 결과를 체결하는 업무를 한다.

(2) 부대수입원의 개발 및 계약

인도스먼트나 광고출연 등은 현역 선수들에게 연봉이나 상금 외에 상당한 부대수입을 보장하며 은퇴 후까지도 그런 수입이 지속되기도 한다. 그러므로 스포츠 에이전트가 다양한 부대수입을 선수들에게 창출해주면 선수뿐만 아니라 에이전트의 수입도 늘게 된다. 따라서 스포츠 에이전트는 고객으로 삼을 선수의 신상자료와 상품가치 등을 체계적이고 종합적으로 이미지화한 포트폴리오를 개발하고 적극적인 홍보마케팅을 통하여 선수의 긍정적인 이미지와 상업적인 가치를 최대한 홍보함으로써 부가가치를 높이고 많은 수입원을 확보할 수 있는 업무를 담당한다.

(3) 투자자문과 수입관리

연봉이 고액인 선수들은 이미 선수 수명이 내리막길에 접어든 상태가 많기 때문에 은퇴 후의 생활보장을 위해 에이전트가 자기의 수입을 다양한 사업에 분산 투자해 주기를 원한다. 선수들은 많은 시간을 원정경기에 보내며 홈에서 경기를 하더라도 경기에 충실하다 보면 경기 외적인 복잡한 비즈니스에 신경을 쓸 여력이 남아있지 않다.

따라서 스포츠 에이전트는 일년 내내 투어생활을 하거나 자주 팀을 이적해야 하는 선수들이 새로운 환경에 적응하기 쉽도록 안락한 주거시설을 주선하거나 재테크 수단을 제공할 수 있어야 한다. 따라서 스포츠 에이전트는 선수들의 수익을 안전하게 분산투자하여 선수들에게 난감한 효율적인 수입·지출계획을 세워주어야 한다.

(4) 법률 및 세무자문

앞서 제시한 스포츠 에이전트의 3가지 업무 및 서비스는 법률이나 세금문제와 서로 얽히게 되어 있다. 그러나 이 부문의 자문은 대개가 별도의 전문가가 하게 되므로 스포츠 에이전트의 주업무와는 구별된다고 볼 수 있다. 따라서 계약협상은 계약전문가인 에이전트가 하고 법적인 관점에서의 검토는 변호사가 하게 된다.

법률가 출신일지라도 세무분야가 자기 전공이 아닐 때는 다른 전문가에게 의뢰를 하게 된다. 따라서 스포츠 에이전트는 자신의 고객선수가 리그나 팀으로부터 부당한 대우를 받거나 규칙 및 규약에 위배된 행위를 했을 때 적극 개입하여 중재를 하거나 소송을 의뢰하여야 하

"류현진, 한국프로야구의 새로운 역사를 썼다"

류현진이 손잡은 스캇 보라스는 자신의 능력을 최대한 발휘했고, 한국 프로야구 선수 출신으로 메이저에 진출하는 쾌거를 만들어냈습니다. 포스팅 입찰에서 LA 다저스는 최고 입찰액인 2,573만 7,737달러 33센트를 적어 류현진과 우선협상자로 선정되었습니다. 그리고 30일간의 계약 기간 수많은 이야기들이 난무하며 팬들을 불안하게 하기도 했던 류현진은 계약이 극적으로 타결되며 2013 시즌 LA에서 활약하는 괴물 류현진을 볼 수 있게 되었습니다.

국내 프로리그를 평정한 류현진은 괴물이라는 호칭과 함께 독보적인 대한민국 에이스로 활약한 인물입니다. 미국 시장에서 얼마나 통할 수 있을지는 미지수이지만 국제 대회에서 보인 활약은 충분한 가능성으로 다가옵니다. 물론 단기전과 장기전의 차이가 명확하다는 점에서 단순 비교를 할 수는 없지만 객관적으로 좌완 류현진의 능력은 메이저 구단들도 충분히 인정하는 부분이기 때문입니다.

LAD가 엄청난 금액을 들여 류현진을 잡으려는 이유가 단순히 코리안 마켓을 위한 홍보용이라 치부할 수는 없습니다. 실력이 없는 선수가 단순히 마케팅용으로 활용되기는 힘든 구조이니 말입니다. 최소한 류현진이 현지에서 3선발로 등급이 정해질 정도로 실력을 인정받았다는 사실은 고무적입니다.

류현진의 메이저 입성은 향후 프로야구 전체를 바꿔 놓을 수도 있기 때문입니다. 프로야구 입단 전 미국으로 향하던 모습은 상당 부분 바뀔 가능성이 높습니다. 검증되지 않은 실력으로 미국에 입성한 수많은 선수들이 끝내 메이저 입성을 하지 못하고 마이너 생활만 전전하다 야구 인생을 끝내는 경우들이 확연하게 줄어들 수 있을 것입니다.

국내 프로야구 구단들로서는 탁월한 재능을 가진 어린 선수들이 미국으로 향하지 않고 국내 프로 입단을 할 확률이 확연하게 높아진다는 점에서도 류현진 효과는 고무적입니다. 국내파 류현진이 프로리그에서 최고의 능력을 선보이고 엄청난 금액으로 메이저 입성에 성공했다는 사실은 박찬호의 성과보다 더욱 크게 다가오기 때문입니다.

※ 자료 : 마이데일리, 2012. 12. 10

며, 민·형사상의 문제가 발생하면 선수의 가치가 손상되지 않도록 신속 적절하게 대응할 수 있도록 법률 서비스를 하여야 한다.

　이외에도 스포츠 에이전트의 업무로는 체력훈련 프로그램 제공, 훈련일정 및 여행관리, 의료건강자문, 각종 보험정보제공, 지역사회 활동주선 등과 같은 다양한 서비스를 들 수 있다(박진경, 2001).

2　스포츠 에이전트의 유형 및 역할

　스포츠 에이전트 전문업체의 기본 업무는 스포츠 이벤트 후원사의 모집과 효율적이고 체계적인 진행을 대행하는 것이다. 또한 선수나 스포츠팀에 관련된 계약, 라이센싱, 마케팅, 탤런트 등 각종 업무를 대신할 수 있는 전문가들로 구성되어야 한다. 최근 스포츠 비즈니스의 발달에 따라 전문화된 스포츠 에이전트 전문업체의 필요성이 대두되고 있으며, 전문적인 스포츠 에이전트는 계약 에이전트, 라이센싱 에이전트, 마케팅 에이전트, 탤런트 에이전트 등으로 구분된다.

1) 계약 에이전트

　계약 에이전트는 프로스포츠에서 가장 일반적인 형태이다. 대부분 법률가 출신으로서, 팀 관계자와 자신이 관리하는 선수의 연봉을 협상한다. 북미프로미식축구리그(NFL)의 경우 북미프로미식축구리그선수회(NFLPA)에 등록된 에이전트는 760명이며, 그 가운데 370명은 소속선수를 보유하지 못하는 실정이다.

　한편 미국프로농구(NBA), NFL, 북미프로하키리그(NHL)와 미국메이저리그선수회에 등록된 에이전트는 150명 정도이며, 전체 3,500명 선수의 에이전트로 활약하기 위해 치열한 경쟁을 하고 있다. 일반적으로 선수의 연봉에서 2~4%를 수수료로 받는다.

2) 라이센싱 에이전트

라이센싱 에이전트는 스포츠조직의 로고나 상표권을 보호하는 것이 주요업무이다. 로열티는 로고를 소유하고 있는 조직에게 지불한다. 일반적으로 허가받은 제품의 로열티는 제품 가격의 6~8% 정도이다. 인기 스포츠의 경우 프로스포츠를 비롯한 대부분의 대학 스포츠팀과 조직들은 자신들의 로고, 상표권, 판권 등의 사용을 규제하는 노력을 계속해 왔다.

미국의 메이저 스포츠조직들은 각각 로고나 상표권에 관한 사업을 주관하는 자회사를 설립하여 운영하고 있다. 이와 함께 대학들의 로열티 사업에 대한 노력이 조직화되고 대형화되고 있다.

ICE(International Collegiate Enterprises)와 CCI(Collegiate Concepts, Inc.)와 같은 회사들은 규모가 큰 대학들과 거래하고 있다. 1990년대 초에 Notre Dame, Penn State, Ohio State와 같은 대학들은 연 100만 달러 이상의 로열티 수입을 올렸다.

또한 CLC(Collegiate Licensing Co)에 따르면 미시간 대학은 1997~98년 회계연도에 580만 달러에 달하는 대학상품의 로열티 수입을 올렸으며 전년도에 비해 16% 증가한 것으로 나타났다. 미국 대학 중 미시간대학은 로열티 수입에서 6년 연속 1위를 차지하였으며 지난 11년간 9번 1위를 차지하였다. 미시간대학교에 이어 켄터키대학교, 노스캐롤라이나대학교, 펜스테인트대학교, 네브래스카대학교 등이 다음을 차지하고 있다. 1996년 이 대학교들의 로열티 수입은 평균 250만 달러였다.

미시간대학교는 학교로고를 부착하는 조건으로 나이키, 스파터와 같은 도매 의류업자들로부터 판매액의 8%를 로열티로 받았다. 미시간대학교의 로열티 수입이 580만 달러이지만 미시간대학교의 상품가치는 7,250만 달러이고 이는 소매로 계산하면 1억 4,500만 달러의 가치가 있는 것이다(Sports Business Daily, 1998). 이밖에도 미국의 로열티를 해외에 판매하여 올린 수입은 10억 달러에 달하고 있다.

3) 마케팅 에이전트

마케팅 에이전트는 비스포츠 사업분야에 선수들이나 팀을 모델로 이용하여 그들에게 스

스포츠 에이전트로 대박? "꿈도 꾸지마"

국내 프로스포츠가 활성화된 국내에서 에이전트는 분명 하나의 직종이다. 야구, 농구, 배구는 특별한 자격 조건이 없다. 하지만 축구는 국제축구연맹(FIFA) 주관의 공인된 시험을 통과한 공인 에이전트 제도를 시행하고 있다. FIFA 공인 에이전트는 국내뿐만 아니라 해외 이적에도 관여할 수 있는 자격이 주어진다. 실제로 가장 많은 에이전트가 활동하고 있는 분야가 바로 축구다.

이른바 '4대 프로스포츠'가 자리를 잡으면서 외형상 국내 스포츠 시장이 커보이지만 사실 시장 자체가 그리 크진 않다. 실제 에이전트가 국내 선수들의 이적에도 개입할 수 있는 종목은 축구가 유일하다. 나머지는 외국인 선수의 영입에만 치중하고 있다.

또 하나의 문제는 공인 에이전트가 발붙이기 힘든 구조다. 현재 국내에서 자격증을 소지하고 있는 공인 에이전트는 62명(2012년 10월 31일 현재)이다. 공인 에이전트가 되기 위해서는 FIFA가 주관하는 시험을 통과한 뒤 연간 약 100만원에 달하는 보험료를 내야만 자격을 유지할 수 있다. 물론 선수의 직계가족이나 현직 변호사의 경우 자격을 얻기도 한다. 하지만 62명 중 실제로 활발하게 활동중인 공인 에이전트는 10명 내외에 불과하다는 점은 편중 현상을 잘 설명해 준다.

자격증이 있어도 구단과의 인맥을 이용해 기득권을 가진 무자격 에이전트들이 이적에 관여하고 계약 체결시에만 공인 에이전트가 사인하는 경우가 많다는 점이 문제다. 때문에 새롭게 공인 에이전트의 길에 접어든 사람은 기존의 구단-특정 에이전트의 유착 관계를 깨지 못한 채 꿈을 포기하는 경우도 많다. 공인 에이전트 자격을 유지할 방법은 일종의 자격증 대여 뿐이다.

외국인 선수들의 수입 과정에서 더 많은 이득을 취하기 위해 선수의 몸값 자체를 부풀려 부당 이득을 취하는 사례도 있다. 한국남자배구대표팀의 박기원 감독은 "이 참에 배구계에도 공식적으로 협회 지정 에이전트 제도를 도입해 외국인 선수의 수입 과정을 해당 에이전트를 통해서만 하도록 하는 것도 하나의 방법"이라고 말하고 있다. 검증된 에이전트에게 일정한 수수료를 지급해 수입을 보장해 줄 경우 선수 몸값을 부풀리는 행위는 사라질 것이라는 설명이다.

에이전트가 되는 길은 막막하지만 실제로 에이전트 시장은 포화 상태다. 에이전트의 세계를 다룬 영화 '제리 맥과이어'에서처럼 감성적인 부분을 기대할 수도 없을 뿐더러 남의 것을 빼앗는 것은 물론 빼앗기지 않아야 한다는 강박관념도 강하다. 일을 통해 보람을 느끼는 에이전트도 물론 있지만 결코 쉽지 않은 길이다. 일확천금과는 거리가 먼 일이라는 점은 반드시 알아야 한다.

※ 자료 : 이투데이, 2012. 11. 2

폰서십이나 광고모델 등의 개인 스폰서십(endorsement)을 통한 재정적 지원을 하는 것이 주업무이다.

박찬호는 1997년 삼보컴퓨터와 89만 5천 달러, 나이키와 70만 달러, Quaker와 Gatorade

를 합쳐 52만 4천 달러, 선칩과 70만 달러 등 300만 달러에 가까운 개인 스폰서십 수입을 올렸으며 시즌 후 국내에서 팬 사인회와 강연 등으로도 수억 원의 수입을 올렸다. 최근에는 인터넷 웹사이트를 개설하여 온라인 수입을 올리고 있다.

Michael Jordan은 Jordan. sportsline.com 이라는 자신의 웹사이트를 개설해 놓고 광고수입을 올리고 있다. 이 사이트에는 다음의 8개 기업이 스폰서로 참여하고 있다. CBS SportsLine, Microsoft, Gatorade, Oakley, Wilson, Hanes, Ballpark Franks, World Com 등이다. 미국 프로스포츠의 경우 선수들은 자신의 개인 스폰서십 수입의 20%를 수수료로 에이전트에게 지불하는 것이 일반적이다.

4) 탤런트 에이전트

탤런트 에이전트는 영화, TV, 인쇄광고의 전문가로 구성되어 있다. 선수들이 현역에서 은퇴한 이후 연예인으로 활약할 수 있도록 역할을 하는 에이전트이다. 일반적으로 영화배우나 TV 탤런트 등으로 활약하는 것으로 Mark Harmon(전 프로미식축구선수), Bart Comer(전 체조선수), Jim Palmer(전 프로야구선수) 등 몇몇으로 선수들이 은퇴 후 이런 영역에서 성공을 거두었으나 그 숫자는 많지 않다.

다양하고 전문화된 에이전트 사업을 위해 몇몇 전문가들이 모든 일을 할 수 없다. 따라서 관리 에이전트들로 구성된 전문 에이전트사들이 설립되어 선수들에게 각 분야의 전문가들로부터 서비스를 받을 수 있도록 하고 있다. 세계 스포츠 시장을 장악하고 있는 스포츠 전문 에이전트회사로는 IMG, ISL, AI와 ProServe Inc. 등이 있다.

3 스포츠 에이전트의 계약

스포츠 에이전트 계약이란 선수와 에이전트 사이에 체결되는 계약으로 선수와 에이전트의 권리와 의무를 규정하는 계약이다. 즉 스포츠 에이전트는 선수에게 연봉 협상에서의 성과 등

소정의 서비스를 제공하고 그에 따른 일정비율을 수수료(agent fee)로 지급하는 의무를 지는 쌍무계약이다. 스포츠 에이전트 계약의 주요 내용과 스포츠 에이전트 계약상의 분쟁 즉, 선수와 에이전트의 관계에서 나타나는 문제점에 대해서 살펴보면 다음과 같다.

1) 주요내용

미국 메이저리그 선수노조는 노조소속 선수와 에이전트계약을 체결하는 에이전트들에게 계약서를 작성할 것을 요구하고 있으며 의무적으로 표준계약서를 사용하게 하고 있다. 이 표준계약서에 포함된 내용은 다음과 같다(월간 비즈니스, 2000).

(1) 계약당사자

계약서 첫 머리에는 계약당사자의 이름과 주소가 명기된다. 선수가 미성년자인 경우에는 법정대리인(일차적으로 부모)이 병기되어야 한다. 미국에서의 스포츠 에이전트는 노조의 허가를 받은 신분이어야 하고 선수가 학생신분이 소멸되지 않은 상태에서 에이전트 계약을 체결하면 규정에 위배되어 그 종목의 선수 자격을 상실하게 된다.

(2) 제공서비스

스포츠 에이전트가 선수에게 제공할 수 있는 서비스는 입단 및 연봉 계약의 대행, 광고주 등과의 스폰서 계약의 대행, 홍보 및 각종 사회활동관리, 세금 및 보험 등의 재산 관리나 노후 설계 등 다양하다. 물론 이 중 일부 서비스만 제공하는 에이전트도 있다.

(3) 계약기간

지나친 장기계약은 특히 선수에게 부담이 되므로 선수 측에서는 일단 단기간으로 계약을 체결하고 스포츠 에이전트의 능력이 검증된 후에 재계약이나 계약연장을 하는 것이 좋으며, 또한 선수가 좋은 성과를 올렸을 때는 유리한 조건으로 재계약할 수도 있다. 그리고 계약조건의 불이행 등 합리적인 이유가 있으면 계약기간 중이더라도 일방적으로 계약을 해지할 수 있는 권리를 확보해 놓는 것이 중요하다.

(4) 수수료 산정방식

스포츠 에이전트가 선수로부터 받는 수수료 책정 방식은 정액제, 정률제, 시간급, 시간급과 정률제를 혼합하여 상한선을 주는 방식의 4가지가 있다. 선수와 에이전트의 관계에서 자주 분쟁이 발생하는 사항이므로 수수료 산정방식을 명확하게 제시해 두어야 한다.

① **정액제** : 스포츠 에이전트가 수행하는 개별 서비스에 대해 일정 금액을 지급하는 방식이다. 이것은 선수가 자신이 지급해야 할 수수료를 미리 알 수 있다는 장점이 있으나 협상 결과에 따라 주어지는 성과급이 없기 때문에 에이전트에게 동기부여가 되지 못한다는 단점이 있다.

② **정률제** : 가장 많이 쓰는 산정방식으로 선수의 수입에서 일정 비율을 받는데, 그 비율은 제공 서비스의 종류에 따라 다양하다. 미국의 경우 구단과의 계약협상 서비스만 제공할 때는 3~5%의 비율이 일반적이고, 선수의 재산관리 서비스까지 패키지로 추가하면 7~10%로 올라간다.

③ **시간급제** : 신인드래프트 과정에서 상위 순번에 지명되는 선수처럼 단기간의 협상업무를 대행시킬 필요가 있을 때 유리한 방법이다.

④ **시간급과 정률제의 혼용** : 시간급제에서는 에이전트가 시간을 부풀려 청구할 수 있으므로 일단 시간급으로 정하되, 일정 비율을 넘지 못하도록 상한선을 두는 방식이다.

(5) 수수료의 상한선과 지급시기

지나치게 높은 수수료의 책정으로부터 선수를 보호할 필요가 있으므로 미국의 프로선수 노조는 수수료의 상한선을 정하여 프로농구 선수노조에서는 최저연봉인 경우에 최고 2,000 달러까지, 최저연봉을 초과하는 경우에는 최고 4%까지 부과할 수 있도록 하고 있다. 수수료의 지급시기에 대해서는 후불이 원칙이다.

문제는 장기연봉계약에서 수수료를 일시불로 하면 아직 받지 않은 수입에 대한 수수료를 선불하는 결과가 되므로 이 경우에는 연봉을 현재가치로 환산한 금액에 대한 수수료를 지급하는 것이 합리적일 것이다. 또 계약기간이 보장되지 않은 상황에서 수수료를 선불하는 것은 위험할 수 있다.

(6) 계약위반 시의 위약금

계약위반 시에 최종적으로 당사자는 그로 인한 손해 배상을 법원에 청구할 수 있지만, 그 배상액 산정을 둘러싸고 다툼이나 입증의 어려움 등이 발생하고, 또 당사자에게 계약이행에 대한 압박을 가하기 위하여 위약금 조항을 두는 것이 좋다. 이 경우 당해 계약조항의 위반에 대해 상대방은 바로 약정 위약금의 지급을 청구할 수 있다. 다만 너무 과도하게 약정된 위약금은 법원에 의해 감액되거나(민법 398조 2항) 전부가 무효로 될 수도 있다(민법 104조 또는 103조 등).

(7) 이해상충의 방지

스포츠 에이전트는 고객인 선수의 이익을 극대화하는 방향으로 행동해야 할 의무가 있다. 여기에는 이해상충을 피해야 할 의무도 포함된다. 예를 들어 에이전트가 선수의 이익과 충돌될만한 단체와 이권관계에 있거나 선수연봉책정에 영향력을 행사할만한 위치에 있는 사람을 대리하거나 에이전트업무를 효과적으로 수행하는 데 장애가 될만한 사업에 개입한다든가 등이다. 특히 에이전트가 계약선수와 비슷한 기량을 갖고 있는 비슷한 포지션이나 동일종목의 선수를 관리한다면 이해충돌상황이 발생할 가능성이 많기 때문에 계약체결 시 선수입장에서는 에이전트가 확보하고 있는 기존 선수들의 명단을 넘겨받아 미리 검토하는 것이 중요하다.

(8) 업무상 비용처리

교통비, 전화비, 우편료 등 업무관련비용이나 나아가 선수 마케팅을 위해 소개 책자나 비디오테이프를 만들 경우의 비용 등 부담에 대하여 미리 계약서 상에 기재해두는 것이 좋다. 미국의 프로농구 선수노조의 규정에는 교통비, 숙박비, 통신비를 제외한 업무상 경비가 1,000달러를 초과하는 부분은 선수의 동의가 없는 한 전부 에이전트가 부담하게 하고 있다.

(9) 분쟁해결

계약 말미에는 대개 "본 계약서는 양자가 최종적으로 합의한 내용이며 이전에 본 건에 대해 구두 혹은 문서상으로 합의되었던 합의사항이나 협약서는 본 계약서로 대체된다"라는 문구가 있다. 따라서 계약서 이외의 구두합의사항은 추후 분쟁발생 시 고려되기가 쉽지 않으므로 계약서의 문건을 정확하게 검토해야 한다.

'불순한 에이전트는 가라!'

올시즌 부산 KT는 용병 영입 때문에 골치를 앓았던 대표적인 팀이다.

시즌 초반부터 찰스 로드의 완전대체 용병을 찾는다고 했다가 번번이 실패했다.

한때 영입대상 용병 3명을 점찍기도 했지만 용병 공급권을 가진 에이전트들이 과도한 웃돈을 요구한 게 큰 원인이었다.

KBL(한국농구연맹) 규정에는 2011~2012시즌 40만달러(인센티브 포함·약 4억5000만원)를 넘지 못하도록 돼 있지만 은근슬쩍 더 높은 금액을 요구하며 계약을 차일피일 미루는 것이다.

이 때문에 전창진 감독은 "직접 와서 기량을 보여주기도 전에 돈부터 챙기려는 오만함에 넘어가면 한국농구를 '봉'으로 여기게 된다"며 발끈한 적도 있다.

이로 인해 KT는 대체용병을 구하지도 못하고 지금껏 근근이 버텨왔다.

앞으로 이런 에이전트들의 횡포는 상당 부분 해소될 것으로 보인다.

KBL이 2012~2013시즌을 맞아 에이전트 등록제를 실시하기로 했다. 에이전트 등록제는 국제농구연맹(FIBA)이 수년 전부터 회원국에 권장해 온 제도다.

FIBA가 인증한 자격증을 보유한 에이전트가 해당국 연맹에 등록하고 '선수 거래'를 할 수 있도록 하는 제도다. 축구계에서 국내-외 선수들이 팀간 이동을 할 때마다 공인된 에이전트가 따라붙는 것과 같은 시스템이다.

FIBA의 권장 사항이라 도입을 미뤄왔던 KBL이 이번에 용병 드래프트제도가 부활함에 따라 에이전트 등록을 본격 추진하기로 한 것이다.

이번 에이전트 등록제는 각국 리그를 돌아다니는 용병들의 이력관리를 체계화하고 국가간 정보를 공유하자는 게 기본 취지다.

더불어 흥정을 붙여가며 웃돈을 요구하는 에이전트들의 관행도 예방하는 효과를 기대할 수 있다.

그동안 일부 구단들은 용병을 영입하려고 하면 에이전트가 개입돼 웃돈이나 과도한 처우를 요구하는 바람에 애를 먹은 적이 많은 게 사실이다.

KBL은 에이전트가 규정을 위반할 경우 한국 농구판에 영원히 발붙일 수 없도록 영구퇴출하는 방안도 추진할 방침이다.

한선교 KBL 총재는 올시즌 개막 전 간담회에서 "이른바 '장난치는' 에이전트로 인해 한국농구가 멍들게 하면 안된다"며 강한 의지를 표명하기도 했다.

공공연한 비밀처럼 기생하며 농구판 불신을 심화시켰던 용병 웃돈 의혹이 이번 기회에 일소될지 귀추가 주목된다.

※ 자료 : 스포츠조선, 2012. 2. 22

2) 스포츠 에이전트 계약상의 분쟁

　선수와 에이전트의 관계에는 이해당사자들의 동의라는 실질적인 문제를 넘어서는 부가적인 문제들이 존재한다. 순진하거나 경험이 부족한 선수들을 이용하는 비양심적인 에이전트들은 커다란 문제를 야기하기도 한다. 특히 에이전트가 선수와 신뢰관계를 형성하고 난 후 돈독한 신뢰관계를 악용하면 심각한 문제가 야기될 수 있다. 이러한 문제를 방지하고 선수를 보호하기 위하여 미국에서는 대학운동경기협의회(NCAA)와 여러 선수조합에서 경우에 따라 특정선수와 에이전트의 계약에 간섭을 하고 중재를 하기도 한다(Garvey, 1984; Ruxin, 1993; Powers, 1994; Shropshire, 1990).

　선수를 도우려는 이러한 노력의 범주에는 에이전트에 대한 등록규정과 에이전트 집단에 대한 분류심사를 통하여 비양심적인 에이전트들에 관한 정보를 선수에게 알려주는 일부터 문제를 일으킨 에이전트에게 실질적인 제재를 가하는 것이 포함된다(Powers, 1994). 또한 선수와 에이전트 간의 표준화된 계약서에 서명할 것을 요구하거나 혹은 새롭게 초안된 계약서일 경우 선수조합이 검토할 수 있도록 제출할 것을 요구하고 있다(Staudohar, 1989; Wong, 1986). 예컨대 미식프로축구리그의 선수조합은 표준화된 선수와 에이전트 간의 계약서에 서명할 것을 요구하고 있으며, Ruxin이 1993년에 간행한 「선수를 위한 에이전트에 관한 백서(An Athlete's Guide to Agents)」에서는 선수와 에이전트 간의 관계에서 야기될 수 있는 문제들에 대한 포괄적인 내용을 소개하고 있다.

　다음의 7가지 항목은 선수와 에이전트가 계약할 때 명시해야 할 필수조항으로 선수와 에이전트 간의 여러가지 문제점들을 예방하는 데 도움이 될 것이다(송기성, 1998).

　첫째, 분쟁이 발생하였을 경우 중재를 요청하고 중재자를 선정하는 방법을 규정한 분쟁해결에 관한 조항이 포함되어야 한다.

　둘째, 계약조건하에서 야기되는 문제들에 대하여 계약당사자 상호간에 반드시 상대에게 고지할 것과 고지하는 방법 그리고 태도에 관해 규정한 조항이 포함되어야 한다.

　셋째, 최종계약내용이 이전에 문서화되었거나 구두로 된 진술 혹은 서류의 법률적 영향을 제한하면서 계약당사자들의 모든 계약내용을 포괄하는 것을 규정한 통합조건조항이 포함되어야 한다.

V-리그 흥국생명 "김연경 해외진출 추진, 에이전트 계약은 인정못해"

여자프로배구 흥국생명이 김연경(24)의 해외진출을 적극 추진하겠다는 입장을 보여 귀추가 주목되고 있다.

다만 지금까지 김연경의 에이전트가 추진한 계약은 무효화하는 조건이다.

흥국생명은 5일 보도자료를 통해 프로배구 규정과 원칙을 준수하는 범위에서 김연경의 해외임대를 적극 추진하겠다고 밝혔다.

흥국생명은 "김연경이 우리나라 여자배구를 대표하는 선수이고, 세계적 수준의 선수인 만큼 그에 준하는 대우를 받을 수 있도록 노력할 것이다"며 "과거 김연경을 해외 구단에 임대했을 때와 동일한 원칙으로 각종 편의와 지원을 아끼지 않을 예정이다"고 전햇다.

이어 "구단의 승인 없는 독단적인 에이전트 계약은 인정할 수 없으며, 구단의 권한인 계약체결권을 무시한 일체의 행위에 대해서는 절대 불허한다는 방침이다. 김 선수가 불법 에이전트를 이용해 독단적으로 해외 구단과 계약하는 행위는 반규정행위로 구단의 권리를 무시한 처사이다"고 강조했다.

당초 김연경이 해외진출을 모색하면서 흥국생명과 감정의 골이 깊어졌다.

자유계약선수(FA) 규정에는 선수가 6시즌을 소화해야 자격을 얻는다. 그러나 김연경은 흥국생명에서 4년을 뛴 후 일본과 터키에서 3시즌을 소화해 흥국생명과의 계약이 종료됐다며 타 구단 이적을 모색했다.

이에 흥국생명은 규정위반이라며 김연경을 임의탈퇴 신분으로 공시했다.

한국배구연맹(KOVO) 규정 54조에 따르면 '해외임대선수는 구단과 선수와 합의해 해외리그 소속 구단에 임대한 선수를 말한다'고 적시돼 있다.

70조 2항은 '구단과 선수가 선수계약을 체결할 때는 해당구단과 해당선수가 직접 계약을 체결함을 원칙으로 한다'고 강조하고 있다. 73조 4항은 '연맹 또는 구단과 협의하지 않은 채 제3자와의 배구 또는 타 스포츠와 관련된 계약의 체결 및 경기의 참가는 금지한다'는 내용을 담고 있다.

대한배구협회의 국제이적동의서를 발급 문제도 김연경의 발목을 잡았다.

김연경의 에이전트는 임대기간도 당연히 6시즌에 포함시켜야 한다고 반박하고 있다. 국내 FA규정을 준수하라는 것은 평생노예로 살아나가는 것과 다음 없다고 강조했다.

한국배구연맹도 김연경 문제로 인해 임대규정, FA자격 요건 등을 검토하기로 했다.

흥국생명 관계자는 "에이전트의 계약은 규정적인 문제이므로 인정하기 힘들다. 이 계약을 인정하면 흥국생명이 규정을 위반하는 셈이 된다. 김연경에게 우리가 할 수 있는 최대한의 제시안을 줬다"고 설명했다. 이어 '오늘(5일) 오후 대한배구협회 박성민 부회장이 김연경에게 중재안 수용 여부 결과를 듣는다고 하니 좋은 쪽으로 결정이 났으면 좋겠다"고 덧붙였다.

※ 자료 : 뉴시스, 2012. 9. 5

넷째, 계약조건에 영향을 미치는 구체적인 법률을 규정한 법률선택의 조항이 포함되어야 한다.

다섯째, 계약당사자 서로간의 행위로 인해서 일방적인 손해를 입었을 때 그것에 대하여 선수나 에이전트의 배상을 적시하는 배상에 관한 조항이 포함되어야 한다.

여섯째, 예측이 불가능하거나 불가항력적인 사태가 발생하였을 경우의 처리방안에 관한 조항이 포함되어야 한다.

일곱째, 기타 계약내용 중에서 야기될 수 있는 일반적인 문제들을 취급하는 데 필요한 조항들이 마련되어야 한다.

4 스포츠 에이전트계약의 기초법리

다른 직업과 마찬가지로 스포츠 에이전트 역시 기초법리를 이해하지 못한다면 계약을 성공리에 이끌 수 없을 것이다. 스포츠 에이전트는 선수나 팀 그리고 구단을 상대로 법적인 절차에 의해 계약을 체결하기 때문에 민법상의 조항들을 숙지해야 한다.

1) 민법상 위임의 법리

스포츠 에이전트계약은 민법에 규정된 계약유형 분류로는 위임계약에 속한다. 위임계약이란 당사자(위임인)가 상대방(수임인)에 대하여 사무의 처리를 위탁하고 상대방이 이를 승낙함으로써 성립하는 계약이다(민법 680조). 위임인은 수임인의 능력과 인격을 신뢰하는 것이 보통이고 수임사무의 내용은 위임인의 대외적 신용·재산·생명 등과 관련되는 경우가 많으므로 수임인은 위임인의 이익을 위해 충실하게 사무를 처리해야 할 충실의무가 가장 기초를 이룬다. 이를 구체화하여 민법은 위임계약에서 양당사자의 권리의무를 정하고 있다(김동훈, 2001).

(1) 수임인의 의무

민법 681조에는 수임인의 위임 본지에 따라 선량한 관리자의 주의로서 위임사무를 처리하여야 한다라는 이른바 선관주의 의무를 부과하고 있다. 따라서 사무를 주의 깊게 처리하지 않으면 채무불이행이 되어 손해배상책임을 부담하게 된다. 수임인은 원칙적으로 수임사무를 스스로 처리하여야 하고 위임인의 승낙이 있거나 부득이한 경우에 한하여 제3자로 하여금 대신하여 사무를 처리하게 할 수 있다(민법 682조 1항).

또한 수임인은 위임인의 청구가 있으면 위임사무의 처리상황을 보고하고 위임이 종료한 때에는 지체없이 그 전말을 보고하여야 하는 보고의무를 진다(민법 683조). 또 수임인은 위임사무의 처리로 인하여 취득한 물건이나 권리를 위임인에게 인도, 이전하여야 한다(민법 684조). 이 외에도 수임인은 명문의 규정이 없어도 포괄적인 충실의무를 부담한다고 보며, 여기에서 수임인은 위임인의 이익에 반하는 다른 사무를 위탁받을 수 없다든가, 위임인의 부적합한 지시에 대하여 올바른 평가를 해주어야 한다든가, 위임사무의 처리 중 알게 된 사실에 대하여 비밀유지의무를 진다. 그 외 위임사무 자체나 이로부터 알게 된 비밀 등을 이용하여 비밀스런 이익을 추구해서는 안된다(김형배, 1997).

(2) 위임인의 의무

수임인은 위임인에 대하여 보수의 지급을 청구할 수 있다. 비록 우리 민법은 연혁적인 이유로 무상위임을 원칙으로 하고 있지만 실제로는 약정이나 관행에 따른 유상위임이 일반적이다. 보수 지급시기는 특약이 없으면 위임사무를 종료한 후에 청구할 수 있다(민법 686조 2항). 또 위임사무의 처리를 위하여 비용이 필요한 때에는 수임인의 청구가 있으면 위임인은 이를 선급하여야 한다(민법 687조). 또 수임인이 위임사무의 처리에 관하여 필요비용을 지출한 경우에는 그 지출비용과 지출한 날 이후의 이자를 위임인이 지급해야 한다(민법 688조).

(3) 위임계약의 해지

위임계약관계는 당사자가 언제든지 해지할 수 있다. 위임계약은 당사자 사이의 신뢰관계를 기초로 하므로 위임인이 더 이상 사무처리를 맡기고 싶지 않다든가 수임인이 더 이상 사무처리를 하고 싶지 않을 경우에는 상대방의 계약 위반이 없더라도 임의로 이를 해지할 수

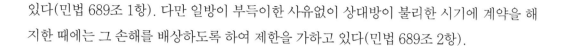

있다(민법 689조 1항). 다만 일방이 부득이한 사유없이 상대방이 불리한 시기에 계약을 해지한 때에는 그 손해를 배상하도록 하여 제한을 가하고 있다(민법 689조 2항).

2) 민법상 대리의 법리

수임사무에 제3자와의 계약 등과 같은 법률행위가 포함되는 경우에는 대리의 법리가 개입하게 된다. 대리는 대리인(수임인)이 본인(위임인)을 위해서 제3자와 법률행위(대리행위)를 하고 그 법률행위의 효과를 본인에게 귀속시키는 삼면관계를 말한다(민법114조 이하).

대리인이 대리행위를 하기 위해서는 본인(위임인)의 수권행위가 있어야 하고 대리인은 본인의 이름으로 제3자와 법률행위를 하여야 한다. 이처럼 대리와 위임은 제도상으로는 구별되나 위임인이 수임인으로 하여금 제3자와 법률행위를 할 것을 위임하는 경우에는 그와 같은 법률행위에 필요한 대리권이 위임계약에 의하여 수여되는 것으로 해석된다(김동훈, 2001).

대리인에게도 수임인에게서와 마찬가지로 일정한 기본적 의무가 부과되어 있다. 즉, 선량한 관리자의 주의를 가지고 대리행위를 하여야 하는 '선관의무', 오직 본인의 이익을 위하여 행동하고 본인의 이익과 자기의 이익이 충돌하는 지위에 있어서는 안된다는 '충실의무', 대리행위를 직접 집행하여야 하는 '자기집행의무' 등이 인정되고 있다(김형배, 1997). 민법은 이러한 정신에 기초하여 대리권에 제한을 가하여 이른바 자기계약과 쌍방대리를 금지하고 있다(민법 124조). 이는 본인이나 어느 일방당사자의 이익을 해칠 염려가 있기 때문이다(김동훈, 2001).

3) 영미법에서의 스포츠 에이전트계약의 법리

에이전시(agency)는 본인이 에이전트에게 본인을 위하여 행위할 것을 동의하고 에이전트도 그에 대해 동의함으로써 성립한다. 동의는 명시·묵시의 약정에 의해 이루어지나 때로 행위로부터 추단될 수도 있다. 이 경우 본인이 에이전트에게 자신을 대리하여 행위할 것을 형식을 갖춰 허락한 것을 대리권(power of attorney)이라고 한다. 본인은 대리권 없는 자에 의하여 행해진 행위를 추후에 추인(ratification)함으로써 자신의 행위로 삼을 수 있다.

또 에이전트는 본인의 명시·묵시의 승인 없이는 그의 권한을 재위임할 수 없고 본인은 서브에이전트의 행위에 구속받지 않는다. 이는 특히 에이전트의 개인적인 재능 등이 필수적일 경우에는 더욱 엄격하다.

본인과 에이전트의 내부관계에서 에이전트의 의무는 첫째, 지시에 복종 둘째, 주의력과 기능의 발휘 셋째, 충성의무의 세 가지가 있다. 그리고 에이전트의 권리는 첫째, 보수청구권(remuneration) 둘째, 본인은 에이전트가 위임사무의 집행에 관련하여 사용한 모든 비용이나 배상 등을 본인으로부터 보상(indemnity)받을 권리를 가진다.

5 스포츠 에이전트 현황

Scott Boras, Steve Kim 등 이름만 들어도 떠오르는 직업이 바로 스포츠 에이전트다. 하지만 그 이면에는 스포츠 에이전트가 되기까지의 어려움과 되고 나서 성공하기까지의 어려움들이 있다. 비록 매력적인 직업이긴 하나 그만큼 위험이 뒤따르기 때문에 실제 성공할 확률은 높지 않으며, 활동폭도 좁다고 할 수 있다.

1) 미국의 스포츠 에이전트 현황

미국은 스포츠 시장이 거대하고 그 규모나 액수면에서 전세계 스포츠시장을 대변하고 있다. 미국에서 스포츠 에이전트가 되기 위한 특별한 자격요건이나 학력이 필요한 것은 아니지만 MLB, NFL 그리고 NBA 등의 에이전트가 되려면 선수회의 승인을 얻어야 한다.

야구의 경우 확보된 선수만 있다면 에이전트로 등록이 가능하고, 농구와 풋볼의 경우는 선수회의 승인을 먼저 얻어야 한다. 야구에는 등록비가 없지만 농구와 풋볼은 연간 약 1,500 달러의 등록비와 연회비를 내야 하고 세미나에 참석하면 된다. 스포츠 에이전트는 이렇게 아무나 할 수 있는 직업이지만 수백만 달러짜리 계약의 전쟁터에서 이기기 위해서는 명석한 두뇌와 준비성을 갖춰야 한다. 물론 선수연봉에 대한 감각도 있어야 하지만 선수회와 구단

FIFA 선수 에이전트 시험에 1명 합격 '바늘구멍'

'119명 응시에 합격자는 단 1명'

올해 국제축구연맹(FIFA) 에이전트 시험은 말 그대로 '낙타가 바늘구멍 통과하기'였다.

대한축구협회는 9일 "지난달 27일 치러진 FIFA 선수 에이전트 자격시험에 응시한 수험생이 119명이었는데 채점 결과 기준을 통과한 사람은 단 1명이었다"고 밝혔다.

1996년 개봉한 영화 '제리 맥과이어'를 통해 국내에 본격적으로 알려진 직업인 '선수 에이전트'는 선수를 대신해 구단과 계약을 하고, 연봉협상을 통해 몸값을 올려주는 역할을 한다. 보통 선수 연봉의 5~10% 정도가 선수 에이전트의 몫으로 돌아간다.

축구협회가 FIFA를 대행해 2001년부터 시작한 선수 에이전트 자격시험은 올해로 12년째를 맞았다.

선수 에이전트 자격시험은 FIFA 규정 15문항과 축구협회 정관 및 민법 5문항 등 총 20문항이 출제되며 14점 이상만 획득하면 합격이다.

FIFA의 선수 계약 및 이적 규정, 분쟁 사례는 물론 국내 프로축구의 경기 및 선수 계약 규정, 민법에 대한 풍부한 지식이 있어야 합격할 수 있다. FIFA 관련 규정은 영어로 출제돼 당락을 좌우한다.

지난해 시험에는 71명이 응시해 16명이 합격하면서 4.44대1의 비교적 낮은 경쟁률을 보였지만, 올해는 119명이 도전해 단 1명만 통과하는 '바늘구멍' 양상을 보였다.

역대 선수 에이전트 자격시험에서 1명만 합격한 것은 2006년과 2009년에 이어 올해로 세 번째다.

올해 시험에는 1992년생부터 1961년생까지 다양한 연령대에서 응시했고, 올해 25살인 현민태 씨가 유일한 합격자로 이름을 올렸다.

합격자는 내년 3월 27일까지 선수 에이전트 책임보험에 가입해야만 현장에서 활동할 수 있다.

축구협회 관계자는 "전반적으로 시험이 어렵게 출제돼 합격자 수가 예년에 비해 크게 줄었다"고 설명했다.

※ 자료 : 연합뉴스, 2012. 10. 9

주 간의 단체교섭 이슈도 놓쳐서는 안된다.

미국의 대표적인 스포츠 에이전트 중 국내외에 가장 널리 알려진 사람은 지난해 박찬호와 계약한 Scott Boras와 박세리, 남나리 등을 대행하고 있는 IMG의 Mark McCoy이 있다. 보라스는 박찬호를 대신해 LA 구단과 연봉협상을 하는 것 외에도 자신이 운영하는 보라스 코퍼레이션 내에 전직 메이저리그 구단 임원과 통계분석가 등을 거느리고 박찬호를 체계적으로 관리하고 있다. 보라스는 박찬호 외에 최근들어 류현진, 추신수, 윤석민 등 국내선수뿐 아니라 알렉스로드리게스 등 70여 명에 달하는 메이저리그 선수를 대행하여 매년 계약액이

1억 달러를 넘는다. 또한 1960년 맥코믹이 프로골퍼 아놀드 파머와의 계약을 위해 설립하여 현재 전세계 37개 국에 80여 개의 지사가 있는 IMG 역시 세계 최대의 스포츠마케팅사답게 선수뿐만 아니라 스포츠자산과 스포츠 이벤트들을 관리하고 있다.

2) 한국의 스포츠 에이전트 현황

최근 국내에도 스타급 선수들을 대상으로 후견인, 카운셀러 등의 형태로 스포츠 에이전트가 도입되고 있는 단계이다(정희윤, 1998). 왜냐하면 우리나라의 경우 프로축구를 제외하고는 아직까지 경기가맹단체 및 구단이 스포츠 에이전트의 존재를 일체 인정하지 않기 때문이다. 프로야구의 경우 1998년 시즌이 끝나고 LG의 김동수가 최초로 대리인을 내세운 이래 이듬해에도 삼성 이승엽이 야구선수 출신인 장훈씨가 설립한 SMI(Sports Management International)와 대리인 계약을 맺고 삼성구단과의 연봉협상은 물론 광고계약 등을 대행하려 했으나 선수에 대한 평생 연고권을 주장하는 구단과의 마찰 끝에 좌절되었다.

이러한 에이전트 문제는 같은 해 선수협의회 파동 때도 선수측 주요요구사항 중 하나였으나 KBO와 구단주들의 반대로 결국 실시되지 못하였다. 이처럼 국내에서는 축구를 제외한 프로야구, 프로농구 등에서 스포츠 에이전트들이 활동하고 있기는 하지만 정식으로 인정받고 있지는 못하다. 그러나 프로야구에서 2001년 11월 19일 공정거래위원회의 시정명령에 따라 스포츠 에이전트를 인정하지 않았던 그간의 규정을 고쳐 '선수 계약시 변호사의 도움을 얻을 수 있고 그 시행시기는 선수협회와 합의하는 것으로 한다'는 내용을 포함한 2002년 시즌 규약개정안을 발표함으로써 프로축구의 'FIFA Player Agent'와 함께 스포츠 에이전트 활성화의 서막을 열었다.

국내 프로축구가 유일하게 에이전트 제도를 용인하는 것은 FIFA의 인정이라는 공신력 때문이다. 각국 축구선수들이 이적을 중계하는 대리인으로 국제축구연맹(FIFA)에 440명의 국제 공인 에이전트들이 등록되어 있는데, 한국은 이영중, 최호규, 조남윤, 김종호씨 등 6명이 등록되어 있다. 이 중 이영중씨는 96년 플레이어 에이전트(player agent) 자격증을 취득 후 선수들의 이적 외에 국제경기 등을 유치할 수 있는 매치 에이전트(match agent)자격증을 취득하였고, 홍명보와 황선홍, 김도훈 등을 J리그에 진출시킨 바 있다.

표 10-1. 대한축구협회 인증 선수 에이전트 등록자 활동 현황

번호	성명	영문성명	보험만기일	번호	성명	영문성명	보험만기일
1	김정호	Kim, Choung Ho	20091130	43	류제니	RYU Jeny	20100427
2	이영중	Lee, Yeung Joong	20091130	44	이한뫼	LEE Han Moey	20090313
3	노제호	Jay Roh	20090314	45	박찬훈	PARK Chan Hoon	20091125
4	변상수	Byun, Sang Soo	20091130	46	추연구	Choo Youn Koo	20090404
5	홍이삭	Isaac Hong	20091130	47	남일수	NAM Il Soo	20090407
6	정효웅	Jung, Hyo Woong	20100207	48	강성근	KANG Seong Keun	20090407
7	김정하	Kim Jeong Hah	20091130	49	이정일	LEE Jung Il	20090424
8	이기완	Lee Ki Wan	20091130	50	이순우	LEE Soon Woo	20090428
9	이연규	Lee, Yeon Kyu	20091218	51	정윤석	JUNG Yune Suk	20090418
10	방상열	Bang Sang Yeol	20091130	52	이경호	LEE Kyoung Ho	20090513
11	진용주	Jin Yong Ju	20100107	53	최낙영	CHOI Nak Young	20090522
12	김학렬	KIM Hak Ryeol	20090705	54	김현주	KIM Hyun Ju	20090519
13	김동완	KIM Dong Wan	20100123	55	김용호	KIM Yong Ho	20090611
14	윤기영	YOON Ki Young	20090821	56	강승훈	KANG Seung Hoon	20090602
15	조용은	CHO Yong Eun	20090922	57	강병찬	KANG Pyeong Chan	20090704
16	윤태조	YOON Tae Jo	20090823	58	조병록	CHO Byoung Lok	20090811
17	진대철	JIN Dae Chul	20090315	59	이유홍	LEE You Hong	20090808
18	김동국	KIM Dong Kook	20090503	60	박용준	PARK Yong Jun	20090728
19	장기현	JANG Ki Hyun	20090328	61	윤도현	YOON Do Hyun	20090811
20	편준기	PIEN Joon Ki	20090817	62	전유제	JEON Yoo Je	20090827
21	김민재	KIM Min Jae	20090715	63	이신우	LEE Shin Woo	20090728
22	이동엽	LEE Dong Yeop	20090602	64	강동현	KANG Dong Hyun	20090911
23	송성근	SONG Sung Keun	20091102	65	양우진	YANG Woo-Jin	20090912
24	이용민	LEE Yong Min	20090702	66	김동호	KIM Dong-Ho	20090916
25	오현주	OH Hyon Joo	20091130	67	이정섭	LEE Jung Sup	20090915
26	서동훈	SEO Dong Hoon	20100216	68	장은정	JANG Eun Jung	20090917
27	정석영	JEONG Seok Young	20091130	69	지원구	JI Won Goo	20090919
28	류재현	RYU Jae Hyun	20091130	70	심현광	SHIM Hyoun Kwang	20090922
29	김병관	KIM Byung Kwan	20090313	71	최윤석	CHOI Yoon Seok	20090923
30	류광수	RYU Kwang Soo	20100114	72	이풍우	LEE Poong Woo	20090924
31	강경호	KANG Kyung Ho	20100207	73	최진웅	CHOI Jin Woong	20090825
32	예태곤	YE Tae Gon	20080221	74	구민영	GU Min Young	20090925
33	조미숙	CHO Mi Sook	20090829	75	김태휘	KIM Tae Hwi	20090925
34	임송규	LIM Song Kyu	20100220	76	서재웅	SEO Jae Wong	20090925
35	지상국	JI Sang Kook	20100223	77	김문경	KIM Mun Gyung	20090925
36	윤웅구	YOON Yung Goo	20100206	78	김동섭	KIM Dong Sub	20090925
37	김태욱	KIM Tae Uk	20100102	79	최정애	CHOI Jung Ae	20090925
38	김범준	KIM Beom Joon	20090314	80	이운규	LEE Un Gyu	20090925
39	정광훈	JUNG Kwang Hun	20090314	81	배진모	BAE Jin Mo	20090925
40	장석호	JANG Suk Ho	20090704	82	서현수	SEO Hyun Su	20090927
41	김성호	KIM Sung Ho	20100316	83	최장흠	CHOI Jang Heum	20090929
42	박남희	PARK Nam Hee	20090315	84	오재원	OH Jae Won	20090930

※ 자료 : 대한축구협회(www.kfa.or.kr) - 2009년 3월 11일 현재

국내 축구 에이전트 42%, 무자격 상태

국제축구연맹(FIFA) 자격증을 취득한 국내 에이전트의 상당수가 보험을 갱신하지 않아 무자격 상태인 것으로 나타났다.

대한축구협회는 선수 계약 관계에서 발생할 만일의 피해를 사전에 차단하기 위해 인증 에이전트 현황을 6일 홈페이지를 통해 공개했다. 이에 따르면 전체 에이전트 45명 중 42.2%인 19명이 보험 만기일이 지나 자격이 일시 정지된 상태다.

FIFA는 계약을 둘러싼 소송 등에 대비해 에이전트의 경우 전문인책임보험 등에 가입토록 하고 있는데, 연간보험료는 보유 선수 규모에 따라 다소 차이가 있으나 200만 원 정도인 것으로 알려졌다.

축구협회는 "보험을 갱신하면 바로 자격이 회복된다"면서 "새로운 시즌을 앞두고 각 팀이 선수 영입, 이적 등으로 분주한 상황에서 선수와 구단이 무자격 에이전트로 인해 피해를 보지 않도록 자료를 올린 것"이라고 설명했다.

한편 프로축구연맹은 올해부터 모든 계약은 선수 본인과 가족, 변호사, 활동 가능한 FIFA 에이전트만이 할 수 있도록 제한했다.

※ 자료 : 연합뉴스, 2005. 1. 5

연구문제

1. 스포츠 에이전트의 의의와 업무에 대해서 알아보자.

2. 스포츠 에이전트의 유형을 구분하고 비교해서 설명해 보자.

3. 스포츠 에이전트의 계약상의 주요 내용을 설명해 보자.

4. 선수와 에이전트 간의 계약 시 명시해야 할 필수조항 7가지 항목을 서술해 보자.

5. 스포츠 에이전트 계약의 민법상의 위임법리에 대해 논의해 보자.

6. 미국과 국내의 에이전트 현황을 비교 분석해 보자.

7. 본인이 알고 있는 스포츠 에이전트를 제시하고, 그의 업무상 성공사례에 대해 예를 들어 보자.

8. '제리맥과이어' 영화를 감상하고, 스포츠 에이전트의 장·단점을 논의해 보자.

11

스포츠이벤트 마케팅

스포츠이벤트를 활용한 마케팅활동은 개인 또는 기업 그리고 공공기관이나 지역사회단체 등에 있어 매우 필요한 도구라고 말할 수 있다. 스포츠는 이제 우리 삶의 일부로 자리매김한지 오래되었고 스포츠소비자들은 월드컵이나 올림픽과 같은 대형스포츠이벤트에 열광하고 있으며, 이로인해 파생되는 경제적 파급효과는 천문학적이라고 할 수 있다. 따라서 본 장에서는 스포츠이벤트의 어원적 개념과 기능, 경제적 파급효과 그리고 앞으로 나아가야 할 스포츠이벤트의 발전방향에 대해서 구체적으로 알아본다.

1 스포츠이벤트의 개관

이벤트라는 용어는 우리가 지금껏 살아오면서 부지불식 중에 듣고 경험해 왔을 것이다. 하지만 그 의미를 학문적으로 개념화하는데에는 오랜 시간이 걸렸기 때문에 아직까지도 정확한 용어의 정의가 이루어지지 않고 있다. 또한 동서양의 문화적 차이와 시각적 차이로 인해 그 의미를 서로 다르게 해석하는 결과를 보이고 있다. 따라서 여기에서는 이벤트와 스포츠이벤트의 정확한 정의와 목적에 대해서 이해하도록 하겠다.

1) 이벤트의 정의

이벤트란 어원은 라틴어 e-(out, 밖으로)와 venire(to come, 오다)의 뜻을 가진 evenire의 파생어인 eventus에서 유래되었으며, 그 의미는 어떤 일이 발생한다는 것을 뜻한다. 또한 사전적 의미로는 사건, 행사, 소통, 시합 등을 뜻한다. 이벤트란 개념은 아주 다양하고 포괄적이며, 이벤트 주최측의 의도에 따라서도 많이 다르기 때문에 정의내리기가 쉽지 않다. 또한 이벤트는 문화적 관점의 차이에 의해 서로 다른 해석이 가능하기 때문에 동양과 서양적인 의미로 구분해서 생각할 필요가 있다.

먼저 동양적 의미에서 이벤트의 정의를 살펴보면, 이벤트 목적을 가지고 일정한 기간 동안 특정한 장소에서 대상이 되는 사람들에게 개별적이고 직접적으로 자극을 체험시키는 미디어라고 일본통산성 이벤트연구회(1985)에서 정의하였다. 또한 정호권 외(2005)는 "공익, 기업이윤 등 특정 목적을 가지고 치밀하게 사전에 계획되어 대상을 참여시켜 실행하는 사건 또는 행사를 총칭한다"고 하였다. 즉, 동양적인 의미의 이벤트는 특정의 대상을 특정한 장소에 모아 놓고 현장에서 행하는 모든 활동을 뜻한다고 할 수 있다.

한편 서양적 의미의 이벤트의 정의를 보면 Wilkinson(2002)은 "주어진 시간 동안 특정 욕구를 충족시키기 위해 사전에 계획된 일회성 행사"라고 하였으며, Getz(1994)는 "일상

생활의 경험을 벗어나는 특별한 사회·문화적 또는 여가적 경험의 뜻 깊은 기회를 제공하는 것"이라고 정의하였다. 이처럼 서양적의미의 이벤트는 판매촉진을 위한 특별 행사의 개념으로 정의되고 있다.

이상에서 살펴본 이벤트의 정의에 대한 동양과 서양적 관점을 통합한 종합적 관점에서 정의를 내리면 "특정 욕구를 충족시키기 위해 사전에 계획된 프로그램을 가지고 일정 기간 동안 특정 장소와 시간에 대상이 되는 사람들에게 특별한 경험의 기회를 제공하기 위해 계획된 행사나 사건"이라고 정의할 수 있다.

2) 스포츠이벤트의 정의

이벤트의 종류는 다양하며, 최근 들어 가장 주목을 받고 있는 분야가 바로 스포츠이벤트이다. 스포츠이벤트는 지구촌 축제로 자리매김한 월드컵이나 올림픽과 같은 빅 스포츠 이벤트들의 활성화로 전 세계 스포츠소비자들에게 즐거움과 희망을 안겨주고 있다.

이처럼 스포츠이벤트가 각광을 받고 있는 것과는 달리 스포츠이벤트를 한마디로 정의하기란 어려운 일이며, 스포츠 이벤트에 대한 학자들의 의견도 다양하게 나타나고 있다.

여영식(1993)은 스포츠이벤트를 "스포츠 제반 활동을 통해 흥미를 유발시키는 커뮤니케이션"이라고 하였으며, 이경모(2002)는 "참여자가 스포츠의 관전, 스포츠 강습 또는 스포츠 경기에 직접 참여하는 것을 목적으로 사람들이 모이도록 모임을 개최하여 정해진 목적을 실현시키기 위하여 행하여진 행사"라고 정의하였다.

최근 김일중(2007)은 "스포츠 단체가 보유하고 있는 핵심적인 자산으로 스포츠가 고유의 건강미, 아름다움, 활동적이고 역동적인 감각이 단순 명쾌한 이미지 하에서 커뮤니케이션 도구가 되고, 올림픽, 월드컵과 같은 국제대회를 비롯해 프로야구, 프로축구, 프로농구 경기 등 모든 스포츠 경기 그 자체가 스포츠이벤트"라고 정의하였다.

이처럼 스포츠이벤트에 대한 여러 학자들의 정의는 다양하지만 그 속에 내포되어 있는 의미는 유사하다고 할 수 있다. 결국 스포츠이벤트란 "스포츠 경기에 직·간접적으로 참여하는 선수 혹은 기관, 단체를 활용한 기업이나 국가가 마케팅 목표를 성취하고자 하는 것"이라고 정의할 수 있다.

3) 스포츠이벤트의 목적

지역이나 기업이 스포츠를 통해 얻고자 하는 것은 다양하지만, 크고 작은 스포츠 이벤트를 지역이나 기업에서 유치하는 궁극적인 목적은 이미지상승과 홍보효과 때문이다. 그러나 스포츠 이벤트는 그 종류가 매우 다양하기 때문에 참가자들이 얼마만큼 스포츠이벤트를 통해 자신들의 욕구를 충족시키느냐에 따라 지역과 기업의 궁극적 목적인 이미지 극대화에 커다란 영향을 미친다.

따라서 지역이나 기업에서 스포츠이벤트를 개최하는 목적을 구체적으로 살펴보면 다음과 같다.

(1) 개인의 목적

최근 우리사회는 경제성장과 함께 여가시간의 증대로 인한 삶의 질향상에 따라 스포츠소비자들의 소비패턴이 변하고 있다. 과거 관람형태의 스포츠소비자 태도에서 지금은 직접 참여하는 소비형태로 변해가고 있으며 스포츠 소비에 대한 사고방식 또한 많이 바뀌고 있다.

관람형 또는 참여형 스포츠소비자들은 스포츠를 통해 얻고자 하는 것이 다양하며 각종 스포츠 이벤트 참여를 통해 그들의 욕구를 충족시키고자 한다.

(2) 지역 스포츠이벤트의 목적

우리나라의 경우 1995년 본격적인 지방자치단체 시대가 개막되면서 각 지방단체는 과거 중앙정부 의존방식에서 벗어나 지역개발 및 활성화 방안에 많은 노력을 기울이고 있으며, 특히 지역스포츠 이벤트에 많은 관심을 가지고 진행 중이다. 최근에는 스포츠이벤트에 많은 지방자치단체가 관심을 가지고 있다. 대표적으로 강원도의 소규모 군지역의 전국단위 체육행사 개최는 지역경제 활성화에도 크게 이바지 하고 있다. 이러한 성공사례를 모델로 하여 현재 남해, 울산지역에서는 스포츠파크 건설을 통해 스포츠이벤트를 유지하려는 노력을 기울이고 있다. 특히 정부의 지역축제의 적극적인 육성을 통해 해당 지역문화를 진흥, 육성시키고, 관광자원으로도 적극 활용하기 위한 지원책으로 전국의 축제 중에서 지역의 전통적 문화기반을 갖추고, 독창성 있는 축제를 선정하여 다각적으로 지원해오고 있다. 이문희(2002)

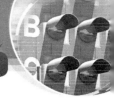

는 지역이벤트를 "지방자치단체에 의해 주도되는 이벤트로서 일정지역의 주민, 혹은 전 세계인을 대상으로 지역활성화와 지역산업의 진흥, 지역문화의 육성 등의 목적을 실현하기 위해서 개최되는 이벤트"라고 하였다. 또한 장세권(2002)은 지방자치단체의 이벤트 사업을 "지방자치단체가 주최가 되어 당해지역의 지역활성화를 목적으로 특정기간 동안 지역 내에서 사전 계획 하에 다수의 사람들을 참여 시켜 직접적인 체험을 유도하기 위해 실행하는 비일상적이고 특별한 행사활동"이라고 하였다. 이처럼 지방자치단체가 이벤트를 개최하는 목적은 지역활성화와 지역산업의 발전에 있다고 볼 수 있다.

각 지방자치단체가 스포츠이벤트를 개최하는 목적은 다음과 같다.

첫째, 스포츠이벤트를 통해 지역주민의 정체성 및 애향심을 기를 수 있다.

둘째, 각 자치 단체의 이미지 제고 및 홍보 효과를 누릴 수 있다.

셋째, 각 자치 단체의 경제 활성화에 많은 도움을 준다.

이처럼 지역에서 스포츠이벤트를 주최하려는 목적은 다양하다. 그러나 지방자치단체가 주관하는 이벤트는 대부분이 행정부의 예산, 세금, 기부금 등으로 추진되고 있으며 관광개발이나 지역전통 행사와 같은 단편적인 주제를 벗어나지 못하고 다각적인 도시마케팅 차원에서 접근한 지역스포츠이벤트의 지속적인 개발이 필요하다. 정부 혹은 지방자치단체의 세금에 의존하는 이벤트보다는 지역의 수익모델을 개발하고, 경쟁 지역보다 차별화된 지역이미지를 알려 보다 경쟁력 있는 지역 개발이 필요하다.

(3) 기업 스포츠이벤트의 목적

오늘날 자본주의 경쟁체제하에서 기업의 가장 큰 목적은 이윤추구이다. 그 이윤추구를 위하여 기업은 아주 다양한 활동을 한다. 특히 이벤트를 통한 판촉활동은 기업에 대한 호의와 지역의 이미지를 형성하여 소비자들의 거부감을 덜 수 있는 장점이 있으며, 여러 가지 유익한 이벤트를 개최함으로써 타 기업과 차별화를 꾀하는 좋은 이미지를 소비자들에게 인지시키려는 노력을 기울이게 된다. 이처럼 기업이 다양한 스포츠이벤트를 개최하는 주된 목적은 다음과 같다.

첫째, 스포츠이벤트를 통해 서비스 보급 및 직접적 영리를 얻을 수 있다.

둘째, 스포츠이벤트를 통해 기업의 이미지제고 및 홍보효과를 누릴 수 있다.

셋째, 스포츠이벤트를 통해 기업 이익의 사회 환원 및 고객을 위한 서비스 질을 높일 수 있다.

넷째, 스포츠이벤트를 통해 사원의 자긍심 및 기업발전의 계기를 마련할 수 있다.

즉, 기업은 스포츠이벤트라는 특별한 도구를 활용해서 소비자들로 하여금 자사의 브랜드 이미지 구축에 힘쓰고 그 결과로 기업 내 조직의 활성화와 장기적인 고객을 확보하고자 하는 데 목적을 두고 있다고 할 수 있다.

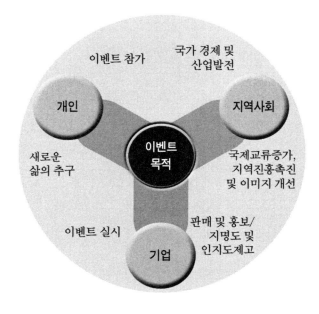

그림 11-1. 이벤트의 목적

※ 자료 : 스포츠산업 · 경영학회(2005). 스포츠경영관리총서. p.455

2 스포츠이벤트의 기능

스포츠이벤트의 성공 여부는 주최 측과 참가자 측 모두가 원하는 목표를 달성하였는지에

달려있다. 또한 스포츠이벤트가 성공할 수 있었던 이유를 알아보기 위해서는 스포츠이벤트가 가지고 있는 기능을 살펴보는 것이 중요하다. 따라서 여기에는 올림픽이나 월드컵과 같은 대형스포츠이벤트 개최가 지역 활성화에 주는 네 가지 기능에 대해서 알아보도록 하겠다.

1) 사회자본 축적 기능

최근 현대인들의 삶의 패러다임은 생활의 풍요로움, 건강, 그리고 윤택한 삶을 실현해 가는 방향으로 변해가고 있다. 스포츠이벤트의 개최는 이러한 현대인들의 욕구를 충족시켜 줄 수 있는 스포츠시설이나 공간 그리고 아름다운 도시의 미관 등을 제공해 줄 수 있는 기능을 한다.

스포츠이벤트가 갖는 첫 번째 기능은 스포츠이벤트를 통해 도로나 공원의 정비나 스포츠시설이나 스포츠 공간 등을 확보해서 사회 자본으로 축적하는 기능이다.

예를 들어 2002년 한일 월드컵의 경우 당시 준비위원회에서는 각 도시에 새로운 경기장을 설립하도록 하였으며, 그 경기장은 대회를 치르기 위한 목적으로 공사가 진행되었다. 우선 일본의 경우 지진이나 각종 천재지변의 재난 등이 자주 발생해 경기장을 피난소로 활용하는 기능을 갖추고 있다. 만약 지진과 재난발생 시 경기장의 빗물을 재활용해서 3,000명이 1개월 동안 생활할 수 있는 식수를 제공할 수 있도록 설계되었고, 골대 뒤편 관중석 아래에는 넓은 재해 방지 창고가 준비되어 비상식량이나 모포, 비상 시 필요한 준비물 등이 완비되어 있다. 우리나라의 경우 서울상암월드컵경기장은 설립 당시 주변 도로의 정비와 쓰레기 매립장을 활용해 공원이나 대중 골프장을 만드는 등 도시의 랜드마크로서 도시미관을 아름답게 하는 기능을 보이고 있다.

2) 소비 유발 기능

스포츠 이벤트는 스포츠 관람객의 활발한 소비활동을 유발시키고 그로인해 지역경제 활성화에 이비지하는 기능이 있다. 스포츠 관광을 위해서는 24시간 이상 스포츠 참가, 관전, 응원을 목적으로 하기 때문이다.

수도권 쓰레기매립장 27곳… 친환경 생태공원 멋진 변신

"이 깨끗한 공원이 쓰레기매립장이었다고요?"

대표적인 '혐오시설'로 기피 대상이던 경기지역 쓰레기 매립장이 서울 난지도의 하늘공원처럼 주민을 위한 쉼터와 편의 공간으로 탈바꿈하고 있다.

1만 3,000m² (3,900여 평) 규모의 경기 남양주시 오남 체육공원. 120석 규모의 관람석을 갖춘 축구장에는 주말이면 유소년 축구단과 축구동호회 회원들로 발 디딜 틈이 없다. 바로 옆 배드민턴장과 족구장에도 늘 대기하는 사람들로 붐빈다. 축구장 주변에는 400m 남짓한 짧은 산책로가 조성돼 있고 철봉 등 야외 운동 시설에는 삼삼오오 운동을 즐기는 주민들로 북적인다.

이곳은 불과 10여 년 전만 해도 버림받은 땅이었다. 1992년부터 4년간 쓰레기매립장으로 사용되다 흙으로만 덮어 놓은 채 방치됐다. 코와 입을 막고 지나가야 할 정도로 악취가 심했다.

그러나 2007년 어렵게 체육공원이 조성되면서 하루 평균 500여 명이 찾는 명소로 변했다. 인근에는 아파트 단지와 상가가 조성됐다.

경기지역 매립지 공원 조성 현황

시군별	매립지	면적(m²)	주요 시설
수원	오목천	4만 5795	축구장 농구장
성남	단대, 상대원	39만 731	피크닉장 테니스장
안양	석수	7만 7786	야구장 축구장
평택	신대	3만 7549	축구장 테니스장
화성	고주	2만 5400	농구장 축구장
이천	장호원	1만 8460	축구장 족구장
안성	장서	3만 7131	국궁장
하남	감이	3500	족구장 농구장
용인	언남	9000	수생식물 철봉
	어비	6000	수목식재 퍼걸러
여주	사곡, 현수	7만 5140	축구 게이트볼
양평	조현	1만 2600	자연학습장
광주	양벌	7950	테니스장 자전거시험장
의정부	낙양	2만 8960	축구장 체력단련장
남양주	광전	7565	농구장 족구장 다목적구장
	오남	1만 3146	축구장 배구 족구장
	창현	9690	인라인스케이트장 풋살구장
포천	사직리	9300	축구장
	설운	1만 5242	축구장 게이트볼장
	만세교	1만 2148	축구장 게이트볼장
양주	오산	9000	축구장
	상수	8000	국궁장
	율정	4200	풋살 농구장
가평	상색	7만 2466	사무실 자전거야영장
구리	사노	5만 7480	축구장 테니스장 산책로
합계	27곳	99만 4239	

※ 자료 : 2013년 1월 현재, 경기도 제공

1996년까지 쓰레기매립장이었던 용인시 이동면 어비공원도 매립장이었다는 사실이 믿기지 않을 정도로 변했다. 침출수와 악취 때문에 주민들이 늘 민원을 제기하던 곳이었지만 2003년 자연학습장(6,000m²)으로 조성된 뒤 지금은 학생들의 생태 교육을 위한 필수코스가 됐다.

이처럼 경기도에서 쓰레기매립장이 체육시설, 쉼터를 갖춘 공원으로 바뀐 곳은 27곳. 2000년 이후 약 100만 m²의 매립지가 체육공원 20곳, 공원 6곳, 자연학습장 1곳으로 변신했다.

도 관계자는 "연간 100만 명 이상이 매립장 공원을 찾아 여가활동을 즐기고 있다"라며 "매립장 대부분이 시유지여서 사업비용이 적게 들고 주민만족도가 높아 매립장 공원화 사업을 확대해 나갈 계획"이라고 말했다.

※ 자료 : 동아일보, 2013. 1. 22

고양시 개최 '3대 체전' 최성 시장 포부
참가자 눈높이 맞춘 스포츠·문화 축제 만들 것

국내·외 스포츠 축제가 고양으로 쏠리고 있다. 고양시는 지난해 10월 제93회 전국체육대회에 이어 올해에는 제6회 전국장애학생체전(5월1~4일), 제41회 전국소년체전(5월26~29일), 제32회 전국장애인체전(10월8~12일) 등 국내 3대 종합 스포츠 제전이 열린다.

23일 고양종합운동장에서 만난 최성(사진) 고양시장은 "스포츠와 문화가 어우러진 3대 체전을 구상하고 있다"며 "행사 주제자들의 눈높이를 맞추기 위해 청소년과 장애인들의 의견을 적극적으로 수렴하고 있다"고 귀띔했다.

최 시장은 지난해 제93회 전국체전을 통해 시의 역동적인 이미지를 고취시키고, 스포츠를 통한 감동과 희망을 심어준 것을 가장 큰 효과로 꼽았다.

그는 "전국체전 개최로 735억여원의 경제효과를 창출했지만 무엇보다 중요한 것은 고양시민의 자긍심을 심어준 게 가장 큰 효과였다"고 평가했다.

최 시장은 "성인 선수들이 중심이 된 전국체전에 비해 장애학생체전은 몸이 불편한 학생 선수들이 참가하기 때문에 많은 준비가 필요하다"며 "장애인 선수들의 이동권 확보를 위한 저상버스와 관용버스 지원, 전국 지자체 최초로 체전기간 동안 24시간 움직일 '고양 , 원-스탑 서비스 24팀' 운영, 고양 국제꽃박람회 무료 입장 등 차별화된 서비스를 제공할 계획이다"고 소개했다.

특히 고양시는 스포츠에 대한 관심을 3대 체전에만 쏠리지 않고 다변화를 시도하고 있다. 시는 지난 23일 다문화 가정과 새터민 가정 어린이들로 구성된 전국 지자체 최초의 '고양 허구연 무지개 리틀야구단'을 창단했고, 오는 5월19일에는 한국대학농구 올스타전을, 6월12일에는 2014 브라질 월드컵 최종 예선전 레바논전을 각각 치를 계획이다.

최 시장은 "굵직굵직한 스포츠 대회들을 유치하고 개최하는 것은 스포츠가 주는 순기능 때문이다"며 "스포츠 이벤트 유치로 역동적이고 생동감있는 도시 이미지를 만들겠다"고 평했다. 이어 "스포츠의 적극적인 육성과 참여 기회의 확대를 주기 위해 스포츠 이벤트에 관심을 갖고 있다"며 "많은 시민들이 스포츠를 통해 건강한 삶을 영위하고 스포츠 관전을 통해 건전한 가족 문화가 뿌리 내릴 수 있도록 하겠다"고 강조했다.

최 시장은 "문화와 관광이 융합돼 '스포츠+문화+관광'을 아우르는 상품을 개발한다면 전국 처음으로 고양시만의 독특하면서 알찬 스포츠산업이 자리잡을 수 있을 것"이라고 전망했다.

※ 자료 : 중앙일보, 2012. 4. 24

올림픽이나 월드컵 등 국제규모의 스포츠 이벤트는 관전을 목적으로 하는 스포츠 관광객들이 대부분이고, 이러한 관광객들은 대부분 대회기간 중 각 개최도시에 머물면서 수많은 비용을 소비하게 된다. 또한 전국체육대회나 각종 전국 규모의 대회 등 직접 참가를 목적으로 하는 스포츠이벤트는 거리가 가깝고 이동이 편리하기 때문에 수없이 많은 참가자들이 모여들게 되고 개최도시에서는 숙박 및 식사 그리고 각종 특산물 등의 구입으로 지역경제 활성화에 도움을 주게 된다.

예를 들어 국내 지자체 중 강원도 양구군의 경우 매년 규모가 크고 작은 축구나 펜싱 등의 각종 스포츠 이벤트를 개최함으로 지역경제 활성화에 커다란 도움을 주는 사례라고 볼 수 있다. 조사에 따르면 스포츠 관광을 목적으로 특정 국가나 도시를 찾는 사람들은 일반관광 목적의 여행객보다도 더 장시간 목적지에 머물기 때문에 소비비용의 지출이 많은 것으로 나타났다. 양구군의 각종 스포츠이벤트 개최는 인접지역인 춘천, 화천, 홍천 등의 지역경제 활성화에도 도움이 되고 있다. 그러나 아직까지 우리나라의 경우 스포츠 이벤트를 유치해서 참여자의 소비를 유발시키고 그로인해 지역경제를 활성화 시킬 수 있는 정책적 비전을 가진 도시가 그리 많지 않아 아쉬움을 주고 있다. 아직까지 지자체장의 관심에 따라 스포츠이벤트 유치의 관심도가 결정되고 있다.

다시 말해 스포츠나 건강에는 관심을 갖고 있으며, 스포츠 진흥이 중요한 행정 과제임을 인식하는 지방자치단체는 많다. 하지만 현실은 사회교육이나 스포츠가 아닌 타 영역에 초점을 맞추고 있기 때문에 스포츠이벤트의 유치나 프로스포츠 육성이라는 스포츠 비즈니스 적 활동을 적극적으로 고려하지 않고 있다. 따라서 각 시도 지자체에서는 스포츠이벤트 유치를 적극 검토하고 그로 인해 나타나는 파급효과들을 꾀할 수 있도록 전략을 세워야 할 것이다.

3) 지역 연대성 향상 기능

스포츠는 사회 계급이나 연령, 그리고 소속 집단에 관계없이 대화가 가능하며, 때와 장소를 가리지 않는 주요한 화제거리이기도 하다. 우리나라의 경우 프로야구, 프로축구, 프로농구 등이 지역 연고제로 출발하여 지금은 정착기에 있다. 이러한 프로스포츠를 통해 지역 연대감을 고양시키고 사회적인 교류를 갖게 한다. 특히 지역과의 관계가 적은 대도시 주민들의 경우 특정 프로스포츠 팀에 애착을 가짐으로 해서 한 집단이나 지역의 연대감과 자기 자신의 정체성을 확립하기 위해 유익한 가치를 가진다.

단양군, 4월 체육행사로 지역경제 '활력'

실업배구 연맹전 및 낚시대회 등 각종 대회 열려

본격적인 스포츠시즌을 맞아 단양군에서는 전국규모의 체육행사가 잇따라 개최돼 스포츠마케팅 효과를 톡톡히 볼 전망이다.

군에 따르면 이달에는 2013 한국실업배구 연맹전 등 3건의 전국규모 체육행사와 지역단위 체육행사 2건 등 모두 5건의 체육행사가 연이어 치러진다.

실업배구의 최강자를 가리는 2013 한국실업배구 연맹전이 오는 5~10일 6일간 국민체육센터에서 열린다.

한국실업배구 연맹이 주최하는 이 대회는 실업 15개팀 500여명이 참가하고 결승전이 열리는 10일에는 KBS스포츠를 통해 전국에 생중계 된다.

이어 6~7일에는 지난해에 이어 단양군축구협회 주관으로 '2회 소백산철쭉제 전국 풋살대회'가 공설운동장 및 보조경기장에서 펼쳐진다.

이 대회는 전국에서 140개 팀 1천 700여명이 참가해 그동안 갈고 닦은 기량을 겨루게 된다.

또 18~24일에는 대한탁구협회가 주최하는 59회 전국 남녀종별 탁구선수권 대회가 국민체육센터에서 139개 팀 1천 500여 명이 참가한 가운데 7일간 열전에 돌입한다.

이밖에도 9일에는 24회 충북도지사기차지 시군대항 역전마라톤대회와 16회 단양군수기차지 게이트볼대회 등 지역단위 크고 작은 체육행사도 함께 열리게 된다.

특히 육상스포츠 외에도 28일에는 11회 N·S 블랙홀 쏘가리 낚시대회가 600여명이 참가한 가운데 남한강 일원에서 열리는 등 4월은 스포츠의 열기로 한껏 달아오를 전망이다.

단양군은 이달 한 달 동안 각종 스포츠행사를 통해 선수와 임원, 가족 등은 물론 관람객까지 연인원 1만여 명이 찾을 것으로 예상돼 지역경기 활성화에 큰 보탬이 될 것으로 전망했다.

※ 자료 : 충북일보, 2013. 3. 31

보는 스포츠를 통해 지역 사람들은 건전한 오락의 기회를 갖고 경기장에서 다양한 체험을 하게 된다. 동시에 지역 주민에게 연대감을 주는 프로스포츠의 존재 가치는 크다. 2001년 9월 11일에 일어난 테러로 뉴욕 전체가 큰 공포에 휩싸였지만 뉴욕 양키즈와 뉴욕 메츠의 야구시합은 정상적으로 진행하여 뉴욕 시민의 자긍심과 정신적 측면을 회복시켰다는 사실은 우리에게 시사하는 바가 크다.

보은 스포츠마케팅 지역경제효과 86억원

올해 스포츠마케팅을 통해 86억원의 경제효과를 거둔 것으로 집계됐다.

3일 군에 따르면 올해 230개팀 5,500명의 전지훈련 선수단유치와 축구·육상·양궁·검도 등 20여 종목의 전국규모 스포츠경기를 통해 6만 9,000명이 넘는 선수와 응원단을 끌어들였다.

이들이 길게는 50일 가량 보은지역에 머물면서 음식·숙박업소와 전통시장 상인들이 벌어들인 경제효과는 86억원에 달했다.

11~12월에도 아시안게임 양궁국가대표선발전, 제3회 충북지사배 전국 장애인축구대회, 제15회 전국태극권대회, 풋살 왕중왕전 등이 열린다.

군은 대회에 참가하는 선수단만도 3,000명을 웃돌 것으로 예상하고 있다.

보은군은 스포츠마케팅 강화를 위해 오는 2016년까지 258억원을 들여 보은읍 이평리 일원 야산 21만 1,913㎡에 스포츠파크를 조성하고 있으며 이곳에는 축구장(2면)·야구장·그라운드골프장 등 경기시설과 체육회관(지상 2층·지하 1층)·광장·산책로·생태연못 등이 들어설 예정이다.

군 관계자는 "전지훈련선수단이 몰린 여름철에는 관내 숙박시설이 부족했고 일반음식점과 치킨점 매출도 2~3배 늘었을 정도"라며 "국토중심인데다 경기장과 훈련시설이 잘 갖춰져 있어 해마다 보은지역을 찾는 선수단이 늘고 있다"고 말했다.

※ 자료 : 대전일보사, 2013. 11. 3

4) 도시 이미지 개선 기능

올림픽과 같은 국제적인 스포츠이벤트의 경우 개최도시의 이미지는 스포츠가 만들어 내는 감동이나 흥분, 그리고 다양한 축제 경험과 함께 전 세계인들에게 긍정적 이미지를 갖게 한다. 세계의 유명한 스포츠 스타가 출전하는 개최 도시의 모습은 그 도시의 지역 주민들과 함께 사람들로 하여금 우호적인 모습으로 세계에 알려지게 된다.

예를 들어 1996 애틀란타 올림픽은 상업주의나 폭탄 테러사건 때문에 올림픽 관계자에게는 그 평판이 좋지 않았지만, 전 세계인에게는 범죄율이 미주 1위라는 불명예 도시에서 미국 남부 대도시라는 이미지로 각인되었다. 또한 올림픽이 끝난 후의 자원 활용계획을 통해 1997년에 새롭게 124개의 기업을 유치하는 부가적 이익을 창출하였다.

브라질월드컵 '520억弗 효과'

직간접 투자 700억弗 큰 이익
관광객 330만명 폭발 증가 예상

12만명 고용…브라질경제 효자로
IMF "성장률 2.5%로 상승" 전망

'지구촌 최고의 축구 축제인 월드컵이 저성장·고인플레이션에 허덕이고 있는 브라질 경제를 살려낼 수 있을까'

내년 개최되는 2014 브라질 월드컵이 브라질에 520억달러(약 55조 160억원)에 달하는 경제적 이익을 가져다 줄 것이란 분석이 나와 주목된다.

24일 국제축구연맹(FIFA)과 글로벌 컨설팅 업체 언스트앤영 등에 따르면 브라질 월드컵의 인한 직·간접 투자로 인한 경제적 효과는 700억달러인 것에 반해, 개최에 드는 비용은 180억달러에 그칠 것으로 전망되고 있다.

브라질을 찾는 외국인 관광객들도 늘어나 관광산업에서의 효과도 클 것으로 예상되고 있다. 특히 브라질 최대도시인 리우데자네이루는 연간 관광객 수가 140만명에서 두 배인 330만명으로 폭발적으로 증가할 것이란 전망이 나오고 있다.

또한 각종 인프라 구축, 관광 및 스포츠산업 진흥, 수출 증대 등으로 월드컵으로 인한 고용창출 효과는 12만명에 달할 것으로 보인다.

그러나 최근 정치문제와 교육체계, 보건복지체계에 대한 불만으로 정부를 향한 국민들의 원성과 비난, 각종 시위가 전국적으로 벌어지는 가운데 치안유지 비용이 크게 늘어날 것이라고 블룸버그통신은 분석했다.

브라질 정부는 지난 2008년 20억헤알이었던 치안유지 예산을 올해 48억헤알(약 1조 9,000억원)로 늘리기로 했다. 월드컵 기간에 시위 발생 가능성이 높아지자 FIFA는 컨페더레이션스컵 대회 기간에 벌어진 시위가 내년 월드컵에서 되풀이되면 안된다고 강조하며 브라질 정부에 대책을 주문했다.

최근 국제통화기금(IMF)은 월드컵 특수 기대감으로 브라질의 국내총생산(GDP) 성장률이 지난해 0.9%에서 올해 2.5%로 높아질 것으로 전망했으며, 내년 역시 2.5%에 이를 것으로 내다봤다.

※ 자료 : 헤럴드 경제, 2013. 10. 24

中베이징올림픽서 2천억 원 흑자

중국이 2008 베이징올림픽에서 약 11억5천만위안(2천억원)의 흑자를 올렸다.

중국 감사기관인 심계서(審計署)는 19일 홈페이지에 올린 올림픽 감사 보고서에서 베이징올림픽조직위가 운영비 193억 4천 300만위안을 쓰고 205억위안을 벌어들여 11억 5천 700만위안의 흑자를 기록했다고 밝혔다. 이는 베이징과 올림픽을 공동 개최한 5개 지방 도시의 경기장 건설비나 개축비 등을 포함하지 않은 것이다.

지출 내역을 항목별로 보면 방송. 숙박. 교통. 의료서비스비가 50억9천만위안, 개·폐막식.성화봉송비 12억 7천만위안, 인건비 14억 2천만위안 등이다. 벌어들인 돈은 주로 방송 중계권 판매와 마케팅 수익으로 올린 것이며 입장권 판매수익은 12억 8천만위안을 기록했다.

베이징올림픽조직위는 운영비 외에 경기장 36개와 훈련장 66개 등 102개 올림픽시설 건설에 194억 9천만위안을 지출했다고 보고했으나 환경 개선이나 보안검색 등 다른 분야에 지출한 돈은 공개하지 않았다.

이에 앞서 전문가들은 중국이 올림픽을 성공적으로 치르기 위해서는 환경 개선과 기본적인 인프라 건설비 등으로 4천억위안 정도를 지출해야 할 것으로 추정했었다. 경제학자들은 중국이 올림픽을 유치한 이유가 돈을 벌기 위한 것이 아니었기 때문에 흑자나 적자 규모를 논하는 것은 아무런 의미가 없다고 말했다.

심계서 관계자는 "2004 아테네올림픽에 쓴 비용이 24억달러였으며 수익금이 1억 5천 500만달러였다"면서 "따라서 베이징올림픽에 투입된 비용이 아네테 올림픽에 비해 약간 낮아 베이징올림픽이 가장 돈이 많이 든 올림픽은 아니었다"고 강조했다. 한편 베이징올림픽조직위는 이번 올림픽으로 벌어들인 돈으로 특별기금을 만들어 스포츠 발전과 스포츠시설 개선, 행사 개최 등의 비용으로 사용할 예정이다.

※ 자료 : 연합뉴스, 2009. 6. 20

스포츠이벤트의 효과

스포츠이벤트가 개최 도시에 주는 영향력은 상당하며, 이벤트의 종류와 규모 그리고 목적에 따라 차이가 있다. 따라서 스포츠이벤트를 단순히 하나의 경기로 볼 것이 아니라 대회

표 11-1. 스포츠 이벤트의 분류

		참가형태	
		하는 스포츠	보는 스포츠
대회규모	국제 규모	춘천 · 뉴욕 · 호놀룰루 마라톤	월드컵, 올림픽
	전국규모	전국체육대회, 소년체육대회	프로야구, 프로농구, K리그
	지방자치단체 지역수준	통영 철인 3종 경기대회	전국순회 씨름, 각 스포츠 종목별 전국대회 지역예선전

규모와 참가형태에 따라서 대회를 분류할 필요가 있다. 여기에서는 스포츠 이벤트가 규모와 참가형태에 따라 어느정도의 파급효과를 주는지 살펴보도록 하겠다.

대회규모는 크게 국제 수준, 전국 수준, 지역 수준으로 구별할 수 있고 참가형태별로 하는 스포츠와 보는 스포츠 두 가지로 나눌 수 있다. 보는 스포츠에서 국제적인 이벤트는 올림픽이나 월드컵이 대회 규모가 가장 크고 미디어 가치가 높다. 지역수준으로는 전국순회 씨름 경기나 지방 신문사나 방송국에서 주최하는 야구 및 축구 등이 있다.

보는 스포츠는 관객동원을 주 목적으로 하는 스포츠이고 스포츠에 참가하는 인원수보다 훨씬 많은 관객이나 시청자가 있게 마련이다. 한편 하는 스포츠는 이벤트 그 자체가 개최도시에 큰 경제 효과를 가져다준다. 국제 수준으로 매년 3만 명 이상의 참가자가 있는 호놀룰루(Honolulu)마라톤은 대표적인 이벤트이며 그 외 많은 스포츠이벤트가 국가별로 이루어지고 있다.

스포츠이벤트의 경제적 효과 측면에서는 대회규모, 미디어 가치, 관중동원 효과라는 점에서 월드컵이나 올림픽과 같은 국제적 수준의 보는 스포츠가 가장 많은 효과를 가져다준다. 그러나 국제적인 스포츠이벤트에서는 대회 형태 등에 따라 수익 구조가 다르다. 예를 들면 여러 가지 종목의 스포츠 경기가 한 도시에서 개최되는 올림픽에 비해 축구라는 단일종목을 전국적으로 분산하여 실시되는 월드컵 경기가 더 많은 수익을 올리는 구조라고 할 수 있다. 또한 경기장이나 숙박시설 등의 인프라가 정비되어 있는 경우 모든 시합에 많은 관중 동원력만 있다면 기본적으로 방송권이나 기업 협찬 없이도 입장 수입만으로도 수익을 올릴 수가 있다. 또한 개최도시가 하나인 올림픽과 비교하여 운영상의 이익도 분산할 수 있다는 장점이 있다.

1) 참가형 스포츠 이벤트의 경제적 효과

스포츠 이벤트가 개최 도시에 가져다주는 경제 효과와 관련해서는 지금 까지 많은 연구가 이루어졌다. 일반적으로 경제 효과는 이벤트 개최에 소비되는 지출총액, 즉 직접 효과와 지출 총액과 관련한 부가가치창출, 즉 경제 파급 효과를 합계한 숫자로 측정된다.

예를 들어 과거 일본 오사카에서 개최된 전국체육대회의 경우 체육대회 개최에 소요된 지출비용의 합계는 시설 정비비, 운영비, 참가자 및 관객의 소비 등의 합계 약 527억 원이었다.

이 527억 원이라는 직접효과를 이용하여 사업관련 분석에 의하여 산출한 것이 경제 파급 효과이다. 직접효과가 수요 면에서 지출액이라면 경제 파급 효과는 공급 면에서 생산액이 되고, 따라서 양자는 밀접한 산출 관계 속에 있다. 즉 전국체육대회와 같은 큰 규모의 이벤트에서는 시설 건설이나 참가자의 숙박·관광이라는 투자나 소비가 이루어진다. 이것을 마케팅에서 발생한 수요로 생각하면 그것을 이루기 위하여 생산이 필요하다. 이것이 공급이고 마케팅 재원을 제공하기 위하여 생산의 모든 산업에서 연쇄적으로 이루어지게 된다.

예를 들어 체육관을 건설하는 업자는 필요한 철골이나 콘크리트 등의 재료를 조달하게 되고, 그 결과 각각의 산업에서 생산이 유발된다. 공조기계나 배관 등은 반드시 필요하기 때문에 수도관의 내측 콘크리트 공사를 하는 기계 공업에도 주문이 추가된다. 결국 수요가 연쇄적으로 공급이 되고 그 수를 나타내는 파급 효과 즉, 2차 파급 효과가 넓어진다. 오사카 전국체육대회의 경우 527억 원의 직접효과의 수요에서 생긴 최종적인 생산 유발액은 875억 원이었다. 또 직접효과의 수요를 보면 생산에 있어서 창출된 고용인은 61,424명으로 보고되었다. 그러나 이 숫자는 유발된 고용자 소득을 고용자 수로 환산 한 숫자이기 때문에 정확히 61,424명이 새로운 직장을 얻었다는 의미는 아니다.

매년 개최되는 전국체육대회는 각 지방자치단체가 국가의 보조를 받아서 추진하고 도시시설 정비를 중시한 행정 주도형의 이벤트로 비록 관객 수는 적지만 경기에 참가하는 선수들이 주체가 된다. 따라서 여기에는 국제적인 거대 스포츠 이벤트 수입원인 방송권료나 티켓구입이 존재하지 않고 주최자에게 수입 균형을 중시하는 비즈니스적인 경영 감각은 필요하지 않다.

경제 효과에 있어서도 대부분은 시설 건설에서 파생되는 것으로써 건설업에 따른 부가 산

업의 수익과 그에 따른 고용자의 수익에도 도움이 된다.

2) 관람형 스포츠 이벤트의 경제적 효과

전국체육대회 등이 국내 최대의 참여형 스포츠 이벤트로서 경제적 파급효과가 있다면, 국제적인 관람형 스포츠 이벤트가 가지고 오는 경제 효과에도 눈을 돌릴 필요가 있다.

한국개발연구원의 조사에 따르면 월드컵은 1조 1,000억 원의 생산증가를 유발하고 35만 명분의 신규 고용을 창출한다고 보고 있으며, 현대경제연구원(2013)에 의하면, "국제적 스포츠이벤트인 2018년 평창동계올림픽 개최지인 평창군이 창출하게 될 경제적 파급효과는 올림픽관련 투자와 소비지출에 따른 직접 효과는 총 21조 1천억 원, 경기장과 교통망, 숙박시설 등에 소요되는 총 투자규모는 7조 2천 55억 원이며, 이에 따른 부가적 경제효과는 16조 4천억 원에 달한다고 분석하고 있다.

일본의 경우, 2002년 FIFA 월드컵 개최에 따른 경제적 파급 효과를 분석한 결과 전국체

표 11-2. 스포츠이벤트가 지역사회에 미치는 파급효과

효과	내용	비고
생산성 유발	▶관련 기반시설 정비(경기장 건설, 도로, 철도 등)를 위한 관련 공사업 ▶생산유발효과(입장객의 소비형태) ▶고용기회증대 ▶개인소득 증가 ▶지방세입의 증대	▶동경올림픽, 신간센 건설 ▶서울올림픽 88고속도로 건설, 관중 입장수입, 관광 ▶건설에 부여되는 인력 ▶지방자치단체의 적극적인 운영참가
지역 정체성 확립	▶지역문화의 발전, 계몽으로 지역 지명도 향상, 이미지 개선 ▶주민의 정체성 확립, 연대감 조성	▶일본, 한국 스포츠팀 지역연고제 ▶스포츠를 통한 애향심 고취 ▶스포츠를 통한 인화단결
교류확대 정보망 구축	▶인적, 물적, 정보, 자본의 유입으로 교류활성화 촉진 ▶지역의 기술, 문화수준 향상 ▶국제교류 및 친선활동에 기여	▶지역 내 교류, 타 지역, 전세계와의 교류 ▶스포츠 문화의 정착
문화적 효과	▶음악, 미술, 연극 등의 문화이벤트 개최로 문화적 수준의 향상, 문화활동의 장소제공, 삶의 질 향상	▶관련 이벤트 활성화 ▶삶의 질 향상

※ 자료 : 남진성(2007). 지방자치단체의 스포츠이벤트 활성화와 주민복지향성의 관계. p.34.

각본 없는 드라마, 스포츠대회로 초대합니다

흔히들 스포츠를 한편의 각본 없는 드라마라 한다. 가정의 달 5월, 갈 곳도 많고 볼 것도 풍성한 제주에 올해도 어김없이 각본 없는 드라마들의 향연이 펼쳐지고 있다.

소박하게 열리는 동호인 야구, 축구는 물론 마을 체육대회로부터 국제대회까지 크고 작은 스포츠 대회를 비롯해 제주에서만 열릴 수 있는 폴로대회까지 제주는 각종 스포츠 대회들의 향연장이 되고 있다.

이 대회들은 어김없이 국내·외에서 스포츠관광객을 유인해 1,000만 관광객 시대에 기여하는 한편 경제적인 이익은 고스란히 지역경제 활성화로 이어지고 있다.

스포츠를 단지 참여하고 즐기는 개념에서 지역경제를 활성화 시키는데 기여하는 스포츠산업 개념으로 접근한지 어언 10년이 되고 있다.

2003년 2월 전국에서 최초로 스포츠산업과를 신설하고 굴뚝 없는 고부가가치 산업으로 각광받고 있는 스포츠산업을 육성 추진해 온 지난 10년간 스포츠 산업은 꾸준히 성장·발전해 관광, 감귤에 이은 제3의 지주 산업으로 자리매김해 오고 있다.

'사계절 스포츠 파라다이스 구현'을 목표로 스포츠 산업은 2012년도 스포츠 관광객 128만 명 유치, 6,995억 원의 소비지출 효과를 창출했으며 향후 5년 내에는 스포츠 관광객 유치로 인해 1조원 달성이 무난할 것으로 여겨지고 있다.

올해도 3월말 현재 스포츠 관광객 유치는 국내·외 스포츠대회, 전지훈련, 골프 분야 등 30만 명이 스포츠로 인해 제주도에서 먹고 자고 즐긴 것으로 나타났다.

이런 결과에 자만하지 않고 '10년이면 강산도 변한다'는 옛말이 있듯이 이제 스포츠 산업도 재도약을 해야할 시점에 있다고 판단되고 있다. 이를 위해 스포츠 산업은 먼저 국내·외 스포츠 대회는 '선택과 집중'을 통한 명품대회 육성과 소비지출이 높은 골프, 승마, 요트 등 레저 스포츠 부분에서 고부가가치 대회를 발굴·육성해 나가야 할 것이다.

또 골프관광객 유치는 지난 몇 년 동안 110만명 수준에서 정체돼 있는 골프 관광객 유치 확대를 위해 그동안 시행해 왔던 각종 인센티브 시책들의 보완·발전은 물론 관광협회와 골프업계가 참여하는 T/F팀을 구성, 골프장별 할인행사(이벤트)를 실시하는 등 공격적인 마케팅전략을 추진해 가격 경쟁력에서 저렴한 동남아 지역으로 나가는 골프 관광객을 제주지역으로 유인하는 새로운 마케팅 전략을 통해 골프메카 제주를 지속적으로 이끌어 나갈 것이다.

사계절 전지훈련 유치를 위해서도 참가팀 선수들의 기량을 점검할 수 있는 동계대회 개최 확대 및 부상 선수들을 위한 재활클리닉 등 제주만의 메리트를 제공, 겨울에도 온화한 기후와 더불어 전지훈련의 메카로서 제주를 유지해 나갈 것이다.

앞으로의 스포츠 산업은 관광산업과 상호 보완관계를 유지하면서 지역경제 활성화 기여는 물론 사회를 통합하고 도민들의 삶의 질을 향상시키는 도민이 행복하고 건강한 제주를 만들어 나가는

원동력이 되는 산업으로 발전해 나가는 것이 중요하다.

박근혜 정부가 스포츠를 통해 국민100세시대 건강증진을 표방하며 생활체육 참여율을 34.9%에서 2017년도에 60%까지 끌어 올리고 종합형 스포츠클럽 육성은 물론 한국형 스포츠 및 체력인증제 도입을 통한 국민체력 증진을 표방하고 있는 것과 기조를 같이해 제주도민건강 증진은 물론 제주의 보물인 천혜의 자연환경 세계자연유산, 7대자연경관, 제주브랜드 홍보 및 일자리 창출, 도민소득 증대까지 스포츠 산업을 통해 연계적으로 이뤄갈 것이다.

계절의 여왕 5월 가족과 이웃과 함께 스포츠에 대한 사랑으로 참여하고 즐기며 관람하는 스포츠의 향연장으로 국. 내외 모든 이들을 초대하며 스포츠에 대한 도민들의 관심과 사랑을 기원해 본다.

※ 자료 : 제민일보, 2013. 5. 3

육대회와는 그 수치가 크게 다른 것으로 나타났다. 우선 직접 효과로서는 건설 생산액 이지만 여기에는 새롭게 건설한 경기장 건설비(3,561억 엔), 그 외 공공투자(693억 엔), 민간시설 등 건설투자(777억 엔), 캠프지 건설투자(680억 엔)가 포함되어 합계 5,711억 엔으로 조사되었다. 생산비와 비교했을 때 소비액은 운영비와 관람객 소비 그리고 가계지출 등을 포함한 소비액의 합계는 건설 생산액보다 많은 8,488억 엔으로 추정하였다. 소비액의 내역은 가계 소비지출 5,138억 엔 관람객 등 소비지출 1,912억 엔, 2002년 월드컵축구 일본 조직 위원회 등 소비지출 161억 엔 그리고 스폰서 기업 등 지출 367억 엔 이었다(덴쯔종합연구소, 2002).

위 내용은 일본팀이 8강에 들었을 때 예측되는 금액이지만 일본이 예선에서 탈락한 경우와 우승한 경우의 금액은 크게 다르다고 할 수 있다. 만약 일본이 우승했을 때의 금액은 1차

표 11-3. 올림픽 공식후원업체의 기별 올림픽 후원금액

구분	1985~1988	1989~1992	1993~1996	1997~2000	2001~2004	2005~2008	2009~2012
올림픽 게임	1988캘거리 1988서울	1992알베르빌 1992바르셀로나	1994릴레함메르 1996아틀란타	1998나가노 2000시드니	2002솔트레이크 2004아테네	2006토리노 2008베이징	2010벤쿠버 2012런던
참가국 수	159	169	197	199	202	205	-
업체수	9	12	10	11	11	13	11
후원금 (US백만$)	95	175	279	579	663	866	953(추정)

※ 자료 : IOC홈페이지(www.olympic.org)

그림 11-2. 동·하계올림픽대회 합산 마케팅수입

※ 자료 : IOC 홈페이지(www.olympic.org)

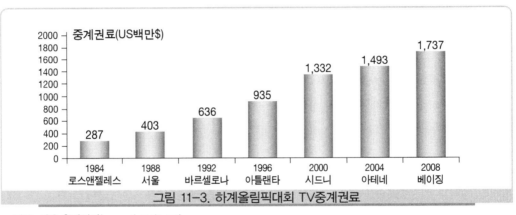

그림 11-3. 하계올림픽대회 TV중계권료

※ 자료 : IOC 홈페이지(www.olympic.org)

와 2차의 파급효과를 더한 생산 유발액의 총액은 3조 3,049억 엔이라는 거대한 규모가 될 것이다. 선수·임원 등 참가자가 주체의 전국체육대회와 비교하여 경기장 유료 관람자나 TV 시청자가 아주 많은 월드컵의 경우, 기업의 스폰서 활동이나 관람객의 숙박비나 식비 그리고 일반 소비자가 지출하는 전기제품(하이비전 TV등), 유료 방송 프로그램 구입비 등 소비지출은 거액이 되는 것이다.

　스포츠이벤트의 성공여부는 지역주민 및 국민들의 관심도에 따른 관중동원이다. 관중이 많이 모이는 것은 이벤트 주최 측에 있어서 이벤트 평가기준이 되고, 흥행의 규모안정으로

[월드컵, 다시 뛰는 한국] 천문학적 경제파급효과

월드컵은 세계 최대 스포츠 제전이다. 최고 선수들과 최고 플레이가 펼쳐지지만 한 꺼풀만 벗겨 보면 엄청난 '머니 게임'이 숨겨져 있다.

약 한달 간 펼쳐지는 월드컵은 수십억명의 TV 시청과 수백 만 명의 관광객, 새로운 경기장 등 인프라 구축으로 인해 큰 경제파급효과를 만들어 낸다.

▶ 얼마나 벌어들였나

한국개발연구원은 2002년 한-일 월드컵을 앞두고 경제파급효과를 11조 7,000억 원, 부가가치 발생을 무려 5조 3,357억 원으로 예상했다. 생산 유발 비는 11조 5,000억 원, 국내 소비 진작 역시 6조 5,800억 원이 플러스될 것이라고 내다봤다. 하지만 대한민국의 4강 진출로 경제파급효과는 예상치를 휠씬 웃돌았다. 2006년 독일월드컵 역시 경제파급효과가 100억 유로(약 18조원), 5만개의 일자리 창출, 대회 기간 중 맥주와 소시지 판매액만 2조 6,000억 원이었던 것으로 집계됐다.

▶ 보이지 않는 수입이 더 크다

하지만 간과할 수 없는 것은 무형의 국가 브랜드 인지도 상승이다.

한국 100대 기업이 글로벌 브랜드 인지도를 1% 끌어 올리는 데는 100억 달러(14조원)가 소요된다고 한다. 한 보고서는 한국의 2002년 한-일 월드컵 4강 진출로 인한 국가 브랜드 가치 상승과 기업의 이미지 제고 효과가 100조원에 이를 것이라고 전했다.

FIFA(국제축구연맹)의 개최 요구조건은 까다롭다. 경기력 강화를 위한 확실한 인프라 구축과 매끄러운 대회 진행을 위해선 수조원이 투입돼야 한다. 그럼에도 불구하고 많은 나라들이 앞 다투어 유치에 나서는 것은 이런 긍정적인 효과가 분명하기 때문이다.

한국은 2002년 한-일 월드컵 개최를 통해 경제효과 뿐만 아니라 국민적인 화합과 통합의 에너지도 얻었다. 98년 IMF 외환위기 이후 한국은 경제뿐만 아니라 사회 전반에 활력이 많이 떨어진 상태였다. 당시 독일과의 준결승전에 700만 명이 거리응원에 나선 것을 포함해 월드컵 기간 중 약 2,000만 명이 거리에서 함성을 질렀다. 긍정의 에너지는 사회전반으로 급속히 확산됐다. W세대(월드컵세대)로 통하는 젊은이들의 자유분방한 사고는 이후 인터넷과 IT산업을 발전시키는 데 큰 힘이 됐다.

월드컵 개최 후 달라질 국제사회에서의 위상변화도 주목할 만하다. 한국은 이미 선진국 대열 합류를 노리고 있지만 이 역시 2002년 한-일 월드컵의 성공 개최 영향이 적지 않다. 한국관광공사가 2002년 월드컵 이전에 '한국을 잘 알고 있느냐'는 설문조사에 '그렇다'라고 답한 응답자는 43%였는데 월드컵 이후에는 그 수치가 무려 74%로 급상승했다.

2002년 한-일 월드컵은 한국이 4강에 진출한 데 비해 일본은 16강에 그쳐 한국 쪽으로 무게중심이 많이 쏠렸다. 하지만 어찌됐든 공동개최였다.

2018/2022년 월드컵 유치에 성공하면 단독 개최다. 파급효과는 상상을 초월할 전망이다.

※ 자료 : 스포츠조선, 2009. 2. 3

연결된다. 지역사회는 직·간접적으로 경제적 효과와 더불어 문화적 수준을 향상시키는 프로그램들이 개발되어 이벤트가 끝난 이후에도 지속적인 문화 활동과 교류가 이루어지도록 해야 할 것이다.

4 스포츠이벤트의 발전방향

앞서 살펴본 바와 같이 스포츠이벤트가 주는 파급효과는 사회, 경제, 문화적으로 그리고 기업과 지역사회 측면에서도 커다란 영향을 미치는 것을 알 수 있다. 하지만 아직도 스포츠 이벤트가 활성화되고 대중에게 관심을 받기 위해서는 앞으로 지향해야 될 방안들을 찾고 그 것들을 수행해 나가야 할 필요성이 있다.

스포츠이벤트가 앞으로 지향해야 할 방향은 다음과 같다.

① 시대의 요구에 부응해야 한다. 시대의 흐름 속에서 변화에 대한 원인을 파악하고, 반드시 필요로 하는 요구에 보답할 수 있는 스포츠 이벤트가 되어야 한다. 현대 사회에서 특히 고령자와 여성의 건강과 패션의 지향은 스포츠이벤트에 있어서 무시할 수 없는 요소라 할 수 있다.

② 참여스포츠 이벤트는 스포츠시설의 완비가 필요하다. 국제적 수준에는 미치지 못하더라도 스포츠이벤트, 특히 참여스포츠 이벤트는 참여자에 크게 좌우되는 경향이 있으므로 선수가 구애받지 않고 즐겁게 경기할 수 있는 스포츠시설을 완비하는 것이 필요하다. 또 참여자를 증가시키기 위해서는 '하는'이벤트와 빅게임, 스타급 선수들과 동참기회 강화 등의 화제성, 장기구상에 의한 이미지 향상 전략, 선수들의 전체적 수준향상이 이루어져야 할 것이다.

③ 도시형이벤트에서 지방형으로 이행하는 경향을 보일 필요가 있다. 도시형이벤트는 팬층이 두터워 저변확대가 용이하다는 장점이 있으며, 교통편이 편리하고 대규모 행사가 가능하며 TV와 접촉하기 쉬워 광고에 유리하고 전국 규모의 방송망을 확보하기 쉽다. 그러나 앞으로 지방자치단체를 중심으로 스포츠이벤트가 도시형에서 지방형으로

이행하는 경향을 띨 필요성이 있다. 왜냐하면 지방만의 장점을 살려서 지역 특색에 맞는 스포츠이벤트를 개최한다면 그 파급효과는 대단하기 때문이다.

④ 스포츠이벤트를 직접적인 기업이념을 실행하고 광고하는 장으로서 활용하는 것이 기업 형 이벤트의 한 형태로서 서서히 확립되어 가야 한다.

⑤ 프로스포츠와 같은 관람형 스포츠 이벤트에서는 경기력 수준을 향상시킬 필요가 있다. 그 방안으로 국제 수준의 톱 선수 육성이 시급하며, 결국 아마추어 선수를 우선적으로 육성시키는 것이 필요하다. 기업이 육성한 톱클래스 선수는 자사의 이미지를 높이고 스포츠소비자를 증가시키는 상승효과를 가져와 기업에겐 커다란 이익을 주는 효과가 있다.

표 11-4. 2010-2020년 국내 개최·유치 스포츠 이벤트

개최년도	이 벤 트	개최지	날짜	비고
2010	아시아볼링대회	성남	4월	
2010	F1 코리아 그랑프리	전남(영암)	10월	2017년까지
2011	대구 세계육상선수권대회	대구	8/27-9/4	
2011	부산 세계복싱선수권대회	부산		
2012	국제스키연맹총회	강원도(정선)		
2013	세계조정선수권대회	충주		
2014	인천아시안게임	인천	9월	
2015	하계 유니버시아드대회	광주		
2017	동아시아경기	청주		
2018	동계올림픽	평창		

※ 자료 : sport business review에서 수정(2009, 여름)

지자체들 스포츠마케팅 경쟁 뜨겁다

전국규모 체육대회·전훈팀 유치 지역경제 부양 총력
보은군, 450개팀 유치 목표… 100억 경제 효과 기대
단양·해남·남해군 시설 확충·추진단 운영 홍보전

광역자치단체에 비해 상대적으로 낙후된 기초단체들이 스포츠마케팅에 정성을 쏟고 있다. 전지훈련과 전국 규모 체육대회 유치를 통해 선수단이 체류하는 동안 숙박비와 식비 등을 지출하면서 지역경제 활성화를 견인하고 있기 때문이다.

충북 단양군은 올해 2013 춘계 전국남녀중고배구연맹전 등 11종목 15개의 크고 작은 전국 규모 체육대회를 열어 4만 9,350명이 다녀갔다고 4일 밝혔다. 군은 대회 기간 선수단이 체류하면서 숙박비, 식비 등으로 지출한 비용이 29억원에 달한 것으로 추산했다.

단양군은 선수단 등을 유치하기 위해 기존의 공설운동장에 개·보수를 통해 우레탄 트랙과 천연잔디축구장을 갖췄다. 군은 대성산 체력장 등 각종 훈련시설과 단양 8경 등 관광자원을 선수들에게 제공, 경기력 향상에 큰 도움이 되도록 하고 있다. 특히 지난 3월 연면적 4,747㎡, 지하 1층, 지상 3층 규모로 개관한 국민체육센터는 탁구와 배구, 배드민턴, 농구, 핸드볼 등 다양한 스포츠 종목이 개최 가능하도록 했다.

보은군은 스포츠마케팅을 통해 여름철 전지훈련 선수단 유치에 적극 나섰다. 보은군은 올해 450개팀 5,500명의 선수단 유치목표를 정하고, 기업체와 학교 선수단을 상대로 홍보전을 펼치고 있다. 이 지역은 4곳의 축구장과 길이 145m의 전천후 육상훈련장, 실내체육관, 수영장 등이 갖춰져 있다. 2곳의 축구장은 천연잔디가 깔려 있고, 육상훈련장은 비바람을 피하도록 유리지붕이 씌워져 있다.

속리산에 전지훈련 선수단을 위한 천연잔디광장과 육상훈련장 등이 있고, 법주사 일주문~야영장의 '오리(五里)숲'도 체력훈련장으로 쓸 수 있다. 이뿐만 아니라 주변에는 8곳의 유스호스텔과 청소년수련원을 비롯해 67곳의 숙박시설이 들어서 있어 한꺼번에 5,000명이 머무를 수 있다.

지난해 여름 304개팀 5,200여명의 전지훈련 선수단을 유치한 군은 현재 400여곳의 실업팀과 학교 등이 전지훈련계획을 세우고 있어 지역경제에 미치는 파급효과를 100억원에 이를 것으로 기대하고 있다.

전남 해남군도 스포츠마케팅이 활발히 펼쳐지고 있다. 해남군은 지난 3월 64개팀 3,200여명이 참가한 '제49회 전국춘계대학축구연맹전 겸 덴소컵 선발전'을 16일간의 일정으로 치렀다.

이어 지난 4월 대한축구협회장기 전국시도대항 축구대회를 시작으로 5월에 제42회 회장배 전국남녀종별선수권 펜싱대회, 6월에 양정모 올림픽 제패기념 제36회 kbs 전국레슬링대회를 마쳤다. 오는 8월 제23회 전남교육감기 학생육상대회 등 2013년 한 해 동안 10종목 15개 대회를 치른다.

해남군은 지난해 48개 대회에 연인원 15만 4,950명과 전지훈련 4만 8,051명을 유치, 210억원의 경제적 파급효과를 거둔 실적을 통해 전라남도 스포츠마케팅 사례 우수상을 수상하는 영예를 안았다.

경남 남해군은 2009년부터 체계적이고 효과적인 스포츠마케팅을 추진하기 위해 '스포츠마케팅 추진단'을 운영하고 있다.

※ 자료 : 세계일보, 2013. 7. 4

연구문제

1. 이벤트와 스포츠이벤트의 정의에 대해 알아보자.

2. 스포츠이벤트의 목적을 세 가지 측면으로 구분하고, 각각을 비교 설명해 보자.

3. 스포츠이벤트가 가지고 있는 기능을 설명해 보자.

4. 스포츠이벤트의 참가 형태를 대회 규모에 따라 분류해 보자.

5. 스포츠이벤트가 지역사회에 미치는 파급효과에 대해 논의해 보자.

6. 스포츠이벤트가 앞으로 지향해야 할 방향에 대해 알아보자.

참고문헌

강기두 외(2004). 스포츠&엔터테인먼트. 서울 : 한올출판사.

강기두(2005). 스포츠마케팅. 서울 : 삼영사.

강지현(2007). 스포츠산업 전시박람회 참관자의 추구편익이 만족도 및 행동의도에 미치는 영향. 경희대학교 대학원 석사학위논문.

강호정, 이준엽(2005). 스포츠경영학. 서울 : 학현사.

경제협력개발기구 홈페이지. www.oece.org/OECD Employment Outlook 2007.

경희대학교 마케팅연구회(2000). 사례로 배우는 스포츠마케팅. 한언.

고경순(2006). 마케팅 제3판—통합적 접근. 대구 : 대명.

고금희(1996). 관광호텔 종사원의 자발적 조직행동과 서비스질의 상관변수에 관한 연구. 국민대학교 대학원 박사학위논문.

고영준(2008). 노인의 생활체육 참여동기와 라이프스타일이 생활만족에 미치는 영향. —참여만족, 서비스만족, 자아존중감의 매개효과를 중심으로—. 한양대학교 대학원 박사학위논문.

고태규(2007). 레저스포츠관광. 서울 : 세림출판사.

권병철, 조성진 역(2005). 관광마케팅. 서울 : 한올출판사.

김광수(2000). 광고학. 서울 : 한나래.

김기홍 외(2007). 환대산업의 서비스마케팅. 서울 : 한올출판사.

김낙회(2001). 광고환경변화와 크리에이티브 시대변화와 광고. 광고학회지 12월호.

김도균(2000). 스포츠비즈니스. 서울 : 오성출판사.

김동식(2003). 스포츠관련 광고효과에 관한 연구결과의 정리 종합분석. 단국대학교 대학원 박사학위논문.

김동훈(2001). 스포츠에이전트 계약의 법적 고찰. 월간스포츠비즈니스(2001).

김민성(2006). 한국기업의 해외진출을 위한 브랜드전략. 한국외국어대학교 정책과학대학 석사학위논문.

김병회(1996). 광고하나가 세상을 바꾼다. 서울 : 황금가지.

김병희(2006). 방송광고와 방성비평. 서울 : 나남출판.

김봉(2009). 관광마케팅론. 서울 : 대왕사.

김성용(2006). 관광마케팅. 서울 : 김은사.

김소영, 김숙응, 김종의, 오영애, 윤명숙, 한동여(2007). 사례중심 마케팅의 이해. 서울 : 형설출판사.

김영준(1998). 스포츠소비자의 개념과 유형. 한국 스포츠 행정 · 경영학회지, 3(2), 149-161.

김예기 외(2004). 스포츠경제의 이해. 서울 : 백산출판사.

김용국, 임운학(2005). 스포츠이벤트와 지역마케팅. 서울 : 무지개출판사.

김용만, 박세혁, 전호문(2000). 스포츠마케팅. 서울 : 학연사.

김용만(2002). 스포츠마케팅 커뮤니케이션. 서울 : 학현사.

김원수(1976). 마케팅관리. 서울 : 경문사.

김원형, 남승규, 이재창(1999). 산업심리학. 서울 : 학지사.

김유식(2009). 대학생의 여가 만족이 삶의 질에 미치는 영향. 단국대학교 대학원 박사학위논문.

김일중(2007). 스포츠 이벤트 사례와 기대효과 분석을 통한 지역사회 발전방안. 경희대학교 대학원 석사학위논문.

김재진(1992). 외국인모델을 이용한 광고의 효과에 관한 연구. 부산대학교 대학원 박사학위논문.

김재현(2005). 타이틀 스폰서십이 기업의 브랜드자산에 미치는 영향 : 프로배구 2005V-리그를 대상으로. 경기대학교 대학원 박사학위논문.

김종, 최재원(1997). 국내 스포츠마케팅 현황 및 전망 고찰. 한국체육학회지, 36(4), 404-414.

김종(1998). 선수마케팅 : 선수에이전트 및 개인 스폰서십. 스포츠비즈니스, 5, 10-15.

김종, 박진경(1999). 스포츠산업 발전을 위한 스포츠관광 상품화 전략. 스포츠비즈니스, 40-49.

김종탁(2006). 서비스품질 차별화전략이 고객충성도제고에 미치는 영향. 경희대학교 경영대학원 석사학위논문.

김지영(2008). 스포츠이벤트 관람객 동기수준에 따른 관람몰입이 만족에 미치는 영향. 계명대학교 관광경영대학원 석사학위논문.

김진권(2007). 메가 이벤트의 영향요인과 주민의식에 따른 지역주민의 협력의사에 미치는 요소에 관한 연구. 홍익대학교 광고홍보대학원 석사학위논문.

김진아(2000). 글로벌마케팅. 서울 : 경문사.

김치조(1993). 스포츠마케팅. 서울 : 태근문화사.

김치조(1996). 스포츠마케팅 2판. 서울 : 태근문화사.

김학신(2000). 통합스포츠마케팅. 서울 : 지샘.

김학신(2006). 통합스포츠마케팅. 서울 : 지샘.

김형배(1997). 채권각론(계약법). 서울: 학지사.

김화섭(2003). 스포츠마케팅전략. 서울 : 박영사.

김화섭(2004). 스포츠경제학. 서울 : 박영사.

김희순(2006). 브랜드확장에 관한 연구. 이화여자대학교 디자인대학원 석사학위논문.

나장오(1994). 브랜드마케팅. 서울 : 사계절.

나종오(2003). 실전마케팅. 서울 : 청림출판사.

남진성(2007). 지방자치단체의 스포츠이벤트 활성화와 주민복지 향상의 관계. 한국체육대학교 대학원 박사학위논문.

노윤구(2009). 관광마케팅론. 서울: 남두도서.

대한비만학회(2006). 임상비만학. 서울 : 고려의학.

대한축구협회(2009). 대한축구협회 인증 선수 에이전트 등록자 현황.

동경광고마케팅연구회(1998). 신이벤트마케팅전략. 서울 : 커뮤니케이션북스.

동경광고마케팅연구회(2000). 이벤트마케팅. 서울 : 예문각.

류영호 외(2007). 이벤트기획. 서울 : 대왕사.

문병준, 이상규(2007). 스포츠마케팅. 서울 : 한경사.

문화광광부(2007). 태권도공원 조성사업자료.

문화체육관광부(2013). 2012년도 국민생활체육활동 참여실태조사.

문화체육관광부(2008). '2009~2013 스포츠산업 중장기 계획'

문화체육관광부(2009). 2008체육백서.

문화체육관광부(2011). 2011년도 스포츠산업 경영정보.

문화체육관광부(2012). 2011 체육백서.

민용식(2001). 비만과생식;체징방과 성적 성숙. 대한비만학회지, 9(1), 1-18.

박기완, 신건철, 김준석(2006). 마케팅. 서울 : 무역경영사.

박기철(1997). 박교수의 마케팅특강. 서울 : 을유문화사.

박세혁 외(2000). 스포츠마케팅. 서울 : 학현사.

박세혁 외(2004). 스포츠마케팅 2판. 서울 : 학현사.

박영옥(2002). 스포츠 산업론. 체육과학연구원. 편집부.

박영옥(2004). 스포츠산업의 실태 분석. 체육과학연구원. 편집부.

박영옥(2005). 스포츠관련 직업의 특성과 스포츠산업의 고용효과 분석. 체육과학연구원. 편집부.

박영봉(2007). 소비자행동론. 서울 : 학현사

박재관(2000). 광고크리에이티브. 서울 : 책과길.

박종민(2000). 한국일간지 기사에 쓰인 홍보 단어의 의미분석. 광고연구, 48, 7-26.

박종민(2001). 홍보와 PR단어의 의미 차이. 한국언론학보, 45-2, 187-215.

박주희(2007). 스포츠마케팅. 서울 : 도서출판 대학서림.

박진경(2001). 2010 동계올림픽 시설건설의 기본방향 및 사후 활용방안. 한국사회체육학회지, 14(1), 55-74.

박찬혁(2003). 프로 스포츠 이벤트의 타이틀 스폰서십 효과 분석. 고려대학교 대학원 박사학위논문.

배준환(2007). 모델의 공신력이 광고효과에 미치는 영향. 중앙대학교 신문방송대학원 석사학위논문.

백광, 남동현(2001). 최신 스포츠마케팅론. 서울 : 대경북스.

백선혜(2004). 장소마케팅에서 장소성의 인위적 형성 : 한국과 미국 소도시의 문화예술축제를 사례로. 서울대학교 대학원 박사학위논문.

백용창(1999). 패밀리 레스토랑 이용고객의 구매의사결정에 관한 연구. 동아대학교 대학원 박사학위논문.

서민교, 김돈유(2004). 전시마케팅. 서울 : 한올출판사.

서진우(2000). 관광이벤트 참여자의 선택속성이 재방문 의사결정에 미치는 영향에 관한연구. 세종대학교 대학원 석사학위논문.

서진우(2004). 관광이벤트경영실무론. 서울 : 기문사.

설민신(1999). 현대레저스포츠마케팅. 서울 : 학문사.

손대현(1992). 관광마케팅론. 서울 : 일신사.

송기성(1998). 한국 프로스포츠의 직업선택자유 제한에 관한 연구. 한국체육학회 국제학술대회 논문집, 1095-1103.

송해룡(1997). 기업의 커뮤니케이션 전략. 한국방송학보, 14(3), 151-184.

송해룡(1998). 스포츠광고와 커뮤니케이션. 서울 : 한올아카데미.

송해룡 외(2008). 스포츠비즈니스. 서울 : 무지개출판사.

스포츠산업경영학회(2005). 스포츠경영관리총서. 서울 : 비앤엠북스.

신경화(2007). 유명인 광고모델의 속성 및 기업의 신뢰도에 따른 광고효과. 연세대학교 언론홍보대학원 석사학위논문.

신지용(2005). 현대마케팅 5판. 서울 : 삼영사.

신혜숙(2004). 호텔 · 관광마케팅. 서울 : 대왕사.

안광호, 하영원, 박흥수(2000). 마케팅원론. 서울 : 학현사.

안광호(2001). 소비자행동 : 마케팅전략접근. 서울 : 법문사

안광호, 유창조(2001). 광고원론. 서울 : 범무사.

양영종, 김상훈, 정걸진(2007). 현대사회의 광고. 서울 : 형설 출판사.

엄대영, 김장환(2004). 스포츠센터의 서비스접점에서의 고객참여가 직원의 갈등 및 만적에 미치는 영향. 한국체육학회지, 제43권 3호, 579-597

엄정호(1999). 스포츠팀과 기업이미지의 상관관계에 관한 연구. 영남대학교 대학원 석사학위논문.

엄진종, 박문수(2007). 스포츠경영학. 서울 : 대경북스.

여영식(1993). 기업 PR의 의의와 PR수단으로서 스포츠 이벤트에 관한 연구. 성균관대학교 대학원 석사학위논문.

오두범(2001). 광고학원론. 서울 : 전예원.

오주원(2005). 골프장의 효율적인 경영을 위한 서비스마케팅 믹스전략. 건국대학교 체육대학원 박사학위논문.

원유석(2008). 호텔서비스마케팅. 서울 : 대왕사.

월간스포츠 비즈니스(2000). 스포츠 비즈니스.

유용상(2003). 프로스포츠구단의 품질경영이 경영성과에 미치는 영향. 연세대학교 대학원 박사학위논문.

유필화(2004). 가격정책론. 서울 : 박영사.

윤득헌(2005). 현대스포츠의 이해. 서울 : 무지개출판사.

윤여송(2004). 관광서비스개론. 서울 : 한올출판사.

윤영원(2006). 스포츠이벤트의 핵심. 서울 : 태근출판사.

윤희숙(1996). 유명인모델의 중복출현시 모델과 상표의 적합성이 광고효과에 미치는 영향에 관한 연구. 고려대학교 대학원 석사학위논문.

이각규(2007). 이벤트성공의 노하우. 서울 : 커뮤니케이션북스.

이건국(2005). 브랜드확장에 따른 패키지 디자인 전략. 홍익대학교 산업미술대학원 석사학위논문.

이경모(2002). 이벤트학원론. 서울 : 백신출판사.

이남미(2001). 대중회원제 골프장 서비스 종업원의 상호작용적 관계에 따른 고객만족과 관계지속성. 부산대학교 대학원 석사학위논문.

이동휘, 김주호, 김성환, 정한경, 김세환(2004). 마케팅 산책. 서울 : 도서출판 두남.

이두희(2001). 광고론. 서울 : 학현사.

이명천, 김요한(2005). 광고학 개론. 서울 : 커뮤니케이션북스.

이문희(2002). 지역이벤트의 마케팅 전략방안에 관한 연구 : 체험마케팅의 활용 제안을 중심으로. 중앙대학교 대학원 석사학위논문.

이범수(2007). 문화시설 서비스품질이 고객만족에 미치는 영향. 충북대학교 경영대학원 석사학위논문.

이상호(2008). 스포츠용품 구매의사결정 모형개발연구. 국민대학교 대학원 박사학위논문.

이상환, 이재철(2001). 서비스마케팅. 서울 : 삼영사.

이성환(2007). 국내스포츠용품업계의 스포츠 스폰서링 현황과 전망. 성균관대학교 언론정보대학원 석사학위논문.

이승진(2000). 프로스포츠구단의 기업이미지가 소비자 구매행동에 미치는 영향. 연세대학교 대학원 석사학위논문.

이우용, 정구현, 이문규(2003). 마케팅원론. 서울 : 형설출판사.

이정준(1997). 브랜드자산가치 측정방안에 관한 연구. 연세대학교 대학원 석사학위논문.

이주형 외(2006). 관광과 스포츠. 서울 : 대왕사.

이준호, 홍혜미(2002). 제리맥파이어 거품걷어내기. Sportizen.

이진희(2006). 도심환경 개선을 위한 포켓파크 개념 도입에 관한 연구. 명지대학교 대학원 석사학위논문.

이창섭(2009). 엘리트 스포츠 진흥의 새로운 도전과 과제. 제28회 국민체육진흥세미나.

이충영(2007). 스포츠관광 진흥을 위한 태권도공원 성공요인에 관한 연구. 고려대학교 대학원 박사학위논문.

이형 외(2007). 리조트사업관리론. 서울 : MJ미디어.

이혜경(2002). 고령화 사회의 삶의 질. 연세사회복지연구, 8, 27-58.

이혜영(1998). 광고모델이 광고효과에관한 결정요인연구. 고려대학교 언론대학원 석사학위논문.

이호배, 정이규(1997). 유명인광고모델 속성이 광고태도와 상품태도에 미치는 영향. 광고학연구, 제8권 4호, 167-181.

이호영 외(2008). 스포츠매니지먼트. 서울 : 시간의 물레.

이화자(2001). 유명광고모델. 광고정보, 11월호, 51-57.

일본통산성 이벤트연구회(1985). 이벤트 보고서.

장경로(2005). 스포츠조직경영. 서울 : 학현사.

장대련, 한민희(2006). 광고론. 서울 :학현사.

장세권(2002). 지역 축제이벤트 활성화 방안에 관한연구 : 대전 사이언스 페스티발을 중심으로. 한남대학교 대학원 석사학위논문.

장영렬(2005). 이벤트천재를 만드는 33가지비밀. 서울 : 다산북스.

장지연(2006). 학령기 아동의 비만도에 따른 건강통제위와 건강증진 행위. 아주대학교 대학원 박사학위논문.

전호문, 김용만, 박세혁(2006). 스포츠마케팅 3판. 서울 : 학현사.

전호문(2009). 생활체육진흥의 새로운 도전과제. 제28회 국민진흥세미나.

정강환(1995). 한국관광객의 해외여행행동특성에 관한 연구. 한국관광개발학회, 4(1), 199-214.

정서란(2005). 브랜드이미지 형성을 위한 기초연구. 동서대학교 대학원 박사학위논문.

정승원(2004). 서비스마케팅 특성과 여가 스포츠참여의 관계. 충북대학교 체육대학원 박사학위논문.

정은옥(2008). 초등학생들의 비만도 변화추이분석. 연세대학교 대학원 박사학위논문.

정재환(2008). 지방정부이벤트형 축제의 효과성 결정요인에 관한 연구. 건국대학교 행정대학원 박사학위논문.

정혜전(2005). 서비스마케팅. 서울 : 미래지식.

정호권, 김경진(2005). 이벤트경영의 실무론. 서울 : 한울출판사.

정희윤(1998). 의외로 다양한 스포츠 관련 직업의 세계. Sport Business 창간호.

조규태, 부석현(2006). 이벤트경영의 이해. 서울 : 한울출판사.

조서환(2006). 성공적인 마케팅을 위한 브랜드포트폴리오. 마케팅 제40권7호 통권450호. 한국마케팅연구원. 61-64.

조영대(2007). 서비스학개론. 서울 : 세림출판사.

차희원, 양정은(2004). PR과 기업 명성의 관련성에 대한 연구 : PR의 개념,기능 및 PR팀 역할을 중심으로. 홍보학연구, 8-1, 216-255.

채보라(2008). 선호주류에 따라 광고모델의 성적매력도가 광고효과에 미치는 영향. 홍익대학교 광고홍보대학원 석사학위논문.

채서일(2003). 마케팅 3판. 서울 : 학현사.

체육과학연구원(2007). 2007 한국의 체육지표.

체육과학연구원, 서울대학교 스포츠산업연구센터, 국민건강보험공단 건강보험연구원(2007). 규칙적인 체육활동 참여의 경제적 효과.

최선아(2003). 호텔 식음료부분 종사원들의 메뉴관리와 서비스품질평가에 관한 연구. 계명대학교 경영대학원 석사학위논문.

최성재, 장인협(2006). 노인복지학. 서울 : 서울대학교 출판부.

최정도(2004). 스쿠버다이빙의 효율적인 마케팅을 위한 소비자세분화에 관한 연구. 경성대학교 대학원 석사학위
　　논문.

최홍식(2003). 초등학생의 비만실태와 비만요인 분석. 춘천교육대학교 교육대학원 박사학위논문.

최희용(2000). 스포츠마케팅 인프라와 다양한 마케팅툴의 결합. 한국방송광고공사, 234(9), 12-18.

통계청(1997). 1996 도시가계연보.

통계청(1998). 1997 도시가계연보.

통계청(1999). 1998 도시가계연보.

통계청(2000). 1999 도시가계연보.

통계청(2001). 2000 도시가계연보.

통계청(2002). 2001 도시가계연보.

통계청(2003). 2002 도시가계연보.

통계청(2004). 2003 도시가계연보.

통계청(2005). 2004 도시가계연보.

통계청(2006). 2005 도시가계연보.

통계청(2007). 2006 도시가계연보.

통계청(2008). 2007 도시가계연보.

통계청(2008). 2007년도 생명표.

통계청(1970). 1970 한국통계연감.

통계청(1980). 1980 한국통계연감.

통계청(1990). 1990 한국통계연감.

통계청(1991). 1991 한국통계연감.

통계청(1992). 1992 한국통계연감.

통계청(1993). 1993 한국통계연감.

통계청(1994). 1994 한국통계연감.

통계청(1995). 1995 한국통계연감.

통계청(1996). 1996 한국통계연감.

통계청(1997). 1997 한국통계연감.

통계청(1998). 1998 한국통계연감.

통계청(1999). 1999 한국통계연감.

통계청(2000). 2000 한국통계연감.

통계청(2001). 2001 한국통계연감.

통계청(2002). 2002 한국통계연감.

통계청(2003). 2003 한국통계연감.

통계청(2004). 2004 한국통계연감.

통계청(2005). 2005 한국통계연감.

통계청(2006). 2006 한국통계연감.

통계청(2007). 2007 한국통계연감.

통계청(2008). 2008 한국통계연감.

통계청(2008). 2008년 가계동향조사연보.

통계청(2009). 장례인구추계.

통계청(2012). 2012 국제통계연감.

통계청(2013). 2013 국제통계연감.

통계청(2013). 아동청소년인권실태조사.

하지원(1998). 스포츠소비자행동에 관한 의사결정요인 분석. 이화여자대학교 대학원 박사학위논문.

한국교육개발원(2008). 2008교육통계연보.

한국마케팅학회(2002). 미국마케팅협회, 한국마케팅학회의 정의. 마케팅연구, 17(2), 5-6.

한국스포츠산업・경영학회(2005). 스포츠경영관리총서. 서울 : 비앤엠북스.

한국스포츠엔터테인먼트법학회(2008). 스포츠기본권의 보장과 국민체육진흥의 법적과제. 서울 : 도서출판 푸른
세상.

한상훈, 강인호역(2002). 스포츠관광. 서울 : 백산출판사.

한욱상, 이상숙(1998). 스포츠마케팅에 관한 이론적 연구. 중부대학교 논문집, 제11집, 230-231.

한은경 외(2002). 글로벌마케팅 커뮤니케이션. 서울 : 커뮤니케이션북스.

한정호, 김정구, 이수범, 박종민(2001). 스포츠마케팅을 통한 국가 및 기업의 경쟁력 강화에 관한 연구. 한국광고
학회지, 12.

함봉진(2006). 신세기 마케팅 관리론. 서울 : 형설출판사.

허진 외(2004). 여가서비스프로그램기획론. 서울 : 홍경출판사.

허행량(2002). 스타마케팅. 서울 : 매일경제신문사.

현대경제연구원(2013). 평창동계올림픽 평창 유치 타당성 분석. 정책연구과제.

原田宗彦(1995). スポーツ産業論 入門, 杏林書院.

原田宗彦(1999). スポーツ産業論 入門, 杏林書院.

原田宗彦(2000). スポーツイベントの經濟學, 平凡社新書.

原田宗彦(2003). スポーツ産業論入門 第3版, 杏林書院.

海老塚修(2007). バリュースポーツ. スポーツデザイン 研究所.

Aaker, D. A(1991, 1996). *Managing Brand Equity*, New York : The Free Pree.

Albert. A. A. (1961). Appling the strategy of market segmentation, *Business Horizon*, 65.

AMA(1960). Report of the definition committee. AMA, *Journal of Marketing, 213*.

AMA(1985). AMA board approves new marketing definitions. *Marketing News, 1*, 1.

American Marketing Association Committee on Definition (1960). *Marketing Definitions: A Glossary of Marketing Terms*. Chicago, The
AMA.

Anderson, B. (1991). Anaheim's lost patrol: Night after night, the angel of parking precincts is Kevin (I'll find your) Carr. *Sports Illustrated, 75*, 5a.

Baker, D., Crompton(2000). understanding how perceptions of service quality and satisfaction influence festival visitors, behavioral intention, Symposium
on Leisure Research – *National Recreation and Park Association, Vol 10*.

Batra, R. & Aaker, D. (1996). *Advertising Management, 5th ed*. Upper Saddle River, NJ; Prentice Hall. 5.

Bernstein, A. (1999). Marketer's aim: An brand. *Street & Smith's Sports Business Journal (October 4)*, 13.

Berry, L. L. (1980). Service marketing is different, *Business*.

Berry, R. C. & Parasuraman, A. (1991). *Law and Business of the Sports Industries*, Dover, MA: Auburn House Publishing.

Blois, K. J. (1974). The marketing of services: an approach, *European Journal of Marketing, 8(2)*.

Brook, C. M. (1990). Sponsorship: strictly business, *Athletic Business, December*.

Brooks, C. M. (1994). *Sports Marketing:Competitive Business Strategies for Sports*. Englewood Cliffs, NJ: Prentice Hall.

Charles, D. (1996). *MARKETING. Vol. 15,* Colliers Encyclopedia CD-Rom.

Cohen, J. & Cohen, P. (1983). *Applied Multiple Regression Correlation Analysis for the Behavioral Science*. Hillsdale, New Jersey: Lawrence Erlbaum Associates.

Copeland, R. & Frisby, W. (1996). Understanding the sport sponsorship process from a corporate perspective. *Journal of Sport Management, 10(1),* 32–48.

Cornwell, T. B.(1995). Sponsorship-linked marketing development, *Sport Marketing Quarterly*.

Crompton, D. & Lamb, S.(1986). Economic impact analysis of sports facilities and event. *Journal of Sport Management, 9,* 14–35.

Crompton, J. L. & Lanb, C. W. (1986). *Marketing Government & Social Services*, NY: John Wily & Sons.

Cutlip, S. M., Center., A. H. & Broom, G. M. (2000). *Effective Public Relations, 8th ed.,* Englewood Cliffs, NJ: Prentice Hall Inc.

Engel, J. F., Blackwell, R. D. & Miniard, P. W. (1993). *Consumer Behaviors, 7th ed.* New York: The Drydin Press.

Freidman, T. (1984). Endorser effectiveness by product type. *Journal of Advertising Research. Vol, 19 No.5,* 64.

Galford, C. A. (1991). Sponsorship and ambushers: is there any protection?, In Conference Proceeding from Sponsorship Europe '91, Barcelona, Spain, October. 22–25.

Garvey, E. (1984). *The Agent Game: Selling Players Short*. Washington, D. C.: Federation of Professional Athletes, AFL–CIO.

Garvin. D. A(1987). Competing on the eight dimensions of quality. *Harverd Business Review*. 101–109.

Gerson, R. F. (1989). *Marketing Health / Fitness Services*. Champaign. IL: Human Kinetics.

Getz(1994). Event tourism and the authenticity dilemma, In W.F. Theobald, *Global Tourism,* The Next Decade Oxford: Butterworth–Heinemann Ltd.

Getz, D. (1998). Trend, stroategies, and issues in sport–event tourism. *Sport Marketing Quarterly, 7(2)*.

Gronoos, C.(1982). A service quality model and its marketing implications. *European Journal of Marketing, Vol. 18, No.4*

Grunig, J. E. & Hunt, T. (1984). *Managing Public Relations*, NY: Holt, Rinehart & Winston.

Howard, D. R. & Crompton, J. T. (1995). Implementation of sponsorship partnership. In, Howard, D. R.(eds.) *Financing Sport: Fitness Info Tech*. 306–309.

Hutton, J. G., Goodman, M. B., Alexander, J. B., & Genest, C. M. (2001). Reputation management: The new face of corporate public relations?, *Public Relations Review, 27,* 247–261.

IEG(1996). IEG Consulting. Unpublished manuscript.

Irwin, R. L. (1993). In search of sponsors, *Athletic Management, May*.

Judith, S. (1993). *Ecohealth : Athletes and Pollution,* Buzzworm : The Environmental

Kaufman, M. (1999). Lockout no big deal, absence of MJ is, *Street & Smith's Sport Business Journal(November 1-7),* 26.

Keller(1993). Conceptualizing, measuring and managing customer–based brand equity. *Journal of Marketing, 57,* 1–22.

Keler, C. (1997). *The Budget Process in Parks and Recreation,* Reston, Virginia, AAHPERD.

Kotler, P. & Armstrong, G. (1999). *Principles of Marketing*. 8th ed. Prentice-Hall International, INC, 237.

Kotler, P. & Armstrong, G. (2001). *Principles of Marketing*, 9th de., Prentice–Hall, Inc., 6.

Kotler, P. (1976). *Marketing Management: Analysis, Planning and Control* (3rd Eds.). Englewood Cliffs, NJ: Prentice–Hall.

Kotler, P. & Armstrong, G. (1989). *Principle of Marketing*. Englewood Cliffs, NJ; Prentic–Hall.

Kotler, P. (1994). *Marketing Management : Analysis, Planning, Implementation and Control* (8th Eds.) Englewood Cliffs, NJ: Prentice–Hall.

Kotler, P. (2000). *Marketing management* (The millennium edition), Prentice–Hall.

Kotler, P. & Armstrong, G.(2003). *Marketing:An Introduction* 6th Eds., Englewood Cliffs, NJ:Prentice–Hall.

Ledingham, J. A. & Bruning, S. D. (2000). *Public Relations as Relationship Management: A Relational Approach to Publicre Lations,* Hills dale, NJ: Lawrence Erlbaum Associates, 9.

Leslie, G. & Chernatony, H. (1998). Energling issue in Olympic sponsorship: Implications for host cities. *Sport Management Review, 3,* 71–92.

Leve, M. (1980). A nationwide study of court and health clubs (31). Champaign, IL: University of Illinois, Department of Leisure and Recreation; Levine, M. (1987, December 8). Making marketing research hustle: The essential sweat of attendance building and fund raising. Paper presented at Athletic Business Conference, Las Vegas.

Lieberman Research Inc. (1986). *Sports Illustrated Sports Poll '86.* New York: Sports Illustrated.

Lisa, D. (1998). An overview of sport tourism: Building towards a dimensional framework. *Journal of Vocation Marketing, 4.*

Lovelock, C. H. (1981). *Services Marketing,* 2nd ed, Englewood Cliffs, N. J.: Prentice–Hall.

McCarthy, E. J. (1964). *Basic Marketing, A Managerial Approach,* 269.

McCarthy, E. J. (1979). *Basic Marketing.* Homewood, Illinos: Richard D. Irwin.

McCarthy (1982). *Essential of Marketing.* Richard D. Irwin, Inc., 220.

McCarthy & Perreault (1987). *Basic Marketing,* Irwin, 47.

McCarville, R. E. & Copeland, R. P. (1994). Understanding sport sponsorship through exchange theory. *Journal of Sport Management, 8(2),* 102–114.

Mckenna, R. (1994). *Relationship Marketing: Successful Strategies for the Age of the Customer,* Addison–wosley Pub. Co. Inc. 2–3.

Meenaghan, J. (1984). *Commercial Sponsorship.* West Yorkshire. England: MCB University Press.

Meenaghan, J. (1991). Sponsorship-Legitimizing the medium. *European Journal of Advertising, 25(11),* 5–10.

Milne, G. R. & McDonald, M. A. (1999). *Sport Marketing : Managing the Exchange Process,* Jones and Bartlett Publishers.

Mullen, L. (2000). NBA goes all out to boost attendance, The Sports Business Journal, 10

Mullin, B. J., Hardy, S., & Sutton, W. A. (1993). *Sport Marketing.* Champaign, IL: Human Kinetics.

Mullin, B. J., Hardy, S. & Sutton, W. A. (2000). *Sport Marketing.* 2nd ed. Champaign, IL: Human Kinetics.

Nagle & Holden (1995). *The Strategy and Tactics of Pricing,* 2nd., Englewood Cliffs, NJ: Prentice Hall, 1995. 5.

Ostrowski, J. (1999). Marlins take marketing to the streets. *Street & Smith's Sport Business Journal* (May 10–16), 26.

Parasuraman, A., Zeithaml, V. A. & Berry, L. (1985). A conceptual model of service quality and its implications for future research. *Journal of Marketing,* Fall, 41–50.

Parasuraman, A. (1994). A conceptual model of service quality and its implications for future research. *Journal of Marketing,* 31–39.

Performance Research (1992). *Economic Slump,* Newport, Rhode Island, May 14.

Pitts, B. G. & Stotlar, D. K. (1996). *Fundamentals of Sport Marketing.* Morgantown, WV: Fitness Information Technology.

Powers, A. (1994). The need to regulate sport agents. *4 Seton Hall J. of Sport Law,* 253.

Regan, W. J. (1963). The Service Revolution, *Journal of Marketing,* Jul.

Research and Forecasts, Inc. (1983). *Miller Lite Report on American Attitudes toward Sport*. New York: Miller Brewing Co.

Ruxin, R. H. (1993). *An Athlete's Guide to Agents* (3rd ed.). Boston: Jones and Bartlett.

Sandier, D. M., & Shani, D. (1993). Sponsorship and the Olymic Games The consumer perspectives, *Sports Marketing Quarterly, 2(3)*, 41.

Sandler & Shani (1989). Olympic Sponsorship vs. Ambush Marketing: *Who Get the Gold? 29(4)*, 9-14.

Schaaf, P. (1995). *Sports Marketing: It's Not Just Game Anymore*, Amherst. New York: Prometheus Books.

Schiffman, L. G. & Lesilie L. K. (1991). *Consumer Behavior*, 4th ed., Englewood Cliffs, NJ: Prentice-Hall, Inc. 146.

Scott, J. D., Warshaw, M. R. & Taylor, J. R. (1985). *Introduction to Marketing Management* (5th eds). Homewood I11.: Irwin.

Shani, D. & Sandler, D. (1989). Olympic sponsorship versus ambush marketing. *Journal of Advertising Research, 20(4)*, 11-18.

Shank, M. (1999). *Sports Marketing*: An Strategic Perspective. Englwood Cliffs, NJ: Prentice Hall.

Shostack, G. L. (1977). Breaking free from product marketing, *Journal of Marketing, April*.

Shropshire, K. L. (1990). *Agents of Opportunity*: Sports Agents and Corruption in Collegiate Sports. Philadelphia: University of Pennsylvania Press.

Sleight, S. (1989). *Sponsorship*: What is and How to Use it. London: McGraw-Hill.

Sport Marketing School. (2008). http://www.sports marketing school.com

Sports Business(2003). 3월호..

Sports Business Group(2001). European Football Channels.

Stanton, W. J. (1984). *Fundamentals of Marketing*, 7th ed, New York: McGraw-Hill Book Co.

Staudohar, P. D. (1989). *The Sport Industry and Collective Bargaining* (2nd ed.). Ithaca: ILR Press.

Stern & El-Ansary(2001). *Marketing Channels*, Prentice-Hall, p.3.

Sternthal, B. & Craig, C. S. (1982). *Consumer Behavior: An Information Processing Perspective*. Englewood Cliffs, NJ: Prentice-Hall, Inc.

Stotlar, D. (2001). Sport management library, developing successful sport sponsorship plans. *Fitness Information Technology*, 3.

Stotlar, D. K. (1993). Sponsorship and the olympic winter games. *Sport Marketing Quarterly, 2(1)*, 35-43.

Varbel(1997). Social and environmental consideration in new product development, *Journal of Marketing, No. 4*, 12-13.

Veal, A. J.(1997). *Research Methods for Leisure and Tourism: A Pratical Guide*, London: Pitman.

William(1999). *Contemporary Advertising*, 7th ed. Boston: Irwin/McGraw-Hill, 7.

Wong, G. M. (1986). A Survey of Grievance Arbitration Cases in Major League Baseball. 41 Arb. J., 42.

http://sports.ticketlink.co.kr/

http://www.ballykorea.co.kr

http://www.doosanbears.com

http://www.fila.co.kr

http://www.gangwonfc.com

http://www.hyundaimotorsfc.com/web/Club/Ground.html

http://www.naver.com

http://www.sporex.com

찾아보기

국문편

ㅊ

영문편

저 | 자 | 소 | 개

이 병 기(李炳璂)

한국체육대학교 대학원 이학박사
한국체육과학연구원 연구처장
대한올림픽위원회 생활체육위원
한국스포츠학회 고문
한국체육정책학회 고문
한국운동재활학회 자문위원장
레크리에이션협회 부회장
명지전문대학 사회체육과 교수
스포츠산업정책 및 스포츠소비자행동분야에 관심
e-mail : lbk15@naver.com

김 주 호(金柱昊)

한국체육대학교 대학원 이학박사
현 한국관광레저학회 이사
　한국스포츠학회 이사
　한국체육정책학회 편집위원
　한국운동재활학회 이사
　한국체육대학교, 동국대학교 강사
　명지전문대학 사회체육과 조교수
　스포츠소비자심리, 국제스포츠이벤트유치
　　타당성 분석 및 스포츠산업분야에 관심
e-mail : 112479@naver.com

플러스
스포츠 마케팅+

초판발행/2014년 2월 20일
초판3쇄/2024년 3월 5일
발행인/김영대
발행처/대경북스
ISBN/978-89-5676-445-0

등록번호 제 1-1003호
서울특별시 강동구 천중로 42길 45 (길동) 2F · 전화: 02) 485-1988, 485-2586~87
팩스: 02) 485-1488 · e-mail: dkbooks@chol.com · http://www.dkbooks.co.kr